JN176007

学生相談と連携・協働

教育コミュニティにおける「連働」

著｜齋藤憲司

学苑社

まえがき

この本を手にとってくださった方は、どのようなお立場におられる方で、どこに興味を持ってページをめくってくださっているでしょうか。本書は、元々が学生相談に関する博士学位論文ですから、言うまでもなくかなり本格的な学術書なのですが、一方で、心理臨床や大学教育に関わる専門家・教職員のみならず、広く青年期や現代教育、そして援助やコミュニティづくりに関心を持つ多くの方々にとっても有効な知見とさまざまなヒントをご提示できるのでは、と思っています。発刊にあたって、いま改めて感じている本書の特徴をお示しして、すこし長い旅路になるであろうみなさまの読書体験への道案内としたいと思います。

1．個別カウンセリングの集積から「連携・協働」へと出立していること

今日の大学キャンパスにおいては学生相談（Student Counseling）の存在は不可欠であり、ほとんどの大学において専門の心理カウンセラーが待機して、学生の皆さんの来談を待っています。相談の内容は多岐に渡りますが、どんな場合にも、カウンセラーは学生ひとりひとりの修学課題の達成と充実した学生生活を願って最善の方略を探っていきます。筆者もこれまでに３つの大学において計30年近くに及ぶ学生相談活動を積み重ねてきました。朝から晩まで、１日のほとんどの時間を面接室で過ごし、数名から十数名の学生さんと対話する日々、１つとして同じ相談はなく、ひとりとして同じ性格のひとはいない、そのことを噛みしめながら、カウンセリングという丁寧なコミュニケーションの集積がどのような意味を持つのかを吟味し、発信しようと試みてきました。周囲もおどろく劇的な変化を遂げる学生もいれば、遅々としてほとんど成長が見られないかのような学生もいる、そのプロセスの中に何が生じているのか、特にこころの繊細さや揺らぎを大切に受けとめながら、そして周囲の方々との「連携・協働」を模索しながら進めてきたその成果をぜひ多くの方々と分かち合いたいと思っています。この本は、カウンセリングの現場からの課題提起（第１章）と実践的検討（第２章～第４章：計７つの研究）、そして新たな概念の提示（第５章）から成り立っています。

2.「教育の一環としての学生相談」から大学教育のあり方を示唆していること

大学キャンパスをその活動場所とするわけですから、当然ながら学校の有する教育目標のもとでカウンセラーは相談にあたります。考えてみれば、古来から教育の基本は対話にある訳ですから、カウンセリングは人間の実存と心理を問いかけつつ展開する“教育の原型”と言うことができるかもしれません。現状ではすぐに1日のスケジュール表が埋まってしまい、学生たちのニーズに追いつかないという事態になりがちですが、それでも“教育の機会均等”を意識しながら、伝統的な心理療法の援助構造に学びつつ柔軟な面接の工夫と各種プログラムの展開を心がけ、できるだけたくさんの学生たちをサポートすべく努力を重ねてきました。面接室での対話それ自体が教育的な要素を含み込んでおり、また、学生の悩みや不適応は教育環境との相互作用の中で生じるものですから、面接室から見えてくる大学教育の現状や課題について発信し、時には面接室を出てキャンパス内外で大学教育に関与し提言を行なっていくことも重要な責務となります。カウンセラーの立場から学生に向けた授業や教職員対象の研修を担当したり、学生・教職員とともに課外活動やボランティアに従事することもありますが、そのような教育的な活動と認識されやすいものだけではなく、多様な形態で大学と教育に貢献していくことを目指しています。すなわち、基本理念としてしばしば表明される「教育の一環としての学生相談」を実現するための様々な活動や施策の実際を本書の中に見ることができるでしょう。

3．いま求められている「連携・協働」の最前線を示していること

学生相談の中心を占めるものは、言うまでもなく学生本人への個別相談なのですが、一方でいま、全国の大学においていわゆるコンサルテーション（学生の関係者への対応・援助）の重要性が指摘されています。実際、学生への望ましい教育指導をめぐって教職員からの相談をお受けすることはもはや日常的なことになっていますし、学生の親御さんやご家族から相談が持ち込まれる場合も増加する一方です。ところが逆に、友人や先輩などが仲間を心配して相談に来てくれる機会はとても少なくなっている現状があります。学生と彼・彼女をめぐるネットワークに何が起きているのかをじっくりと検討したい、本書の最大テーマはここから動き始めました。心理臨床における「連携・協働」研究は主として他領域の専門家（学内外の専門機関において展開される医療、法律、キャリア等の専門家によ

る援助活動）とのそれに着目して考察されることが多かったのですが、本書ではすこし視点を変えて、援助の専門家では必ずしもないけれど、最も身近にいて、ともに影響を与え合う立場にいる方々との関係性に着目しています（「研究３：教職員」「研究４：親・家族」「研究５：学生・友人」）。そのことで、より援助的かつ成長支援的なネットワークを形成していきたいと願っているからこそなのですが、これは近年の「連携・協働」研究の流れを汲みつつ、大きく歩みを進めるものと考えています。

４．学生相談・学生支援の歴史と現在をていねいに解説していること

筆者は自身の研究テーマの１つとして「学生相談の理念研究」を行なってきました。それは、キャンパスにおける個別相談がどのような意義をもち、また、どのように展開されるべきかをしっかりと押さえておかないと、日々の活動に自信をもって取り組めないだろうという問題意識からでした。そこに近年の重要課題である「連携・協働」がどのように位置づけられることになるか、という観点から、改めて戦後のSPS（Student Personnel Service：厚生補導もしくは学生助育）導入に端を発した学生相談・学生支援の歴史を再点検し、そこに学生相談や心理臨床に関する研究論文のレビューを組み込んで、いかに「連携・協働」が必然なものになってきたかを示しています（第１章および「研究１」）。その際には、縁あって筆者が学生相談・学生支援に係る全国的な役割や委員を歴任してきた経験が活かされています。現在は、日本学生相談学会の理事長を務めさせて頂いており、日頃の相談活動に加えて、この役務をこなしながらの執筆はかなりの困難を伴ったと言わざるをえないのですが、同時に、このポジションにいるからこそ見えてきたこと・実践してこられたことが多々あることが記載内容の充実に大きく寄与しているのもまた確かです。すこし大げさに言えば、面接室での学生との丁寧な個別面接と全国的な充実に向けた施策や組織運営との接点から、学生相談・学生支援の歴史と現在を見渡したものになっていると言って良いだろうと思います。

５．現代の青年が直面する諸課題と対処法を提示していること

さて、「連携・協働」を主テーマとして論を進めていく際に、もう１つの切り口として、青年期の発達課題とも関連して、今日の学生たちがどのような課題や

困難に直面し、これを乗り越えていこうとするかを組み込んであります。言うまでもなくいかに「自立」を促していけるかが重要になる訳ですが、まず「いのちに関わる諸問題」(その最たるものは自傷・自殺の防止になりますが、ここでは広く自分の存在の意味を問いかける相談を含めています)、そして「ひきこもり系の諸問題」(教育機関ですから不適応状況が最も端的に現われるのは不登校を中心とした孤独や疎外、そしてひきこもりということになります)、さらには「事件性のある諸問題」(たくさんの人間が交流し合うキャンパスですから、時に生じる行き違いやトラブルをいかに防ぎ、また対処していくかが重要になります)という大きく3種の現代的な諸問題から「連携・協働」を捉え直しています。周囲の関係者が学生のことを心配して先に相談に訪れる場合も少なからず生じていますが、いずれの課題も、学生本人へのサポートを中心に据えつつ、必要な時には周囲のひとに頼っていいんだよというメッセージを伝え、いかに重層的に相談活動を組み立てていくかを考察しています(「研究6」および「研究7」)。言い換えれば、自分を肯定し、他者を尊重して、自らの足で歩み始めてくれることを願っての活動であり、考察であるのだということになるでしょう。

6．学生相談・心理臨床の新しい研究法を提示していること

さて、上記に掲げた本書の特徴を実現させたものとして、研究法に関する工夫も重要な要素となっています。心理臨床をはじめとする援助に係る専門領域では個別の事例研究が多く行なわれ、また実際に大きな貢献をなしてきました。しかしながら必然的に、どこまで普遍性・一般性を持ちえるのか、あるいは援助活動の全体像が見えてこないのでは、という課題がついて回ります。一方で、調査研究による統計的な手法では、肝心の個別性が埋もれてしまい、活き活きと現場の感覚を伝えることが困難になってしまうというジレンマを、私たちは常に抱えてきました。そこで本研究で用いた研究法は、ある年度の相談活動における全事例を対象として、その時々のテーマに沿って点検・分類を行ない、考察を展開していくというかたちをとりました。教育コミュニティに内在する相談機関ですから、1年間という単位で捉えることで修学上のカリキュラムや学生生活の流れを総体的に含み込んだうえでの事例検討になると考えたからです。「研究1」から「研究7」まで、ほぼこの手法で展開していますが、「研究2」のみ、よりいっそう相談活動の実際を浮かび上がらせるために、ある1日の相談活動(どのよう

な相談が持ち込まれ、カウンセラーはいかに対応し、マネジメントしていくか）をも研究対象として加味しています。このようなかたちで多数事例をアレンジして推進していく研究は過去にほとんど例を見なかったのではないかと考えています。

7．新たな概念「連働」の提起：個人の成長とコミュニティの変容を同時に視野に入れて

「連携・協働」の重要性は言うまでもないのですが、いまだ模索段階にあると言わざるをえない現状も浮かび上がってきます。例えば古くて新しい課題である「守秘義務」と「情報共有」の問題、こころの最もデリケートな部分を扱う訳ですから“ここでは秘密は必ず守られる”という絶対的な信頼感なくして相談活動は成り立ちません。片や「連携・協働」を進めていくためには適宜かつ適切な情報と方針の共有が不可避的に求められます。その折り合いはどこにあるのでしょうか。多くの実践者や関係者があたまを悩ましている現状があります。

本書では、相談活動の方向性を見渡す新たな視座として「連働」という概念を提唱し、個別相談が果たす教育コミュニティへの作用と貢献について捉え直すことを最終的な目的としています（第5章）。それは「連携・協働」に係る事態や関与には様々なバリエーションがあり、例えば直接的な関与に留まらない多彩な「連携・協働」的事態（間接的に相談を勧めたり、見守ったり……）がありえますし、さらには、様々な活動の工夫や施策・組織づくりを通じた「連携・協働」的事態（例えば相談事例の集積から学生対応の留意点を提案……）をも考慮して、学生相談活動を見渡し、より望ましい方向へと組み立てていきたいと願うからでもあります。カウンセラーはひとつひとつの個別相談において、教育コミュニティの状況が徐々に／刻々と変容していくことを感知しつつ、これに「連働」して日々の学生対応を微調整していくことになります。そして同時に、個別相談を核に周囲の関係者との「連働」を通じてもたらされる学生の回復・成長が、全体の布置あるいは各システムとも「連働」して、徐々にコミュニティを変容させていく様を見つめています。このようなダイナミクスの中で「個別相談」と「連携・協働」に係る多くの課題を乗り越えていこうと試みている状況が各所で表現されています。

いかがでしょうか。本書のエッセンスをいくばくかでも感じ取っていただけますでしょうか。ぜひとも、どの章からでもけっこうですから、学生相談の実際に

触れていただき、若い学生たちと彼・彼女を見守る多くの方々の息吹を感じて頂ければと思います。

さて、本書の執筆・成立においては、実に多くの方々のおちから添えを頂きました。本来でしたらまずここにお名前を列記させていただいて、おひとりひとりに感謝の想いを述べるべきなのですが、あまりに多くの方々との「連働」の中で書き上げたものゆえ、その具体は「あとがき」にて詳述させていただくことに致しました。ここでは、本書の意義をお認めくださり、大部にならざるをえない書籍の出版をご決意くださった学苑社：取締役社長の杉本哲也さんの慧眼とご厚意に、そして社の皆さまのご尽力とご配慮に深く感謝の意を表したいと思います。本書の主軸は、学苑社に出版を依頼している『学生相談研究』（日本学生相談学会学術雑誌）に掲載された論考群であり、その集大成となる学位論文を編纂して同社から出版して頂けることをこころよりうれしく感じています。

本書が、若者を育て支えたい、身近な人間関係のネットワークを見直したい、コミュニティの持つ援助力を活かし伸ばしたい……、そんな願いを持つ多くの方々にとってすこしでも参考になり、そしてお役にたてるものになっていれば、筆者のよろこびはこれに勝るものはありません。これからも、ごいっしょに、相談と支援と教育に、取り組んでまいりましょう。

平成27（2015）年２月：春を待つ季節に

齋藤　憲司

（追記）

本書はひとりのカウンセラーの長年にわたる実践と研究を整合性ある論理構成のもとに“結晶化”させたもの、というイメージなのですが、同じく学苑社から刊行して頂いた『学生相談ハンドブック』（日本学生相談学会50周年記念誌編集委員会（編））では全国各地のカウンセラーによる総論と各論の“結集化”が示されています。両書籍を対にしてお読み頂けると、いっそう学生相談の現在と未来が見えてくるのではと思います。

目　次

装丁　有泉武己

第1章

教育コミュニティにおける連携・協働と連働
—問題と目的—

第１節　学生相談における連携・協働研究の現状と課題

１．はじめに

心理臨床の領域では、なにより個別相談の意義と重要性が強調される。面接室の中でなにができるか、すなわち、ことばと技法で交流に工夫を重ねつつ、そこで起きていることをいかに理解し、直接的に援助しうるかが決定的に重要であると認識されてきたのだと言ってよい。しかるに、いまや状況は変わりつつある。「連携・協働」こそが不可欠であり、無条件に好ましいものであるかのごとく、臨床家は関係者の意向や動きに耳目を傾け、ネットワークづくりに邁進することが推奨されるようになっている。

もちろん必然的な潮流であり、望ましい変革でもあるのだが、そして筆者自身もその動向を推し進めてきた立場にあると言ってよいのだが（例えば、齋藤, 2004a 等)、一方で、ある種の心許なさや危惧を感じてもいる。例えば私たちは個別面接と連携・協働を結ぶ適切なノウハウをきっちりと身に付けているだろうか。両者を同時並行に進めることによって相互にどのような影響が出るのかを認識しているだろうか。あるいは、連携・協働の対象者によって、そしてクライエントの主訴や課題・相談内容によってどのような相違が生じてくるかについて、しっかりと見定めているだろうか。

本研究は、学生相談（Student Counseling）の現場における日々の実践を丁寧に見つめ、連携・協働に係る事例群を独自の観点に基づいて整理し、その本質と留意点に関するより実際的な考察を展開する。そして「連働」という新しい概念を提示して、教育コミュニティにおける相談活動のあり方についての実践的な統合モデルを構築することを目指していくものである。すなわち、30年近くにわたって展開してきた筆者の学生相談の経験そのものが何にも代えがたい題材となっている。

まず第１章ではその経験の集積と比較、そして国内外の先行研究の概観から「連携・協働」に係る現状分析と課題抽出を行ない、ここから浮かび上がった仮説と新たな概念体系を整理して提示する。そしてこれらの仮説と概念体系は、後に続く第２章～第４章に順次記される計７つの研究による実践的検討を通じて、学生相談における各事例への対応、ある１日における相談実践、ある年度における相談活動全体といった観点をもとに、繰り返し検証されることになる。そのうえで、総合的考察となる第５章において、「連携・協働」から「連働」へと視点を広げていくことの意義を、具体的な施策や組織整備と結びつけながら提唱していく。言うなれば、１人の学生の変容と１つの連携・協働の試みが、学生を包む多彩な関係者のネットワークに波紋となって伝播していき、相互に影響を及ぼし合っていく様を、教育コミュニティ全体を視野に入れながら描写・考察する試みであると言って良い。

さて、本研究の出発点として、まず本節では、学生相談における個別カウンセリングを通じていかに連携・協働が着目されるに至ったのかという経緯と変遷を整理することで、研究と実践に係る全体的な見取り図を掲示していくことにしよう。

２．学生相談における個別カウンセリング

学生相談に従事するカウンセラーは、日々、学生との個別相談に取り組みつつ、なんらかの支援を必要としている彼・彼女たちが、自身の心理的課題に向かい合い、大学キャンパスに適応して、修学・教育に係る目標を達成していくことを願って、よりよい相談のあり方を模索し続けてきた。それは、来談学生の属性にもとづくきわめて個別性の高い営みであると同時に、今日の青年期心性や大学・高等教育をめぐる現状を意識し、また所属校の風土や組織、相談機関への期待等にも配慮しながら、その職務を遂行していくための一般性・共通性を抽出していく営みでもある。

言うなれば、学生相談に従事するためには、心理臨床にもとづく高い水準での個別カウンセリングを安定的に供給できるという資質を第一義的に有していることが必須であり、そのうえで学生とカウンセラーがともに所属する教育コミュニティの特性に適合した支援を適宜・随時に工夫・考案して、立体的にケースマネジメントを実施していくことが肝要となるのである。

学生相談の現場では、面接場面での様子や対話を通じて、学生たちが実に多くの教職員から教育的な働きかけを享受し、多彩な同級生や先輩・後輩たちと交友関係を結んで自分の居場所を確保し、自身の学生生活スタイルを構築していく姿を見出すことができる。その際に、学生たちは家庭というベースキャンプを有し

ており、親あるいは他の家族成員との相互作用を通して形成するに至った性格や行動様式をもとにキャンパス内での課題に立ち向かっていることにも気づく。それゆえ、学生との個別相談をていねいに吟味すれば、当該学生を包む対人関係のネットワークを必然的に意識していくことになるだろう。そして学生がより適応的なあり方に移行していくために求められる関係性、あるいは欠けている、もしくは過剰である関係性に留意しつつ、個別相談におけるセラピストークライエント関係、すなわちカウンセラーとしての会い方を微調整していくことになる（齋藤, 2002)。例えば、面接の中で対人関係ネットワークを考慮しつつ展開する事例として、下記のようなプロセスを例示することができる。

（註）本書で扱う事例は、相談活動の根幹である守秘義務を遵守するために、
1）来談学生本人の了解を得たうえで、趣旨を損ねないように留意しつつ改変を加えたもの、
2）同様の課題や展開を示した事例群を収集したうえで再構成したもの、
のいずれかとなっている。そこでこれらを一括して「模擬相談事例」と称して提示する。

●模擬相談事例１－１－１：研究室を盛り上げることに忙殺される女子学生

“やる気が出ない”ことを主訴に学部４年生の冬に来談。指導教員に評価されているかどうかに過敏になっており、過食・強迫・心気症傾向も見られる中で、なんとか卒業論文は書き上げることができた。しかし、大学院に進学した後も、男子ばかりの環境の中でどこか引け目を感じており、研究室での振る舞い方にも、いかに受け入れてもらえるかという気がかりからか、後輩の面倒をこまめに見るとともに常に幹事や企画係まで任され、研究室で期待される母性的な役割を１人で担っているかのようであった。

毎週の面接が本人の生活ペースの中にうまく組み込まれていくようになり、また心身のコンデションも整ってくると、やがて家族状況に起因する自身の対人関係様式の特徴に想いが至り、言わば父母の間で自我が分裂せざるをえないような環境に育ってきたために過剰に融和を求めてしまうこと、それがうまくいかなさそうになると感情の波が制御不能なほどに揺れ動いてしまうこと等を内省していかれた。このような洞察が定着していくにつれて次第に家族との距離感を調整できるようになり、研究室でもムリのない行動をとれるようになっていった。その後は順調に実験と文章化を重ね、無事に２年間で修士論文を完成させて希望する企業に就職していった。

「連携・協働」という観点から見れば、研究室内での人間関係を調整してもらうために、指導教員とも面談を行なって過剰な負担がこの女子学生に向かわない

ように配慮してもらうこともありえたかもしれない。あるいはご両親にも来談してもらい、家族合同面接の可能性を検討することもありえただろう。しかしながら、この事例では（本人が希望しなかったこともあるが）一貫して本人面接のみで展開しており、自らの心理的な成長に伴う対人関係様式の変容によって適応的な状況を造り出している。

このような相談活動のあり方は、学生相談の有する、a）教育機能（学生を育てる）、b）クリニック機能（心理的な課題を解消）、c）コミュニティ機能（キャンパスを視野に）という3方向のベクトルを意識しつつ展開されることになっていた（齋藤, 1989）と考えて良い。学生の提示する訴えや相談内容を窓口としつつ、修学上の課題を念頭に置くと同時に、学生の心理内界の様相や変容をていねいに扱いながら、同時に大学内外の大小さまざまな動きにも開かれて、より望ましい援助目標を考慮して毎回の個別相談を組み立てていくことになるのである。このような面接が例えば毎週1回、数十分のペースで展開されれば、ほとんどの場合、学生たちは新たな適応形態を見つけ出して、やがて自身の判断で歩んで行けることを学生相談担当者は経験的に熟知している。

3．連携・協働が重要になってきた背景と経緯

しかしながら、今日、なにゆえ学生相談における連携・協働の重要性がこれほど話題になるようになってきたのであろうか。

筆者らは様々な角度から学生相談の実践と研究を見つめて10年間にわたって自主シンポジウムを開催し、学生相談に深く関わる仲間たちと経験と実績と論点を共有しようと試みてきた（鶴田・齋藤, 2006）。その一環として「連携」をテーマに企画した際には（2004年）、当時は関連する研究が決して多くはない状況であったため、シンポジストの選定に困惑したことを覚えている。当日のシンポジストのひとりからは例えば危機介入を行なうと「枠を崩した」と言われかねない心理臨床の状況が指摘される一方で（太田氏）、フロアからは連携こそが「学生相談の独自性」であり、「プロがやる連携」を研究すべきという発言がなされている（窪内氏）。まさに過渡期の様相が反映されていると言ってよいが、学生の周囲の方々との連携あるいはコンサルテーション面接は、必要最小限の範囲で実施されるものであり、改めて研究・執筆のまな板にのせるまでもないこと、あるいはのせにくいもの、という意識が多くの学生相談関係者に共通する状況であっ

たかもしれない。臨床心理学の理論を学び、様々な面接技法を修得して、自らをこころの専門家と位置づける者たちが多く参入している学生相談の現況からすれば、キャンパス内にあって密かに面接室にこもって学生たちの持ち込んでくる青年期的な課題に向き合い、学生たちの回復・成長を静かに見守って、黒子に徹するのが役分であると心得ておくことが納まりがよかった時代があったのだとも言えよう。

しかるに、現在では、関係者との連携・協働は必須のものであり、実際に各大学における「コンサルテーション」と称される連携事例の件数は全国的にも増加傾向が報告されている（(独）日本学生支援機構, 2007、早坂他, 2013)。連携事例の増加傾向は、筆者の所属する大学ではいっそう顕著であり、平成19年度には404件であったコンサルテーション件数は毎年増加を続け、平成22年度以降は1,000件前後に至っている（平成22年度 =1,080件／総面接回数5,471件、平成23年度 =872件／同5,257件、平成24年度 =1,085件／同5,524件、いずれものべ件数)。

日本学生相談学会では「全国学生相談機関に関する調査」を３年ごとに実施しているが、その2009年度調査における自由記述をもとに課題意識を分析した内野・森田（2012）によれば「連携体制の整備・強化」が最も多く課題として取り上げられており、今後の発展の礎になる要素として“（1）専任カウンセラーの配置、（2）学内における学生相談機関の組織の位置づけや役割の明確化、（3）学生に対する個別相談や教職員に対するコンサルテーションニーズへ適宜にこたえられること、（4）教職員およびさまざまな機関が連携・協働できる関係とネットワーク構築、が示唆された”と言う。カウンセラーの立場と学生相談機関を安定させた先にはコンサルテーションとネットワークづくりが課題になるということであり、いかに現場の感覚として「連携・協働」の重要性と必要性が高まっているかがうかがえよう。

さて、「連携・協働」への関心が高まってきた要因と背景を考える題材として、現場での経験を提示しておこう。例えば、既に10年以上前に、筆者は次のような多面的な連携事例をごく自然に敢行していた。

●模擬相談事例１－１－２：対人ネットワークを形成・修正しつつ、教員の父性によって育てられた男子院生

まず学部３年秋より計20数回来談。“対人恐怖・感情表現ができない・身体症状さらには自殺念慮”を訴えていた。本人の強い希望もあり、また不測の事態も心配されたため、家族や担任教員とのコンサルテーションを行ないつつ、時間をかけてこころを解きほぐす作業を行なっていくことになった。紹介した医師からは心身の諸症状について「薬が効かないタイプのようだ……」という嘆きが聞かれたが、アルバイトやサークル活動をこなして社会的な経験を積むとともに、学年末の試験を無事に乗り切って、４年生に進学して研究室所属すると徐々に心身とも落ち着き、ひとまず終結となった。

約２年後に大学院生として短期間来談した際には、研究室の忙しさや人間関係に悩んでいる様子だったが「先送りしていた問題が一気に噴出して混乱……でも行かない訳にはいかない！」と自分を奮い立たす。さらに１年後の修了間際に来談した際には「教員にいやというほど鍛えられた。でもその根底に思いやりがあるのが感じられて……やってきて良かったと思う。後輩たちにもこの想い伝えたい」と堅実な笑顔で語ってくれた。言わば学部生時代の経験とカウンセリングによって心理的安定・成長に必要な母性的側面を享受し、そのうえに立って、指導教員の“筋の通った父性”に育てられたのだと感じられた。

……………………………………………………………………………………

このケースでは、学部３年次に家族（主として母親）、クラス担任の教員、精神科医師、の計３者とのコンサルテーションが実施されている。家庭とキャンパス、双方の環境における安全確保と交流の促進を図るとともに（ご家族も教員も戸惑いつつも本人の訴えに真摯に向かい合おうとされた）、医療面からのケアで心身両面をサポートするかたちをとったことになる（心理的な要因が極めて大きかったために服薬は必ずしも奏効しなかったが、関係者にとって安心感の源となった）。一方、４年生〜大学院を通じては、本人面接は要所においてのみで、特にコンサルテーションは行なわれていない。しかしながら、卒業間際に学生が語ってくれた言葉から、まっすぐに厳しく接する指導教員とのある種の「連携・協働」が暗黙のうちに成立していたのだという感覚を抱くことができたのは大きな喜びであった（直接的には連絡を取り合ってはいなくとも／また当時は協働という用語・概念は定着していなかったが）。

さて、全国的な状況と筆者の体験を集約しつつ、現在のような「連携・協働」の隆盛を用意した背景・状況を大きく整理すると以下のような諸点にまとめられるだろう。

1）緊急事態と関係者の関わり

緊急事態ゆえに、周囲の関係者の関わりが必須であると判断される事例群が焦点化されるようになったこと。最も避けたい・最少に抑えたい自殺問題はもとより、ハラスメントやストーカー、薬物やカルト、そのほか様々な事故・事件に学生たちも否応なしに巻き込まれかねない状況が今日的な様相で生じているためとも言える。その際には、医療や法律等の専門機関のサポートを要請するに留まらず、学内では教職員等、学外では親・家族等とのコンサルテーションを通じて日常的にネットワークで支えることが必須となる。そして同時に、守秘義務と情報共有のはざまでそれぞれがあたまを悩ませることにもつながっている。

2）教職員のニーズの高まり

教職員においては、昨今の学生像・学生気質に戸惑い、学生相談・学生支援に係る知識とスキルを身に付けたいという意識を持つ構成員が少なくなく、また実際に学生対応に苦労する事案に遭遇してまず教職員が学生相談室を訪ねてくるという場合は、しばしば生じている。そして学生支援のために十分にちからになりたい、いわゆる“面倒見の良い大学”に貢献したいという想いにもつながっていく。一方で、時に寄せられる親・家族からの要望やクレームにおどろき、「学生の自主性に委ねる」という従来の高等教育のあり方を再考せざるをえない状況に直面して、ひとりではとても対応しきれないと感じる場合もある。

3）親・家族の関与意識の高まり

親・家族においては、保護者・保証人として学校教育に関与する立場にあるという意識の高まりから、学生の修学や学生生活に係る状況を把握しておきたいし、大学側はそのために便宜を図ってしかるべきであるという要望が強くなってきている。親・家族に修学状況や成績表を送付する大学等は増加の一途を辿っており、その契機にもなった留年・休学・退学やその前後に生じる不登校・ひきこもりに関する注目も高まっている（例えば（独）日本学生支援機構では全国の大学等に呼びかけて副学長や管理職対象の喫緊課題セミナーを平成25年度に開催しており、筆者も企画運営に協力している）。

4）青年期の発達課題の変容

青年期の発達課題である「自立」を意識するならば、学生にとって周囲の関係者、特に親・家族や教職員は遠ざけておきたい、自身の内面を知られたくない存在となる側面があり、日常生活における人間関係とは異なる距離感で関わりうるカウンセラーとの交流が大きな意義を持つことになる。しかるに徐々に学生側の心理的な様相や発達のプロセスも変容して（齋藤, 2000）大人世代との距離感も変わってきており、カウンセラーと関係者との連携をいやがらない、むしろ連携を意識的・無意識的に望む場合が増加している現状も見受けられる。

5）対人関係に関する相談の増加

上記とも連関するが、特に「対人関係」に関する相談の増加が全国的にも顕著になっており（(独）日本学生支援機構, 2007)、対人関係の形成・調整・再構成が実際的な課題になっている。入学直後における友だちづくりに始まり、クラスやサークル活動における同輩および先輩ー後輩関係、4年生や大学院生における研究室内の人間関係、そして求められるリーダーシップや協調といった社会的スキルを身に付けていくことが重要になっており、個別相談でも学生間の人間関係の様相に配慮しながら展開させていくことが肝要となる。

6）継続的・日常的支援の必要性

心理的援助においては、intensive（集中的）な counseling/psychotherapy によって一定期間内に問題の解決を図り、以降は必ずしも関与を持たないという支援イメージが想起される傾向が強いが、近年の動向として、継続的かつ日常的な支援が必要となる心身の障害や疾患を有する学生たちに対して「療学援助」というキーワードを用いて、入学（または問題発生時）から卒業まで長期的かつ連続的に学生相談が果たす役割が注目されるようになっている（峰松他, 1989)。その際には、修学上あるいは学生生活上の適応と利便のために教職員等の理解と支援が不可欠な場合が多く、この重要な機能が、発達障害に係る概念と支援の必要性が提唱されることで、新たに今日的な意義を持つようになったことも一因と考えられる。

7）学生相談機関の充実化

一方でやや逆説的ではあるが、連携・協働の重要性に気づき、そのことにちからを注ぐカウンセラーが増加し、またその度量と容量のある学生相談機関が着実に増えてきているという現況も指摘しうるだろう。非常勤カウンセラーのみで運営されている場合には、本人面接だけで手一杯になるし、また学内的な位置づけの弱さから、連携・協働に打って出ることが難しいと言わざるをえないからである（徳田, 2006、鈴木, 2010）。なお、常勤・非常勤の双方が在籍する相談機関においては、概ね常勤カウンセラーが連携・協働の必要な相談事例を担当することが多く、非常勤カウンセラーにはじっくりと本人面接に集中することが望ましい事例の担当を依頼し、もし連携・協働が必要となった際には常勤カウンセラーが仲介することが多い。筆者の勤務校においても、コンサルテーションのべ件数の約5～6割は常勤かつ主任の立場にあるカウンセラー（筆者）がこなしている。

このような現況と学生相談の本来的な機能を考慮すれば、そしてその活動領域と対象を見渡せば、連携・協働は必然的に生じてくるものであり、なんら躊躇すべき性質のものではないことが浮かび上がってくると言ってよいだろう。（独）日本学生支援機構（2007）から発刊された「大学における学生相談体制の充実方策について」の副題を「「総合的な学生支援」と「専門的な学生相談」の「連携・協働」」と定め、基本方針の第一に“教育の一環としての学生支援・学生相談という理念に基づき、すべての教職員と、学生相談の専門家であるカウンセラーとの連携・協働によって学生支援は達成される。”と記されたことは、我が国の学生相談・学生支援におけるエポックメイキングな出来事と位置づけられよう（通称：苫米地レポート、筆者は副座長として取りまとめに従事している）。

欧米の状況では、アメリカ合衆国の大学カウンセリングセンター所長への調査で「コンサルテーションは最も求められるスキル」であり（Williams,E.N. & Edwardson,T.L., 2000）、認証評価機関であるIACS（International Association of Counseling Services）における独立項目として明示されている（Boyd,V.et al., 2003）。また、各種職能学術団体により構成されたCAS（Council for the Advancement of Standars in Higher Education）においても必須のものとして挙げられている（福盛他, 2006、高橋, 2012）。それゆえ、事例研究を通じて理論と実践の相違を埋めていく必要（Dougherty,A.M., 2008）があり、伝統的なカウンセリングには来談しない学生たちへのより積極的なコンサルテーションと介入が提案されるようにもなっている（Mier,S.et al., 2009)。イギリスにおいても同国の学生相談を紹介した田中（2003, 2005）によって同様の状況が記されており、このような欧米の状況にも影響を受けるかたちでわが国の学生相談における連携・協働への理解が進んできたと言ってよいだろう。

４．連携・協働に関する諸研究の現状と課題

前節に示したような状況にあって、学生相談における「連携・協働」は確実に市民権を得つつあると言ってよいのだが、一方で、スムーズで意義深いコンサルテーションとはどのようなものであるかを検討して、あるいは、各関係者との相互尊重に基づいた連携・協働の諸相を描写して、その望ましいあり方を考察していこうとする論考は決して多いとは言えないのが現状であった。そこで、本研究の位置づけを確定させていくために、まず、ここ20年ほどの研究の動向をレビューしておくことにしよう。

１）学生相談における連携・協働研究

学生相談における連携・協働に関する研究の端緒としては、大規模大学において「学生相談ネットワーク形成」を進めるべく、学部教官に面接調査を敢行してそのニーズを把握（森田他, 1992）するとともに、親面接に焦点を当てたコンサルテーション機能（森田, 1994）や複数の関係者と関わった事例（森田, 1995）を丁寧に検討した、名古屋大学での実践に基づく一連の研究が大きなインパクトをもたらしている。ほどなく筆者も「学生を見守る教職員集団の形成に向けて」実践に基づく提案を行なっている（齋藤, 2001a）のだが、1998年～2000年度の学生相談に関する研究動向を見渡した道又（2001a）が指摘するように“困難事例が増えてくる中で、学内外のシステムとの連携を重視する研究が多くみられる”が“しかし連携の中味や方向性についてはまだ模索の段階にある”と言わざるをえない状況でもあった。この時期には、非常勤中心の学生相談室で常勤の兼任カウンセラーがコーディネーターとして機能する試み（武田, 1999）や、心理療法は学外機関に委ねて学生相談機関はコンサルテーション中心に行なうモデルの提唱（神谷, 2001）等、過渡期ならではの／あるいはカウンセラーが十分に配置されていないがゆえの実践研究が発表されている。だが、早坂（2003）が指摘するよう

に“協働においても個々の大学における学生相談室とカウンセラーの役割や専門性の確立を促進する働きをもたなければ意味がない”のであり、この時期の混沌とした状況をもとに實藤（2005）は“近年の学生相談界の大きな関心が学内外機関との連携・協働に向けられている”との認識とともに“個別相談を基本とするカウンセラーの専門性をうまく伝えられているのか”という課題を提示している。このような状況の中でも、学内の他部署との連携と守秘等の留意点を整理・詳述した概論的論考（苫米地, 2003）、カウンセラーと教職員の連携・協働事例の逸話作成ワーク（窪内・吉武, 2003）、教員とカウンセラーが同席面接を行なう学部付けの相談機関での協働方略（櫻井, 2000; 宇留田・高野, 2003; 宇留田, 2003, 2005等）といった広がりが見られ始め、筆者も教職員が関与する相談事例の分類・詳述から教育目標に向けた協働を提案している（齋藤・道又, 2003）。さらに、キャリア相談をカウンセラーと厚生課職員との同席で行なうという実践（吉武, 2005）、模擬相談事例に基づく連携と守秘の工夫（戸谷, 2004; 戸谷他, 2004）といった試みが発表されている。

その後は、徐々に詳細な研究が出現するようになり、坂田他（2006）ではある２つの年度における来談学生の問題を「身体化」「行動化」「精神化」に分類したうえで「協働態勢を必要とした学生」事例が約30%に及んだことを示し、割合としては「保護者」が半数を占め、教職員と保護者、医療関係者等の複数での協働も約半数を占めていたという。高橋（2007）は教職員の紹介によって始まった事例群の検討と支援に係る視点の提示を試み、岩田他（2007）はある年度に教職員との連携を行なった事例群の分析を行ない、問題別（精神病圏 / うつ病・抑うつ / 神経症圏 / 発達障害 / 等）に整理したうえで、当該学生に対して“修学上の問題に教育的配慮が得られる”とともに支援する側が“ともにみなで抱える安心感”を共有できることを効果として挙げている。

さらにここ数年は、より多彩な観点から連携・協働を追求する研究が出現するようになっており、鶴田他（2008）が教員対象の調査によって学生支援の難しさとして「大学に関与しない学生への対応」「教員の多忙化」「学生理解の困難化」を抽出するとともに、岩田（2009）は窓口担当課長へのインタヴューから自身のライフコースと学生に対する情緒的側面が密接に関わり合っていることを見い出している。高石（2010）は教職員に対する学生支援・学生対応の意識調査から約３割が日常的に困難を感じており、教職員のメンタルケアへの要望があったことを記している。また、高橋（2009）は教育実習生への心理的援助における教職員連携の意義と留意点を、徳田（2012）は家族イメージ法を活用した教職員との協働関係の見立てについて、それぞれ検討を行なっている。青木他（2012）では、活動状況を見渡して関係者（家族・教職員・友人等）との連携の現状や個人情報への配慮等の課題について整理している。そして坂本（2013）は学生相談カウンセラー14名に実施した半構造化面接をもとに質的分析を行ない、対処方略を明確化して「間合いをはかる」「安全基地の強化」に集約させるとともに、「教職員や学内全体の「育ちの風土」」と「カウンセラー自身の「護りと機動性」」への意識を高めることが必要であるとした。

これらの結果は、関係者への直接的な支援、そして学生対応における関係者との連携・協働、その両面において、いかに学生相談に携わるカウンセラーへの期待が大きいかということを指し示すとともに、その期待に応えるためにわれわれが考慮すべきことが多々残されていることも暗示している。

2）学生相談における諸研究と連携・協働

必ずしも明確に区分けできる訳ではないのだが、研究の焦点が相談事例の特性とそれゆえの支援方略にあり、その一端として／あるいは重要な要因として、連携・協働について考察されている研究群についても触れておく必要があろう。その代表的なものとしては、学生の状態像が重篤な事例や事件性のある事案を詳述・検討する際に連携実践についても扱っているものである。

連携実践に焦点が当たるようになった2000年前後の数年間から抽出してみても、カウンセラーと事務職員の連携によるサポート（山木, 1977; 原田, 1997）、境界例とのかかわり（加藤他, 1998）、暴力を伴う重篤事例への「つきあい方」（田嶌, 1998）、希死念虜のある学生への危機介入における連携（櫻井・太田, 2001; 太田・櫻井, 2001）、ストーカー問題における被害・加害事例を通じての連携（友久, 1999）、同様にストーカー被害者への相談から「マネジメント」の重要性に言及（戸谷, 2002）、セクシュアルハラスメント問題（西村, 2002等）、近親者の逝去に伴う喪の作業（桐山, 2001）、休学・復学時における連携の必要性（尾崎, 2002）等、多様な事例研究が存在する。その中では、太田・櫻井（2003）が継続面接において生じた危機介入時に“境界を保ちつつ、相互に情報交換できる”連携のあり方を提唱していることは注目される。これらの研究群を見渡すとき、学生相談カウンセラーが面接室でのインテンシブな心理療法的関わりのみではいかんともしがたい事態に遭遇して、いかに葛藤と工夫を重ねてきたかが伺える。そして、クライエント学生を包む周囲の方々の素朴な／時に強力な援助力に想いを致すことにもつながっていった道筋が浮かび上がってくるだろう。

また、不登校に関する実践と研究では、スチューデントアパシーへの援助に「つなぎモデル」と称する連携が提示されたり（下山，1994）、学部事務への調査と相談事例の検討をもとに「関係者との連携をもとに支えること」の重要性が指摘されてきた（鶴田他2002）。さらには「保護者とのコラボレーション」（協働）を組み入れたアプローチ（坂田，2005）は各校においても必須のものとなっていき、欠席過多の学生に対応する学内協働の試み（最上他，2008）では、「働きかける」相談の成果とともに果たすべき役割と留意点が論じられている。また、来談学生の家族に声をかけて「ファミリーサポートグループ」を実施するという興味深い試みも行なわれている（松下他，2007）。クライエントが来談してくれなくては援助が始まらない、あるいはひとたび相談に訪れても容易に来談が途切れてしまうタイプの学生たちへのアプローチに際して、「連携・協働」が重要かつ必須の課題となってきているのである。さらに近年では、いわゆる発達障害学生の支援に係る事例研究が多数発表され（毛利，2009等）、そのほぼすべてで教職員あるいは保護者との連携・協働が意識されるに至っている。

さて、もう１つの流れとして、キャンパス全体のサポート体制を考慮・構築しつつ連携を考慮した研究群についても押さえておく必要があるだろう。窪田他（2001）による「キャンパス・トータル・サポート」の視点は、わが国における学生相談のあり方に大きなインパクトをもたらし、また、若山（2002）の「大学コミュニティに「土着」した相談員」による臨床と協働の集積に基づく理念と工夫は大いに参考になる。また、カウンセラーおよび医師がサポートネットの構築と連携のプロセスを具体的に示したもの（最上他，2008等）が提示され、筆者も学内のサポートシステムにおける機能分化と協働のあり方を提示してきた（齋藤他，2003）。また、非常勤カウンセラーのみで活動してきた学生相談室に常勤カウンセラーが配置されてから飛躍的に連携・協働体制が構築されていった過程（徳田，2006）に象徴的に示されているように、核となる専任のカウンセラーが常時滞在していることが、連携・協働の大きな前提となっている。さらに「待つ相談室から働きかける機能を包括」したあり方（市来他，2008）、「ネットワーク型学生支援体制」における役割（渡邉他, 2011）、「何でも相談室」型の在り方（早川・森, 2011）、個人内水準・関係水準・組織水準といった「多水準への介入」の想定（菊池, 2012）、等が相次いで提示され、学習支援の専門組織である基礎教育センターと学生相談の連携を報告・考察した鬼塚（2013）の論考にも象徴されるように、全学的な学生支援体制の構築という観点から連携・協働を展開していこうとする動きも見逃せない。

なお、桐山（2008）が言うように、われわれは友人や教職員との「かかわりの中での発達」の重要性に目を向けていく必要があるのだが、カウンセリング利用前における家族および友人への相談率の変化を検討した小泉（2009）によれば、家族への相談率が増加する一方で友人への相談率が減少しており、同性代の友人関係が希薄になっていることにも留意しなくてはならないだろう。この傾向は、「ピア・サポート」制度の創設・充実（内野, 2003等）、「ソーシャル・スキル」に係る種々のグループワーク（例えば片山, 2013等）や「談話室活動」（例えば安住他, 2014等）が実践と諸研究の１つの焦点となっていることからもうかがえる。

最後になるが、学生相談での実践に一定期間以上従事したのちに学部・大学院での教育職に異動した先達が、例えば「コミュニティ・アプローチ」（窪田, 2009）、「多面的援助アプローチ」（田嶌, 2009）といった連携・協働を主軸に据えた成書にその理念と工夫をまとめていることは、学生相談の機能の深みと支援の多様性があればこそと言ってよい。あるいはスチューデントアパシーへの対応経験から「臨床心理学研究の理論と実際」を探索し（下山, 1997）、テレビ電話も活用しながら「収納イメージ法」という技法を極める舞台となった（徳田, 2009）こととも併せ、学生を対象とする、キャンパスという場での支援、という学生相談の枠組または前提があるからこそ、このフィールドには心理臨床のエッセンスが籠められ、そして発掘されていく可能性があるのだと考えられ、きわめて興味深い。今後は、「学生生活サイクル」という学生相談ならではの用語と概念を提示してこの領域の発展に寄与した鶴田（2001）のように、現場に踏みとどまりつつ成書を上梓して知見を積み上げていくことが望まれており、本書もその系譜に繋がろうとするものである。

3）対人援助における連携・協働という概念

さて、ここまで、特にわが国の学生相談に関する連携・協働研究の状況を概観してきたが、本書の土台をさらに固めて議論を進めていくために、心理臨床および対人関係に係る領域において連携・協働がどのように位置づけられてきたかについて、幾つかの主要文献ならびに関連研究に触れておこう。

「協働」という用語は、筆者の知る限りで最も早期のものとしては、組織開発に関する実習を集めた「Creative. O. D」の日本語版（柳田, 1976）において、葛藤へ対処するスキルの説明の中で「競争」と対比させて使われており、振り返ってみても興味深い。しかしながら、今日的な使用の広がりは、おおよそ2000年代に入ってからであると言って良い。

Heyes,R.L.（2001）によれば「協働」（collaboration）は、単なるネットワーキング（異なる立場の人がともに活動する）に留まるものではなく、“①相互性、②目標の共有、③リソースの共有、④見通しを持つこと、⑤対話の発展、という本質的要素を持つ”と規定されており、われわれにとって一致しやすい出発点を提示してくれている。

亀口（2002）も同様の観点から、「協調して働くこと」という訳語に込められた意味を強調しつつ、当時は“まだこの概念そのものが一般的に浸透してない現状”から「コラボレーション」とあえてカタカナ標記を用いながらも、わが国におけるこの用語とその概念の普及に貢献してきた。ここでは“所与のシステムの内外において異なる立場に立つ者同士が、共通の目標に向って、限られた期間内に互いの人的・物的資源を活用して、直面する問題の解決に寄与する対話と活動を展開すること”と定義され、“専門性や学問領域の壁にはばまれていた「臨床の知」の交流を活性化すること”によって“制度疲労に陥っている二十世紀型システムの限界を乗り越える”という展望が示されている。同時にまた“各メンバーが所属する集団・組織あるいは領域でそれまで培ってきた「忠誠心」に抵触するような事態に直面する”、言わば「儒教的文化を意識化する問題」を指摘して、「連携・協働」の実践と研究には日本的展開が必然とならざるをえないことを指摘していることは興味深い。

牧原（2002）は、「協力」「協調」（cooperation）は“あらかじめ図式が与えられ、各々がその立場の中にいて、いささかもはみ出さず、分業し、あるいは協力することで全体が作られる”、あたかも“自動車を製造する”ようなイメージであるのに対して、“コラボレーションとは各々の成員が一応自分の固有と見なされている立場を超えて語り、啓発しあい、共に学びそこから新しいものが創造されるという過程が想像される”とする。

この時期に筆者も同世代の仲間とともに、多様な側面から教育や援助に関わる職種の「協働」が模索されている状況を「生きる場への援助」という視点からとりまとめている（沢崎・中釜・齋藤・高田, 2002等）。

丹治他（2004）は「連携」の必要性が高まってきた背景として“世の中が複雑化し、ひとつのものの考え方や方法では通用しなくなった”ことを指摘している。心理臨床家が面接室の中でのみできることに固執していられない状況が表出してきているということであろう。一方で「連携の困難性」と「研究の不十分さ」から“具体的な方策はほとんど見出されていないといってもいい”現状にも触れている。「連携を阻む要因」として、（1）言葉の壁、（2）縄張り意識と意地、（3）価値観・考え方の違い、（4）採算性、の4点を挙げているが、これは多くの実践者が日常的に感じる課題でもあるだろう。

藤川（2007）は、ある大学の学部付け相談機関においてカウンセラーと学部教員が同席して心理面と学習面の双方から支援した経験を考察する際に、類似概念の整理を試みている。まず「コーディネーション／リファー」を“専門家が、利用者を他の専門家や専門機関に紹介することによって、利用者のサービスを調整すること”と位置づけ、「コンサルテーション」では“コンサルティの抱える職業上の問題（利用者のケアに関する問題）について、コンサルティが問題解決できるようにコンサルタントが支援する”行為を指すとする。そのうえで「コラボレーション」は、“異なる専門分野が共通の目標の達成にむけて、対等な立場で対話しながら、責任とリソースを共有してともに活動を計画・実行し、互いにとって利益をもたらすような新たなものを生成していく協力行為”であると定義しており、「援助チームのメンバー」として“ときに利用者自身や非専門家”が含まれるとする。

村瀬（2008a）は自身の豊富な臨床経験を基に創案した技法的工夫と援助者の姿勢を通して「統合的アプローチ」を提唱しており、国内外の“心理的援助の理論や技法は分化と統合を経ながら次第に質を高めていくことが期待される”という展開の中で「コラボレーション（協働）」が注目されるに至っているとする。安易に連携・協働に流れるのではなく、村瀬の指摘する“臨床においてはクライエントにとっていかに意味があるかを考えることが要諦”という基本姿勢があればこそ、ということを決して忘れてはならないだろう。あらためてこのテーマに係る実践と研究のあり方が問われるゆえんでもある。また、村瀬はクライエントへの援助過程そのものが、クライエントと“双方向的に目的を共有して”の「原型的コラボレーション」でもあるだろうと述べている。語源とは異なる解釈とは言え、臨床的援助の本質を突く指摘でもある。

一方、筆者ら（中釜・高田・齋藤, 2008）は、“連携や協働は疑う余地なくよいこととされ、その失敗例を思い浮かべるのが難しいのではないか”という認識から、あえて「ネットワークづくり」という観点に立ち、家族臨床・施設臨床・教育臨床（学生相談）の現場での実践をもとに、“人間関係のセット”である「関係系（relational system）」という概念を提示して考察を展開している。そこでは、各構成員が“てんでんバラバラな「ニーズ」を心に抱き”、“各自の必然性に促され”て「発達」プロセスを辿っており、その間を“様々な質の「ネットワーク」が繋いでいる”としたのである。

前川（2011）は、学校・地域において子どもをネットワークで支援する実践と研究を続ける中で、「連携」を“主に保護者など、いわゆる資格を持った専門家ではないけれど、具体的な知恵と経験と感性を持った存在との協力”を表す一方で、「協働」は“プロフェッショナルとしての責任を自覚した人たちが、それぞれの専門性や立場の違いを理解し、知識や経験、時間やお金を出し合い、融通し合うことで目標を達成していく活動”を意識して用いられ、「リーダーシップの存在」「目標や役割分担の明確化」が重要になってくるとした。そして「連携・協働」と記載される場合には“両方の最大公約数である、同じ目標に向かって協力して支援するあり方”を指すとする。これは、現在広く（それとなく）共有されている定義に近いと言ってよいだろう。そのうえで、「協力」として“力を合わせるメンバーには、専門家や保護者を超えて、クラスメイトやきょうだいといった子どもたち、学校の用務員や商店街のおじさんといった人たちが登場してくることを再認識していく中で、自然に出てきたもの”と言う。「特定の専門家」との「限られた関係性」においてのみ「連携・協働」やこれに準じる相互作用が生じているという訳ではないことへのゆるやかな指摘でもあるだろう。

また、竹内（2012）も、「協働」をめぐる定義の現状に触れつつ、「協働の心理臨床」を“そこまでの緊密度を要しない活動も含めて「他職種の専門家と関わり、協力し合いながら行う心理臨床活動」を広く指すもの”として、“概念の固まっていない事象”については“多様な実践をできるだけ広く拾い集め、その中から自ずと浮かび上がってくるものを掬い上げる方が望ましい”と述べており、なにより事例に即して検討していく姿勢を明示している。また、協働のパートナーについては、クライエント、家族等も考えられることを踏まえた上で、「他職種の専門家」との協働に着目して論を進めていることも興味深い。

なお、アメリカにおいて学校場面を中心に連携・協働についての論考を集積したDougherty,A.M.（2008）が、“「連携（consultaion）」を定義することは、「カウンセリング（counseling）」や「心理療法（psychotherapy）」といった用語を定義することと同じくらい難しい”と記しており、そのうえで、「連携（consultaion）」と「協働（collaboration）」の間に位置する、すなわち中間的な様相を示す「協働的連携（collaborative consultation）」という用語を提示していることは興味深い。すなわち、“どのような連携モデル（model of consultaion）も協働的（collaboratively）に実行しうる”のであり、多様な関係者との多彩な交流がありうることを示唆していることにも留意しておきたい。

4）コミュニティ心理学／臨床心理学的地域援助／学校臨床心理学の連関から

さて、今度は専門領域として成立しつつあるいくつかの大きな枠組を参照することから、「連携・協働」に係る本研究の位置づけを整理しておくことにしよう。

まずは、Caplan,G.（1961）の著作の翻訳・出版（1968）に端を発し、山本（1986）の著書によって発展の契機を得た「コミュニティ心理学」との連関について触れておかなくてはならないだろう。良く知られているように、20年以上にわたる継続的なシンポジウムを経て、1998年に発足したコミュニティ心理学会のもとにさまざまな背景と経歴を持つ実践家・研究者が集結して知見と経験を積み重ねている。一方、臨床心理士の専門性の第3の柱とされた「臨床心理学的地域援助」においては、“学生相談、スクールカウンセリング、児童福祉といった領域での実践から生まれた活動モデル”すなわち“ネットワークを活用した個の支援モデル”が提出されるようになってきた経緯があるが（窪田, 2009）、これを窪田は「臨床心理学的コミュニティ・アプローチ」と総称して、「コミュニティ心理学的臨床実践」と対比させ、前者と後者の相違点として、1）個の変容vs個と環境の適合、2）直接的なネットワーキング（クライエントの周囲の人々へ）vs間接的な援助（支援システム作り、非専門家の参加・協力体制作り等）、3）問題を抱えた人の治療や援助vs幅広い対象者へのアプローチ（含：予防）、とまとめ、ここに乖離が生じていることを指摘している。そこでは「理念と実践の乖離」も見られることから、これらの乖離を一体的に統合していくための活動モデルが求められるとする主張のもと、一連の研究をまとめている。

窪田による指摘は大いに首肯できるものであり、本研究もほぼ同様の立場に依拠して、実践をもとに理念を再構築したうえで考察を展開していくことになるが、比較すれば、本研究は「学生相談」というただ1つの領域に立脚したうえで、よりいっそう「個別相談」に依拠したうえで、すなわち（コミュニティよりも）臨床心理学的な実践から出立してその乖離を埋め、実践的モデルを構築していくことをめざす。もちろん、筆者もまたキャンパスにおける多様なシステムづくりにも深く携わってきているのだが、それはすべて個別相談からニーズとヒントを汲み取ってのアクションという位置づけになる。そのうえで、（これは論を総括する際に改めて記すことになるが）これらを統合して実践と研究を展開できるという意味では、学生相談はこれらの乖離が課題として現出しやすく、かつ取り組みやすい領域の1つとなっていると言えるかもしれない。

さて、もう1つの押さえておくべき大きな領域として「学校臨床心理学」の成立と発展という状況があげられる。もちろん1990年代以降の「スクール・カウンセリング」の公的な導入と定着という潮流とも同走していくことになるのだが、より「教育」という側面を重視し、「教師」の果たしうる援助的・成長促進的な機能と貢献の大きさに着目しつつ展開している近藤（1994）の著作は大きな示唆を提示している。すなわち、伝統的な心理療法においては、援助を求める者が日常的に生活する「内・社会体系」から離れて「外・社会体系」にある治療機関に出向くことが出来てはじめて援助が開始される仕組みであるのに対して、心理臨床の新たな動向では“①個人および内・社会体系自体の変革も含めた働きかけを、②問題が発生した場（内・社会体系）の中で、③内・社会体系の援助資源自身が行なう働きかけに、再び委ね返す試み”と総合し、ここから学校内における子どもの問題の発生や子どもの回復・成長、学校や教師の有効な介入方略およびこれを促進する援助方略を明らかにすべく論を構築している。ここに示された「内・社会体系」を高等教育機関における「（大学）キャンパス」と読み替えれば、われわれが目指すべき方向性がすでに暗示されているということもできよう。すなわち、学生相談は心理臨床における新たな動向を具現化すべき領域としても浮かび上がってくるのである。そうであれば、とりわけキャンパス構成員である学生・教職員を視野に入れた「連携・協働」の実践と研究は必須の課題として位置づけられることになる。

一方、スクール・カウンセリングを推進する立場からは、例えば亀口・堀田（1998）ではコラボレーションと類似した「家庭・学校・地域社会の連携」の必要性が叫ばれる一方で、互いの思惑の違いや利害関係から実効をあげることがきわめて難しい現実を指摘している。永田（2001）は“従来的な病院臨床に携わる人たちは、コンサルテーションの概念がつかみにくく、学校臨床をかなり異質な仕事として敬遠したり不安を感じたりしている場合”があることを指摘し、「目に見える仕事」（心理療法、心理検査、デイケア等）のみならず、「目に見えない仕事」（検査や面接の所見を分かりやすく伝えたり、他職種と話し合って臨床心理学的な見方を提供する等）が重要と述べている。鵜養（2002）によれば「校務分掌」を分ち持つ“日本の学校コミュニティの中では、特定の専門職が専門分化された特定の業務を請け負うという役割分担の考え”は通用しにくい状況があり、自分の役割も果たし、他の校務にも気配りを行なうわが国の「学校教育における伝統的なコラボレーション」の中でいかにカウンセラーが機能していけるかが問われているとする。これを「システム論からみた学校臨床」（吉川, 1999）という文脈で捉えれば、「組織との関係作り（ジョイニング）」のために、学校システムへの「アコモデーション（適合）」すなわち“対象となるシステムの価値観や考え方、集団内での役割などにあわせること”と、「トラッキング（追跡）」すなわち“対象となるシステムのスポークスマン的役割の人の振る舞いについていったり、物事の決定の際のそれぞれの言動にあわせて振る舞うこと”が必要になる。用語自体は領域特有の固さがあることは否めないが、その意味するところは多くの心理臨床家に共通する感触でもあろう。なお、吉川（2009）は、「援助組織の協働」を推し進めていくためには、クライエントへのアセスメントのみならず、臨床現場や社会的組織の目的性、要請や特性もアセスメントして、それぞれの現場の専門性を活用できるようにする、言わば「メタ・アセスメント」というべき視点を確保することが要点になると述べており、これは教育コミュニティにおいても必須の観点と言ってよいだろう。

このような趨勢のなかで、心理臨床家は学校における教員の果たす貢献の大きさに改めて想いを致すとともに、学校の教員等にとっても、クラスルームでの授業の工夫や個別指導のみでは子どもたちの成長と適応を支援しきれない現状が時に生じることから、双方が連携に踏み出していく素地が固まっていったということでもある。このような展開が急速に進んだことから、1990年代後半より学校教師とスクール・カウンセラーとの「連携」の重要性が盛んに論じられるようになっているが、さらに2000年代には、その様相を表現する際に「協働」という用語がしばしば用いられるようになってきている（例えば、北添他, 2005; 高嶋他, 2008; 根塚・伊東, 2010; 安達, 2012等）。学生相談における「連携・協働」への焦点化も、当然このような動向と影響し合っていると言って良い。

5）連携・協働に関する研究のめざすべき方向性

さて、上記のように概観してきたわが国における「連携・協働」に関する研究の現状と課題をまとめると、以下のような諸点に凝縮させることができよう。

i）学生相談における連携・協働研究の現在

ここまでの議論をふりかえれば、学生相談の実践において「連携・協働」が不可欠なものになっており、同時に連携・協働に係る諸研究の必要性は増すばかりであることが読み取れよう。

これまで見てきたように、まず、ｱ）連携・協働そのものに焦点を当てた研究があり、ｲ）その周辺に／あるいは連携・協働の重要性を提示するものとしての

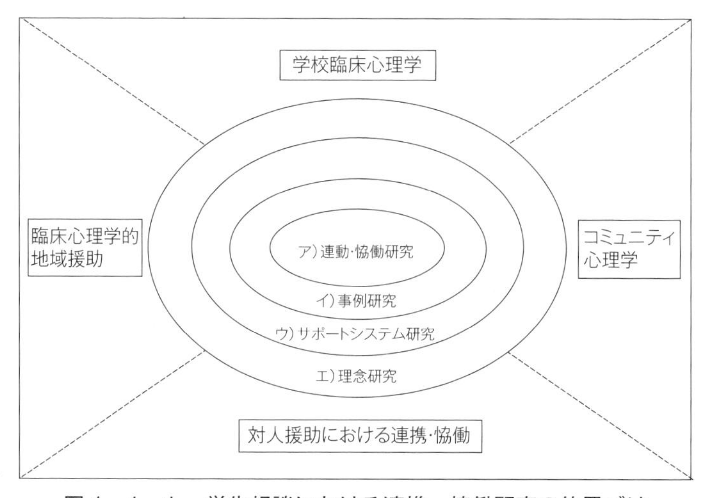

図１－１－１　学生相談における連携・協働研究の位置づけ

種々の事例研究が囲み、ｳ）さらにそれらの実践研究を支えるサポートシステムに関する研究が土台となるとともに、ｴ）これら全体の通底を流れるものとして理念研究が必要とされるというように、幾重かの入れ子構造を想定することができる。さらに、学生相談という固有の領域に係る論考と心理臨床全体に係る論考、それぞれが連関しつつ進展している状況を考慮すると、おおよそ図１－１－１のようなイメージで全体像を把握することができるだろう。

すなわち、連携・研究に関する新たな指針や概念の提出を志向するに際しては、これら全体を見渡したうえで、改めて学生相談の現場に資するものであり、かつ一貫したスタイルや理念に裏打ちされた統合的な研究群を実行していくことが求められていると言ってよいだろう。

ⅱ）研究の方法論をめぐって―連携・協働が必要となる事態とその捉え方―

これまでの学生相談の諸研究を見渡すとき、学生相談における相談活動の検討でありながら、（病院臨床的な）診断名・状態像といった観点からの分類が用いられがちな現状にまずわれわれは留意する必要がある。これは「連携・協働」に係る諸研究でも同様であり、学生や教職員、あるいは親・家族はある病像や診断名ゆえに困っているのではなく（もちろんその要素も重要であるのだが）、修学上あるいは学生生活上の実際的な課題に直面してキャンパス適応に支障をきたしていることが主要テーマなのであり、現況にもとづいたより実際的で共有しやすい視点を提示していくことが求められているのだと考えられる。これは、鶴田（2006）がしばしば強調するように「学生相談独自のことば」を持つべきという主張とも重なる。

また、学生相談研究においては、ある特有の事態において不可避的に連携が求められた場合に関する単数事例、もしくは２～３の事例に基づいた検討と考察が大部分となっている現状がある。臨床実践に資する事例研究の意義については改めて述べるまでもないが、われわれはより多様な視点を複眼的に有する必要があり、筆者はこれまでも多数事例をもとに学生相談の意義と課題を整理していく必要性を主張してきた（齋藤，1989）。その際には教育機関のサイクルを意識して１年間の全事例を検討することで多様な事例群を含み込んでの検討となるよう試みたうえで（齋藤，1991）、その時々に現場と社会の状況に鑑みて独自のテーマ設定を行ないつつ継続的に研究を展開してきた（齋藤，1999，2004，2006等）。その意味では、近年このような観点から取り組まれる研究が徐々に増えつつあることは（坂田他, 2006; 岩田他, 2007; 池田他, 2008等)、焦点化すべき研究テーマや実践の特性・諸側面を常に学生相談の全体像の中で捉え直そうとする動きが強まっているがゆえと言うことができるだろう。

ⅲ）連携・協働する関係者について

「連携」さらには「協働」という用語は、もともと援助にかかる異職種間の相互尊重のもとに行なわれる緊密な交流を指すことが多かった。教育臨床で言えば、例えば学内外の精神科医であったり，各種の相談窓口の担当者であったりするのだが、その際にはプロフェッショナルゆえにクライエント学生をめぐって協調できる諸点は多いと言って良い。そのうえで、お互いの専門性の相違ゆえに時に生じる援助の方向性や方法論の齟齬を整理していくことに主眼が置かれることになる。そして近年では、教育コミュニティにおける最大の連携・協働のパートナーとして、これまでは援助の対象者として位置づけられることが多かった教職員がクローズアップされるに至っている。もっとも、当初から大学コミュニティの中に基盤を有していた学生相談においては教職員や関連部署との連携・協働は必然的なものであり、初等教育・中等教育におけるスクール・カウンセリングに先立つかたちで実践と研究が展開してきたと言ってよい。

さて、研究を推進する際には、当然ながら、まずはある特定の関係者との直接的な連携に焦点があてられることになり、その様相やプロセスを詳細に検討することになる。だが、より望ましい援助を考慮するためには、さらに歩を進めて、学生を取り巻く対人ネットワークの全体像を視野に入れるという意識にまで広げることが望ましいだろう。実際、学生相談を担うカウンセラーは面接中にそのような見取り図を心中に描いて、相談プロセスに間接的に関与している人々、あるいは学生の所属する小集団やコミュニティの人々のその時々の動きに応じて、来談学生が揺れ動いたり、救われたりする様をイメージしているのであり、その様相をこまやかかつ立体的に描き出すような研究が望まれよう。その意味でも、援助対象として語られることの多かった様々な関係者（例えば親・家族、友人・学生等）の関与する様相について、これまで以上に焦点を当てていく必要がある。

iv）連携・協働に係る臨床スタイルの検討

iii）とも関連して、「連携・協働」を行なうに際しての基本姿勢、カウンセラーの「スタイル」に係る考察がいまだ十分ではない現状がある。個人臨床に関するトレーニングを重点的に積んで現場に入ったカウンセラーにとっては連携あるいは協働は面接構造を揺さぶる、扱いに困惑する事態である場合が多い一方で、協働が無条件に良いことというイメージで流布する現状で就任当初から当然のように関係者とのコンタクトを求められる状況は、特に若手にとってはなかなかに困難な事態である（中釜・高田・齋藤, 2008）。さらには、学生相談で対応する多様な訴えや状態像を見渡すとき、どのようなケース群においていかような手順と具体的な言動が求められるのかについて、より実践的な知見が集積されていく必要がある。ある程度の指針は先行研究や関連領域からの知見で得ることができるが、日々の臨床場面におけるひとつひとつの言動、そのもとにある1日ないしは年間の活動への構えや組み立て方を微に入り細に入り学び、点検して、確固としたものにしていくことが求められる。たとえば、青木（1997）は「重なり合いのある競合する学生窓口」によって形成される安全ネットの中で学生相談の存在を示していくことを提唱しているが、経験を積んだ学生相談カウンセラーが同一大学において一定期間以上在籍することによって、「期間」と「段階」を踏んで学内外の関係者とともに築き上げた「連携・協働」のあり様を示していくことが後進のために必要である。

v）連携・協働に係る理念の必要性

さて、「連携・協働」はケースマネジメントのために必要だから、あるいはクライエントにとって有効だから行なわれるという文脈で語られることが心理臨床の立場からはどうしても多くなる。今後はさらに一歩進んで、教育機関に内在する相談機関の行なう諸活動ゆえに、学生相談の理念からも連携・協働は必然的なものであるという認識が求められよう。そうでなければ、関係者と方向性を共有して、積極的に連携・協働に取り組んでいく姿勢を堅持することが難しくなることが危惧されるのである。理念（モデル）があってはじめて、学生の抱える諸問題への介入や予防的施策、さらには教育的な成長支援に活かしていくべく、大学コミュニティ全体との連携・協働という視点にまで広げていくことができるのであり、そこまでの機能を果たしてこそ学生の適応支援に従事する大学構成員としての存在意義を明確に提示していくことができると考えられるからである。小・中・高校に比して、教職員の学問領域や職務上の専門性の高さから風土的により専門分化の意識が強く作用する傾向にあり、その結果よくもわるくもカウンセラーが専門家として面接室にこもっての活動に終始することが可能な条件があるため、自らキャンパスに歩み出していく意識を強く持とうとする必要があると言って良い。その際には「臨床心理学的コミュニティ・アプローチ」や「学校臨床心理学」といった関連領域の成果からも学ぶことになろう。

ｉ）～ｖ）を総じて言えば、学生相談に従事するカウンセラーならではの連携・協働とは何か、すなわち、より適切な学生相談活動を展開していくための揺るぎない連携・協働の理念と実際とはどのようなものであるのか、という論点に十分に知見や実践が集約されてこない現状があったと言わざるをえないだろう。

第２節　本研究の枠組と方向性：連携・協働から連働へ

１．本研究の枠組

前節にて概観したように、わが国における学生相談の現在を見渡せば、「連携・協働」を組み込んで学生相談活動を展開していくことはもはや必須のこととなっていると言ってよい。しかしながら、その重要性が唱えられる一方で、どこか局所的・限定的な文脈で語られるか、あるいは理想が先走って実質が伴わないような印象を受ける側面があることも否めない。そこで、本研究では課題を以下の３つの視点に集約しつつ、連携・協働に係る計７つの研究を通じて、学生相談活動の中での位置づけをより確固たるものにしていくことを目指す。

①　連携・協働の基礎となるモデルとスタイルの提示
（第２章：「研究１」「研究２」）

②　学生をとりまくネットワークと各関係者との連携・協働
（第３章：「研究３」「研究４」「研究５」）

③　現代的な諸問題の中における連携・協働の実際と留意点
（第４章：「研究６」「研究７」）

これらは、前章で指摘された論点ii）～v）を遡る形をとって組み立てられている。前章では連携・協働そのものを扱う研究の課題から順次それらの周辺もしくはそれらを支える諸研究に広げるというベクトルで現状と課題を整理してきた訳だが、一方、学生相談の実際と意義を提示しようとする際には、①’まず「何を実現しようとするのか（モデル）」そして「どのように具現化しようとするのか（スタイル）」を定置することが基盤となり、そのうえで、②’「どんな状況で（ネットワーク）／誰に対していかように働きかけるのか（各関係者）」を明確化して臨む必要があり、③’さらにより具体的に「どんな相談内容・事態に対してどのように働きかけるのか（現代的な諸問題）」という手順となるからである。そして、学生相談担当者はこの①’～③’の往復運動の中で実践を通じてそれぞれを突き詰め、考察を深めてきたからでもある。

すなわち、学生相談における連携・協働の実践的モデルを構築するにあたっては、まず①をもってそのベースを確立したうえで、②によって広がりをもって考察し、③によってより有効かつ実質的なあり様を提示することで、従来の諸研究では十分にカバーしきれなかった諸側面を立体的に捉えることが必要である。この一連の作業から「連働」という新たな概念を設定して、学生相談が果たす教育コミュニティへの作用と貢献についてより積極的に提示していくことを本研究の目的に据えることとする。

なお、研究を遂行していくにあたっては、まず関連する用語について定義していくことが望まれるが、本研究では現場での相談事例を見直し、点検していくというその過程のなかで随時、より詳細な分類と定義付けがなされていくため、現段階では2つの用語の定置に留めておくこととする。まず「コンサルテーション」という用語は、現場での慣例に従って学生のことで関係者が相談に訪れる、あるいは関係者に対してなんらかの援助的な関わりを行なった場合を指すこととする（註：米英ではアウトリーチ的に教職員等にグループワークや研修を提供することを指す場合が多い（Sharkin,B,S., 2012））。また、広く「連携・協働」という用語が多様な局面での多彩な関係者との関わりの中で使われている現状に鑑み、学生本人以外の者となんらかの接触・関与・相談・協議をおこなった場合、あるいはこれに関する諸研究を表現する際に用いられる、ひとまず総称的な用語として位置づけておく。

さて、以下に続く各項では、①～③それぞれについて研究計画を設定するために必要となる基盤を整理しておこう。

2．学生相談における「連携・協働」の基礎
―「モデル」と「スタイル」をめぐって―

まず必要な作業は、連携・協働が個別ケースの展開上やむなく生じるものではなく、教育コミュニティにおける相談活動の理念（モデル）から考えて言わば当然の帰結であることを示していくことである。そしてその際に、学生相談に従事するカウンセラーはどのような構えと姿勢（スタイル）を保持していなくてはならないか、そして、連携・協働を可能にしやすいあり方とはどのようなものであるのかを提示していくことになる。この課題に取り組むための実践研究を遂行するにあたって、まずは、これまで学生相談の理念研究がどのような経緯を経てきたかを、「連携・協働」という観点を視座に置きつつ再整理することで、今後への展望の礎としておこう。下記の記述はおおよそ年代順になっているが、そのま

とめ方は筆者の観点を反映している。(なお、学生相談の歴史については、大山(2000) の考察をもとに整理・展開されたものである (齋藤, 2004a, 2010)。)

1) 厚生補導 (SPS) と学生相談

よく知られているように、我が国の学生相談は戦後の SPS (Student Personnel Service : 厚生補導と訳されてきた) の導入とともに始まっており、その「黎明期」(1946年～) には、以下のような方針が明示されていた。1) 正課の内外を問わず、学生を支え、育てていくことは教育機関としての大学の本質的使命であり、2) その役割はすべての教職員が関与して展開されるべきものである。3) そのうえでカウンセラーなどの専門家はより困難な事態への対応を受けもつとともに、いっそうの充実に向けて研究活動の責務を担う。4) 言い換えれば、研究・教育・行政の実践的統合としての新しい領域の確立が求められるのである。この時期には積極的に教職員研修がしばしば展開され、「教育の一環としての学生相談」という理念が定着していく。ここからも明らかなように、学生相談においては、「専門家としてより困難な事態への対応」を担うことで、「大学の本質的使命」である「学生を支え、育てていく」責務の一端を担うのであり、それは「すべての教職員」とともに、あるいは「すべての教職員」のために貢献する役割を担っていると位置づけられていたと言ってよいだろう。すなわち、大学コミュニティにおける連携・協働の展開は既に最初期から必然であったと考えてよい。

2) 学生相談フォーラム

その後、我が国の厚生補導ならびに学生相談は「充実期」(1953年～) を迎えて一気に広がっていくかに思われたが、学園紛争等の余波もあり「衰退期」(1960年～) と言わざるをえない時期が到来し、さらには一部の専門家に任せておけばよいという「停滞期」(1970年～) の状況が長く続くことになる。そのような経緯と相まって、学生相談の理念について深く踏み込んだ論考は極めて限られざるをえなくなっていた。

そんな中では、広島大学・立教大学・九州大学の相談活動を照合し合いながら展開したフォーラムは1つの指針を提供している (小谷・平木・村山, 1981、平木・小谷・村山, 1983)。平木に従いつつ、3者の一致点をまとめておくと、1)

理念的にはメディカル・モデルではなく、成長モデルを指向すべき。かつ青年期の学生が学び、生活する大学というコミュニティに位置づけられるべき（コミュニティ・モデル指向）、2）一方で多様な学生のニーズに幅広く対応することを要求され、他方で深刻かつ複雑な心理的問題に長期にわたって深く関わることを要求される、3）現代の学生状況を踏まえること。青年期の心理、現代社会や教育体制の問題、大学教育の課題を重ねあわせたところで仕事をすべき、となる。そしてこれらをもとに“大学というコミュニティの特殊性を念頭に、クリニックモデルの機能を備えた学生相談モデルの提案という形で収束しつつある”と述べられている。これらの一致点は、現在の多くの学生相談関係者が首肯しうるエッセンスが含まれていると言って良いだろう。

またこのフォーラムに対しては傾聴すべき2人のコメントが付与されている。まず佐治（1983）によれば“システム的に外部的組織の間の分化と統合を計ることのメリットは認める”が、セラピストの内部に“サブシステムを作ることをその時々の行動において考える必要もあるだろう”という指摘がなされ、安藤（1983）は“クリニック機能は余力があればのこと”としたうえで“スタッフの専門的アイデンティティよりもキャンパス内のユーザーたちのニーズや合意に基づかなければならない”と指摘している。

ここで重要な点は、学生相談の理念（モデル）がそのままカウンセラーのあり方（スタイル）に直結していることの明示であり、その際には常にコミュニティを視野に入れておくべきとの指摘である。言うまでもなく、ここにもまた連携・協働の萌芽が示されていることが見て取れるとともに、その時々の現代的な課題を踏まえることの重要性にも触れられている。

3）フォーラムに対比しつつの専門性の定置の試み―モデルとスタイルの連関―

これ以後、理念に関する研究はしばし停滞するが、斎藤（1989）では上記フォーラムを参照しつつ、また佐治や安藤のコメントにも近い方向性から、「儀式化」という概念を援用しつつ、学生相談モデルを定置するための3つの観点を整理している。すなわち、

a）「教育機能」＝大学の教育目標、大学の施す儀式化に沿うように、学生の（個別的）事情に応じて、相談員の方から働きかけ、大学への適応を促す機能、

b）「クリニック機能」＝広く学生の人格的・発達的要因に端を発する主訴、状

態像をもとに、相談員が見立てを行なったうえで面接の契約を結び、臨床心理学的働きかけによって改善を目指し、大学の教育目標・儀式化に対応しうる状態を取り戻せる（保てる）ことを目的とする機能、

c)「コミュニティ機能」＝大学というコミュニティを視野に入れて、個人または集団に働きかけ、構成員間の相互交渉を生かすことによって、教育機能、クリニック機能に幅・多様性を持たせる機能、である。

なお、ここで言う「儀式化（ritualization）」とは、1つの文化体系の中で、構成員との相互交渉を通じて、その文化特有のあり方に馴染ませていく過程であり（Erikson,E.H., 1977）、これを近藤他（1988）が学校教育における教師―生徒関係の考察に活用した研究に沿って用いている。

斎藤による主張では、佐治のコメントを活かしつつ、学生相談カウンセラーによる“幅広い関係性の提示”が重要視され、機能分化と役割分担を推し進めるシステム論（主に小谷）に対比されている。勿論複数の相談員がいる機関では当然ある程度の役割分担は生じてくるのだが、要は学生相談全体として、幅の広い多様で柔軟な機能を持つことを主張したのである。まさに、モデルとスタイルが相互に行き来してお互いを洗練させていこうとする論調が伺えよう。

4）「学生相談の活動分類」から―全体像を記述する試み―

学生相談の全体像を記述する試みとしては、既に鳴澤（1986）によって広範な活動が提示されていたが、これとは別個に、国立大学の専任カウンセラーが中心となって、学生相談の全体像を1つのモデルとして提示すべく「学生相談の活動分類」の作成が試みられ、約3年の討議を経て発表された（その一端は下山他（1991）で紹介されている）。もともとは、各大学でまちまちであった相談の集計方法を統一し、学生相談の実績を全国規模でまとめてみようという趣旨が強かった作業であるが、討議を重ねていくうちに、学生相談に従事するカウンセラーの活動を“自己点検”し、全体像を見渡すという意義を強く感じることになった。それゆえ、単に集計方法の提示、すなわち相談内容の分類に留まるのではなく、カウンセラーの考える学生相談の理念にマッチした、論理的に整合性の高いものを作成したいという思いが強まり、相談活動全体の分類を指向することとなったのである。まず幅広い活動領域を4つに大別（「援助活動」「教育活動」「コミュニティ活動」「研究活動」）したうえで、それぞれの中に細かく諸活動が「対象」と

「方法」の２次元で考慮して組み込まれている。これによると、従来狭義の相談活動では最も中核に据えられていた「心理治療」はごく一部として示されており、そもそも“治療”を目的としない「療学援助」(心身の治療を要する学生が学生生活を滞りなく送れるよう援助するもので、主に峰松他（1989）による視点を中心とする）が重要な活動として分類に加えられているのが特徴となっている。

しかしながら、作成に関わった一員として今の時点から振り返ると、全体を見渡す見取り図は作成されたが、多元的に捉え多様な活動を含み込む試みがなされる一方で、学生相談を貫く中核的な理念についてはやや核心がぼやけてしまった印象もある。ただ、「援助活動」の中に「教職員・家族へのコンサルテーション」が明示されるとともに、「コミュニティ活動」が大カテゴリーの１つとして位置づけられ、キャンパス全体を視野に入れて、教職員や学生たちという構成員への関与が学生相談活動の欠くべからざる要素であることを定着させたことの意義は留めておきたい。

５）学生相談における「教育」面と「心理臨床」面の進展

ｉ)「教育」を前面に押し出した学生相談論

近年の流れとして、学生相談の教育的側面を前面に押し出す論考が多く見られるようになっている。その１つの象徴として、鳴澤（1998）は積極的に「教育」「発達援助」の観点から学生相談を提示していこうとする論考及び実践を集積している。また吉良（1998）も教育的な機能を重視してきた九州大学の実践をもとに、理念上の課題として、１）「修学」上の問題や進路選択上の問題に対する個別相談活動の充実、２）対人関係、人格形成、自己理解等に関わる「人間教育」と呼ばれるような教育活動の新たな実践形態、３）調査研究活動等で把握した学生の教育上・生活上のニーズを伝達し、大学組織と学生との間をつなぐ機能、という３点をあげ、ここから“心理臨床学の専門家による（治療的相談活動に偏らない）教育活動”という方向性を明示している。

これらの指摘は、多くの学生相談担当者がその必要性を感じつつも、時間的・労力的な制約のために、或いはその所属機関や立場・身分ゆえに行ないえないできた重要な側面を明瞭に示していると言えよう。また、「大学における学生生活の充実方策について―学生の立場に立った大学づくりを目指して―（報告)」(文部省高等教育局, 2000：通称「廣中レポート」）および「大学における学生相談体制の充実方策について―「総合的な学生支援」と「専門的な学生相談」の「連携・協働」―」（(独) 日本学生支援機構, 2007）：通称「苫米地レポート」）において改めて強調された「教育の一環としての学生相談（・学生支援）」という理念に凝縮していく流れとも位置づけられる。

ii）学生相談の「構造」に着目した論考－心理臨床の視点の貢献－

言うまでもなく学生相談の「理念」と援助のための枠づくり（構造）とは密接に関連している。学生相談が何をしようとするものなのかによって、その場の設定のしかたが異なってくるとともに、そこにカウンセラーのスタイルが反映されるからである。以下の記述は、前節で概観した「学生相談における諸研究と連携・協働」の前段階に位置づけられて連携・協働の展開を準備した研究群であり、また時に重なってもいる。

まず総論的には、山木（1990）による的確な「構造論」に端を発し、藤岡（1997）も学生相談を「構造」の観点から見直し、また、鶴田を中心とするシンポジウム（1998）が開催されている。一方、学生相談の構造ゆえの有効性の指摘や学生相談だからこそなされるべき実践について援助対象や方法論を展開した論考群（境界例の学生への援助等、小谷, 1981; 田嶌, 1991; 加藤他, 1998; 西河, 2000等）は示唆的であった。さらに学生相談室内のシステム化や各スタッフの位置づけ・機能・役割分担についても考察がなされ、例えば、学内事情に詳しい事務職をその利点を生かして幅広くサービス機能を担うコンサルティング・スタッフと位置づけて心理カウンセラーとの役割分担を行うもの（福田, 1994）、同様に多様で柔軟な機能を果たす「受付」の専門性を考察したもの（井利他, 1997）、兼任カウンセラーの役割と意義について述べたもの（倉戸, 1996）、臨床心理士と組織者それぞれの立場から関わった事例をもとにした考察（山木, 1997; 原田, 1997）などが注目される。また、各種メディアを用いた学生相談活動が新たに構造のあり方を再考させる場合も生じている（斎藤他, 1998; 徳田, 1998）。

これらから伺えることは、病院臨床等のクリニカルな場での実践に比してより柔軟な面接構造の中で、すなわち大学コミュニティとの相互作用を意識しながら個別相談を展開していこうとする動きである。Sharkin,B.S.（2012）は多様な学生たちへの援助を志向するならば、特に自ら相談に訪れることにためらうような学生にも関わろうとするならば、カウンセリングオフィスにおける安全な境界に守られた相談のあり方を超えていく必要があると指摘している。そうでなければ限られた一部の学生しか利用できなくなるからである。このようなカウンセラーのスタイルがあって始めて、多様な職種・スタッフ・関係者との連携・協働が可能になると考えられるのである。なお、森（2012）は精神分析的心理療法の立場から「治療構造論的視点を持つこと」の意義を改めて強調している。学生相談における心理療法を「適応優先の支持的アプローチと内面探索的アプローチ」に大きく二分できるとする前提には近年の学生相談の動向に沿う立場からは異論も出ようが、「面接構造の揺らぎ」とその意味に自覚的であることは変わらず重要である。

6）学生相談の活動領域を見直す試み

今度は学生相談全体を見直すための別個の視点を考えてみよう。１つは、諸外国との比較から我が国の学生相談の特徴を描き出そうとする試みであり、いま１つは、小学校・中学校・高等学校における学校教育相談との比較である。

i）諸外国の学生相談との対比から―アメリカを中心に―

もともとSPSの一環としてアメリカから導入された経緯を持つ学生相談であるが、思いのほか両国間での学生相談の比較研究はなされてこなかった。ようやく1990年代に入る頃から、各種の紀要にアメリカの大学の訪問記が載るようになってきており、その中で理念面での紹介・考察もなされるようになってきている。例えば（森, 1989, 1990）によって紹介された「The Cube Model」（Morril, W. H. et. al, 1974）は、介入の「対象」「目的」「方法」の３次元から多彩な活動を想定していくものであり、「対象」として「個人」「身近なグループ」「関係者グループ」「組織やコミュニティ」の４者があげられ、介入の「方法」でも「直接的なサービス」と並んで「コンサルテーションとトレーニング」が明示されており、個人面接にとらわれずに広く関係者との連携・協働に向かってこうとする思想が感じられる。

このような中で日米比較をもとに理念に係る観点を抽出する試みとして、斎藤他（1996）では、学生相談が大学教育や多くの教職員・学生から離れた特別な活動と見られがちなわが国の現状（１～数％の来談率に過ぎず、さらにその中の一部の学生との長期に渡る面接がかなりの時間を占める等）と比較して、アメリカでは

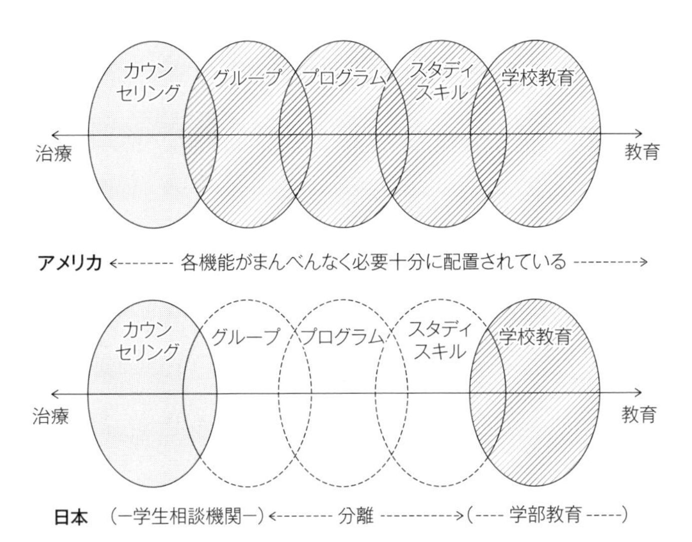

図１－２－１　日米のサポート・システムの配置（概念図）（斎藤他，1996）

回数制限を設ける一方で10％を超える来談率が示され、また多彩な活動と多様な相談機関を通して幅広い層にサポートを提供しているという大きな相違を指摘したうえで、わが国においては分離しがちな「教育」と「カウンセリング」を結びつける種々の活動を、つまりは人間的な成長・発達を促す教育的な働きかけを、学生相談あるいは大学全体として考えていく必要があるのではないかという考察を加えている（**図１－２－１**はその状況を概念的に図示したものである）。

なお、アメリカの学生相談を概観して、Stone,G.L. & Archer,J.J.（1990）は、1990年代の課題として以下のような点をあげており、われわれの問題意識とも重なる部分が大きいことに驚かされる。まず「個別相談（clinical services）」では、１）重篤な心理的問題（摂食障害、虐待、性的虐待・暴力、エイズ）の増大、２）キャリアカウンセリングの重要性、３）学内における少数派（少数民族、障害者、同性愛者、留学生、女子学生）への援助、の３点が指摘され、またカウンセラー側も（特に若手が）クリニカルな活動に傾きがちで関心が薄れている傾向があり、このままでは発達的な幅広い観点をなくしてしまいかねないという警告を発している。一方「アウトリーチ・コンサルテーション（心理教育的な関わり）」に対して、各センターでは全体の約４分の１近い時間をこの活動に費やしており、学生個人の発達のために教養教育（liberal arts education）的な学びを後押しすべきであり、学生の発達を援助しようとする大学人を励ます作用があろうと言う。なお、2000年代に入ってからも、米国滞在経験や文献・情報収集に基づいてより詳細な紹介論文が掲載されるようになっており（小泉, 2003; 福田, 2003; 太田, 2004; 松村, 2008; 鈴木, 2009等)、福盛（2005）はアメリカの学生相談からの示唆の１つとして「個別面接中心から脱却して、より多様なサービスを提供する学生相談を指向する」ことを提言している。

一方、イギリスの学生相談からの学びについては、田中による一連の紹介および論考（1999, 2003, 2005等）が大きな貢献を果たしており、これらをもとに田中はわが国への示唆として以下の４点を挙げている。１）学生のニーズの多様化・複雑化への対応、２）学生の動向の分析と大学教育を企画する部署への発信・コミュニケーション、３）学生支援に当たる機関との連携・協働を進めること、４）学生相談の専門性を明らかにしていくこと、であり、まさに核心的な部分として各機関・部署との連携・協働ならびにネットワーキングが焦点化されていることが注目される。そしてそれらをはさみこむかたちで、個別対応の工夫と理念研究の重要性が示唆されている。なお、そのほかの国々との比較研究は極めて少ないと言わざるをえず、例えばわが国の大学教育の礎となったドイツをはじめとするヨーロッパ諸国、急速に近代化が進んでわが国と同様の課題を抱えると想定される東アジアの国々等との比較も視野に入れて、新たな理念構築と活動創出につながるような試みが期待される（齋藤, 2010)。

ii）学校教育相談（小・中・高）との対比から

次いで、学生相談担当者が考慮しなければならないのは、大学等における学生相談と、小・中・高（あるいは高専や予備校も含めて）における学校教育相談との相互交流が意外なほど少ないという点である。

やはり第１節で概観した「（連携・協働研究における）学校臨床心理学との連関」の前段階と位置づけられ、時に重なる視点でもあるのだが、例えば大野他（1997）は、機能として「かかわる（カウンセリング等）・しのぐ（危機介入等）・つなげる（ネットワーキング等）・たがやす（学校づくり）」と整理し、同様に、教師カウンセラーの立場から長坂（1998）は、構造を柔軟にすることを強調しつつ秘密保持や連携の難しさを指摘し、相談室を開放的にする工夫、問題直面型よりも付き合うことを志向したカウンセリング等を提唱している。一方、伊藤

(1998) は学校臨床心理士の立場から、出発点は個人心理療法であるが、カウンセラーが学校という“場”の風土を捉え、これを踏まえた行動を指向する重要性を述べている。これらの実践研究から得られた考察は、大学等における学生相談担当者と相当程度共通する視点であることが理解されよう。そのうえで、養護教諭・保健室と保健管理センター（医師・看護婦)、生徒指導や相談担当教諭と大学における厚生補導、生徒もしくは学生対応の事務窓口のあり方の相違等といった側面からも比較検討があって良いだろう。スクール・カウンセリング導入に際しての種々の苦労にも端的に現われているように、「教育」と「臨床（相談)」との本質的な出会い、両者を結びつける研究はまだ端緒についたばかりであると言ってよいが、そこにこそまさに「連携・協働」研究の果たすべき役割と貢献すべき領域が広がっていると考えられる。

7）理念研究の展開―「モデル」と「スタイル」の構築をめざして―

これまでの議論で明らかになったように、学生相談においては、幅広い対象に多様な関わりとアプローチを施そうとする一方で、援助活動とりわけ個別相談の1つ1つの意味をより深く追求していくことが望まれるという一見背反する状況がある。学生相談に従事するカウンセラーはジェネラリストであるのかスペシャリストであるのかという問いかけを前にして、常に揺れ動いてきたとも言えるだろう。また、それだからこそ、活動の基盤となる理念研究が重要となるのである。今後の課題は、ここまでに明らかになった知見をさらに生かしていくために、理念と実践が相乗効果をもたらすようなあり方を熟慮していくことになるであろう。

さて、「研究1」および「研究2」における実践に基づいた研究デザインを形成していくために、改めて論点を簡潔に整理しておくと、

a）心理臨床の専門家が実践をもとにした論考を重ねることによって、学生の抱える心理的な諸問題への理解が深まり、かつ「構造」の活かし方など援助のための方法論が明確化されつつあること、

b）一方で、大学という教育機関に設置されていることから、さらに活動の全体像を見渡す試みの中から、学生相談の果たす教育的な機能をより強化すべきとする立場も強まっていること、

c）また、学生相談の元々の拠り所であった厚生補導（SPS）が新たな展開を示

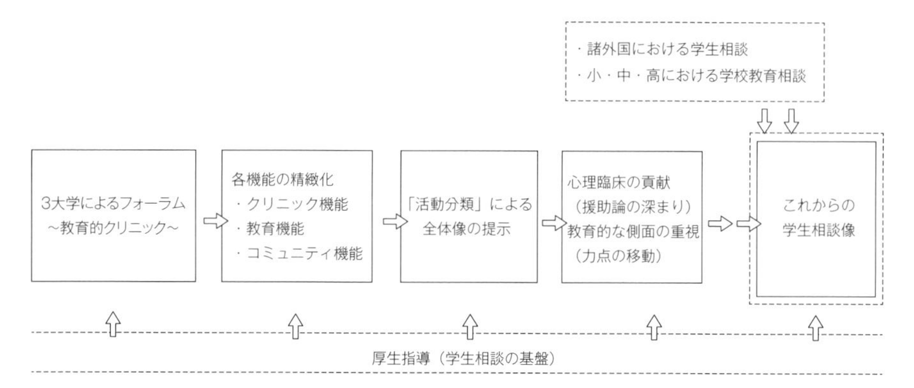

図１－２－２　学生相談の理念研究の流れ

すことが長らく行なわれず、今日的な位置づけを行なう作業が不可欠であること、d）そして、どのような活動を展開するにしても、大学というコミュニティを視野に入れることの重要性が強く認識されつつあること、とまとめられよう。

すなわち、より前面に浮かび上がりつつある「心理臨床」「教育」という２つの方向性と、その一方で背後に隠れがちな「厚生補導」という構図があり、これら３つの視点をいかに「学生相談」の専門性に集約・統合していくかが、理念に関する今日的課題であると言ってよいだろう。それはようやく訪れた「再興期」（2000年〜）を継続していくために必須の作業でもある。そして、理念研究の成果をもとに連携・協働がいかに学生相談にとって必然的なものであるかを示すこととなり、同時に、連携・協働を促すために求められるカウンセラーのスタイル提示にもつながっていくことになる。このような理念研究の流れを視覚化してみると、図１－２－２のような概念図にまとめられよう。

３．ネットワークの中での「連携・協働」
—連携・協働する「関係者」は誰か—

学生相談の諸ケースでは、カウンセラーは来談学生あるいは周囲の関係者の主たる訴えを入口としつつ、よりよい援助を展開するために、彼・彼女を取り巻く人々が織り成すネットワークの全体像を把握しつつ、今後に向けた見立てを行なう。そして関係者がどのように関与しているか、あるいはこれから関与してもらうことが望ましいかについて考慮する。学生相談の実践に際しては、実に様々な関係者との連携・協働がありえるのだが、ここでは本研究で焦点化する「関係者」をいかに定めるかについて議論を整理しておこう。

１）学生相談において連携・協働を行なう関係者

これまでの連携・協働研究のひとつの流れは、援助に係る専門職（精神科医や医療関係者、キャリア相談担当者、等）が関与する相談事例についての検討であったが、徐々にもうひとつの流れとして非専門家が関与する相談事例に焦点化した研究群が多数見られるようになっている。本研究では、連携・協働を行なう関係者として「教職員」「親・家族」「友人・学生」に順次着目していくことになるが、それは、

a）援助専門職間の連携・協働はクライエントへのよりよき援助という意味で目的と方向性が共有しやすいのに対して、「教職員」「親・家族」「友人・学生」はそれぞれ援助の対象者でもあり、クライエントとされる者への関わりにおいてもそれぞれに独自の、そして時に異なる目的と方向性を有する存在であることから、いっそうの検討が求められているからである。

b）そしていまひとつは、近藤（1984）が提示したように、「外・社会体系」にある治療機関に出向くことで始めて援助が開始される伝統的な仕組みから、問題が発生した場、すなわち「内・社会体系」の中で援助資源自身が行なう働きかけに委ね返す試みを重視する立場を取るがゆえである。さらには、

c）学生相談の理念から明らかになりつつあるように、大学等の教育目標を共有しうる構成員およびステークホルダーとの関わりが重要になってきているということでもある。すなわち、連携・協働を通して教育コミュニティとしての大学キャンパスを活性化していくことにもつながると考えるからである。

杉江・池田（2010）は、「学生相談における連携対象」を整理するなかで、「教職員」「友人」「保護者」については「連携と支援」として概説を施す一方で、「学内の部署・機関」および「学外機関」については「連携」としてまとめ、「支援」対象であるか否かで区分けしつつ整理しており、本研究の視点と共通する観点と考えられる。なお、本研究においては、同じ支援機関（保健管理センター）に在籍する医師（精神科医・内科医）および保健・看護スタッフとの連携はあくまで所属機関内の協力・役割分担と位置づけてひとまず分析対象からはずす一方で、学内の他部署・機関（キャリア相談、なんでも相談、教務課・学生支援課・人事

課等）との連携・協働は「教職員」の範疇に含めて検討することとする。これは後者においては、相談の対象者としてカウンセラーが支援する／支援を求められる機会が多いという状況ゆえでもある。

上述の観点から、第３章においては、ある１年間における担当ケースを概観しつつ、順に「教職員」（研究３）「親・家族」（研究４）「友人・学生」（研究５）が焦点化されることになる。以下に、それぞれの連携・協働研究を遂行するための前提となる諸状況および関連研究について順次まとめておくことにしよう。

２）「教職員」が関与する相談事例を検討するために

学生たちは、多くの時間をキャンパス内で過ごし、教職員との様々な相互作用の中で学生生活を作り上げていく。その中で時に不適応の源泉が生じる場合もあるが、はるかに多くの場合で回復・成長のよすがを得ていることを、我々は学生との個別相談から実感している。

既に第１節で見てきたように、教職員との連携・協働に係る諸研究は大きな潮流になりつつあるが、改めて、より精緻に本研究をデザインしていくために幾つかの観点から整理し直してみよう。

ｉ）事例研究における教職員との連携・協働

教職員との連携の重要性については、危機介入事例（道又, 2001b; 太田・桜井, 2001等）や重篤事例（加藤他, 1998; 田嶌, 1998; 尾崎, 2002等）においてしばしば語られてきたのは前節でみてきた通りである。また、セクシュアル・ハラスメント問題（西村, 2002等）やストーカー行為へのマネジメント（戸谷, 2002）といった今日的な課題についても、カウンセラーのみで立ち向かうのではなく、異なる役割・機能を発揮しうる教職員をはじめとする様々な人々との連携で対処していく姿勢が強調されている。これらはほぼ学生相談において定着しつつあるスタイルであると言ってよいだろう。佐藤（2010）は近年の学生相談に関する研究を総覧して“相談・援助活動に関する研究を主軸としながら、連携と協働に関する研究への関心の高まり、居場所提供への気運、多面的支援の研究へ向かう可能性”を描写しており、実際、近年の事例研究ではごく普通に教職員との連携・協働が取り上げられようになっていると言って良い状況にあり、連携・協働研究を核として学生相談研究が新たな次元へ進みつつあることがうかがえる。

ii）サポートシステムとの連関から見た教職員との連携・協働

カウンセラーと様々な立場の教職員との連携・協働を扱ったものとして、学部教員とカウンセラーが同席しての相談活動（櫻井, 2000; 宇留田・高野, 2003; 宇留田, 2005等）、専門家相談員と非専門家相談員との協力による学生相談（鎌田, 2002）、学生相談（カウンセラー）と保健室（看護師等）との連携（若山・山森, 2002）、カウンセラーと厚生課職員との同席によるキャリア相談（吉武, 2005）等が試みられてきた。なお、園田（2000）は教員の立場からの学生相談の利点と難しさを詳述しているように、学生相談的な機能は学内の多様な教職員の立場からの貢献がありうる一方で、専門職であるカウンセラーの機能との相違を丁寧に検討していく必要があると考えられる。

さらに、「キャンパス・トータル・サポート・システム」（窪田他, 2001）等の統合的な連携体制づくりへの視点提示に象徴されるように、「待つ機能から働きかける機能を包括したあり方」への展開（市来他, 2008）、「ネットワーク型学生支援体制」（渡邉他, 2011）、「何でも相談室」型のあり方等が提示されるようになっている。また学習支援の専門組織との連携（鬼塚, 2013）のように全学的な学生支援体制の構築に貢献する動きも見られる。ここでは、面接室から教育コミュニティ全体へと視野を広げつつある学生相談の現代的な潮流がうかがえよう。また近年では、発達障害傾向のある学生への支援体制をいかに構築するかについて、学生相談の果たしうる貢献が注目されている（高石・岩田, 2012）。サポートシステムの構築に際しては、種々の教職員とカウンセラーとの連携・協働が組織的にどのように保証・補強されるようになるかが1つの焦点となることは言うまでもないだろう。

なお、アメリカでは大学カウンセラーが協働（collaborate）する対象として一般的な機関は、「保健管理・寮生活・警備・法的事務」に係るもののほか「体育会・留学生オフィス・女性センター・多文化サービス・経済的支援」であるという（Sharkin,B.S., 2012）。既に安定したサポートシステムが構築されている状況と、学生の抱える問題の多様さゆえでもあろうが、連携・協働に係る意識の高さが現われているとも言え、参考になろう。

iii）教職員のニーズから検討した連携・協働

一方、教職員側にも学生を教育・支援するに際して様々な困難が生じる場合があり、教職員が「特別な学生」を支え、カウンセリングへリファーするための示唆を求めることはしばしば生じる（Sharkin,B.S., 2012）。このような個別相談における連携・協働の前提を探るべく、学部教官に面接調査を敢行してそのニーズを把握しようとした森田他（1993）の先駆的な研究は貴重なものであったが、近年にも改めて、教員対象の調査（鶴田他, 2008）、窓口担当課長へのインタヴュー（岩田, 2009）、教職員への意識調査（高石, 2010）、学部教員への調査（鈴木他, 2014）等が実施されている。さらには、「教育実習生への心理的援助」（高橋, 2009）、「特別な教育ニーズと修学支援」（松田, 2010）、「教員による予防的学生支援」（布柴・吉武, 2011）、「気になる学生」調査をきっかけに教員と連携（河野他, 2013）といった試みを行なって、教職員とカウンセラーが適切な連携・協働関係を結びつつ、より望ましい教育活動が展開していくよう努力がなされていることは貴重である。

なお、「学生相談」と銘打たれた領域ゆえ、教職員本人への相談事例をもとにした研究はほとんど見当たらないが、実際には教員として／事務職員としていかに生きていくかという課題を抱えつつ、学生相談窓口に来談する場合はしばしば生じている。それは将来の連携・協働のために、言わば「学生を見守る教職員集団の形成に向けて」（齋藤, 2001）の礎を固めていく作業でもあると考えられ、常にわれわれの視野に入れておきたい課題である。

iv）教職員との連携・協働に係る留意点と工夫

このような実践と研究の現況を踏まえて、いかにカウンセラーが教職員との連携・協働を有効に進めていけるかについて、多様な観点から新たな提案や工夫が発表されるようになってきている。連携・協働に係る最も重要な論点の１つである守秘義務のあり方については、概論的に苫米地（2003）が学内の他部署との連携に際しての留意点を整理・詳述しているほか、戸谷他（2004）も模擬相談事例をもとに集団守秘の考え方について議論を重ねている。守秘あるいは情報共有に関する望ましいあり方は、今後とも連携・協働の実践における極めて大きな課題であり、学生の状態像や大学コミュニティの実情に応じつつ、継続的に検討を続けていく必要がある。

一方、連携・協働の資質と姿勢を伸ばし合う試みとして、カウンセラーと教職員が関連事例の「逸話作成ワーク」を実施したり（窪内・吉武, 2003）、協働関係を見立てるために「FIT（家族イメージ法）」を活用する（徳田, 2012）等の興味深い試みが行なわれるようになっている。さらに、坂本（2013）はカウンセラーが教職員と「問題を共有できない」困難を克服するための対処方略をモデル化すべく質的研究を行なっている。このような流れから、連携・協働に関する意識と力量が向上していくことが期待される。

v）教職員との連携・協働に係る多数事例の分析

さて、最後に、「教職員」が直接に関与した多数事例群を検討した連携・協働研究を取り上げることになる。高橋（2006）は教職員の紹介によって始まった事例群の検討と支援に係る視点の提示を試みており、また、岩田他（2007）はある年度に教職員との連携を実際に行なった事例群の分析をもとに「修学上の問題」を「安心感」をもって共有できる効果について考察している。このように広がりのある視点をもって検討する姿勢は、本研究の問題意識とも共通するところである。

vi）まとめ：教職員が関与する相談事例を検討するための課題と方向性

このように見ていくと、教職員との連携・協働に第一義的に焦点を当てたうえで多数事例をもとに検討・考察した研究はさほど多くはないことが分かる。そして、学生の育ちと学び、あるいは回復と成長にいかに教職員が大きく寄与しているかを考察するには、必ずしも直接的には教職員との連携・協働が行なわれていない事例も含み込んでの検討が望まれよう。そこで、「研究３」では、日常の相談活動を見渡し、各事例の中に教職員の関わりがどのような形で見出されているかを概観し、分類・詳述することによって、全体的な枠組みの提示を行なうことを目指す。すなわち、来談学生のよりよき適応のために、カウンセラーはどのような構えを持とうとし、かつ対処しようとしてきたのかを、教職員との「協働」という観点を組み入れつつ考察することを目的とする。学生相談における教育機能を考える時、各大学における「教育目標」の実現に向けて学生と関わっていくという意味で、大学カウンセラーと大学教職員とは、お互いの専門性と持ち味を尊重し合いつつ発揮していく、「協働」する仲間として位置づけて考えられるからである。

3）「親・家族」が関与する相談事例を検討するために

近年の学生相談活動において、親・家族と直接的に関わりを持つ事例が増加している状況は各所で報告されているが（例えば早坂他, 2013）、実は親・家族との関わりを焦点化して扱った研究はまださほど多くはない。連携・協働の全体像を扱う中で、各相談事例における教職員や他部署・専門機関の関与とともに親・家族の関与も合わせて扱うことは時に行なわれているが、親・家族に特化して、かつ多数事例を集約しての検討は「相談事例から見た親子関係と青年期自律支援」（平田, 2008）等ごくわずかである。すなわち、いまだ統合的な視野から学生相談における親・家族の位置づけを考察する営みは十分には行なわれていない状況にあると言わざるをえないだろう。

i）親・家族の存在が扱われる事例研究

もともと、親・家族との関係性を整理することは、青年期あるいは学生期における主要な発達課題である「自立」に関わるものであり、来談学生の心理的成長において不可欠のテーマであった。それゆえ、多くの事例で親・家族に関するテーマが取り扱われてきており、「女子学生の母親からの分離」（窪内, 1997）「精神疾患の親を持つ学生」（山中, 2004）、「母との関係の修復」（加藤, 2005）、「否定的母親像」からの女子学生の自立（水谷, 2007）、「父親の自殺を経験」（野口, 2009）「父の死を契機に家族関係の再構築とアイデンティティの確立」（岡田, 2009）、「家族に障害の兄弟姉妹を抱える」（住沢, 2010）、「母親の喪の作業を通してアイデンティティを確立」（小田切, 2011）、「三角関係化した家族関係」（原, 2011）、「父の死をめぐって不安症状」（富田, 2013）等々の主として事例研究が展開されてきた。キーワードからも伺えるように、そこでは親や家族の喪失あるいは機能不全・葛藤の中で、いかに学生本人が回復・成長していったかが綴られている。逆に言えば、いかに親・家族の存在を受け容れ、ほどよい依存と距離感を獲得できるかが青年期にある学生にとって大きな課題となっているかの傍証でもある。そしてこれらのプロセスは、多くの場合、カウンセラーとクライエント学生との個別相談の中で、内的な心理的作業として行なわれることが通常となっている。

概して、カウンセリングのプロセスにおいては、直接的に親・家族との関与を持つことは、むしろ学生の内的な心理的作業を妨げかねない可能性があり、えてして慎重な構えをカウンセラーは有していたと言えよう。

ii）事例研究における親・家族との連携

しかしながら、学生が危機的な状況・状態像にある場合は言うまでもなく、学生の心理的課題を整理するために親・家族への関わりが必要と判断される場合、さらには、親・家族の側からカウンセラーにコンタクトを取ってくる場合等、今日の学生相談では、望むと望まざるとに関わらず、実際に親・家族との関わりを持つことで学生への援助をより実効あるものにしていくことが不可避的に求められている。特に、学生が不登校状態にある場合（関川, 2005）、発達障害を有している場合（西口・伊藤, 2004）等ではその必要性がより具体的に指摘されるようになっている。また前項ｉ）に紹介した文献の中では、障害のある兄弟姉妹について学生本人と両親が語り合う機会を提供して「クライエントの通訳、代弁者の立場になりうる」とした住沢（2010）の指摘にも留意してきたい。

一方、青年期以前の発達段階にある児童・生徒への心理的援助においては、より必然的に親と関わる事態が生じやすく、また援助者側に葛藤は生じにくいと考えられる。近年の研究では、一般的に行なわれてきた本人面接担当と親面接担当を分ける母子並行面接を再検討するもの（鴨澤, 2003）、同一のカウンセラーが児童・生徒と親・家族の双方への心理面接を行なう例（小俣, 1997, 2002）や、児童・生徒よりも親面接を中心に援助が進展する場合（渡部, 2002）等が報告されている。さらに近年では、「母親への個人心理療法の有効性」（岡村, 2012）、「保護者面接から心理療法への移行」（丸山, 2013）等、親へのインテンシブな心理療法を行なうことの積極的意義を主張する論考も出てきているが、これは学校臨床の役割・適用範囲をどのように定めるかという重大な課題が含まれており、現状では学生相談ではここまで踏み込んだ実践はほとんど報告されていない。

iii）親・家族への積極的なアプローチ

高石（2010）は、近年（1990年代後半あるいは2000年以降）の学生相談で保護者への対応や親支援が注目されるようになった背景として、「ひきこもり」青年の問題、18歳人口の減少による大学の入学者確保の問題、という２点を挙げ、前者では保護者を巻き込んだ支援が必要となり、後者からは学費支弁者でもあり熱心な親たちへの対応が模索されるようになったと指摘する。そして「親としての成長を支援することを通して学生を支援する」という視点から、1）情報発信、2）学修情報開示と保護者懇談等の実施、3）子育ての終わりに向けた意識啓発、が行なわれるようになっているとする。実際に、全国規模の教職員研修会において講師を務める際にも（例えば齋藤他, 2014)、各大学からの参加者に「親・家族への対応に苦慮した経験」「学生の成績や出席状況を保護者に送付している大学等」を尋ねるとほとんどすべての参加者が挙手をするという現状がある。このような状況を研究論文にまとめたものはまださほど多くはないのだが、ひきこもり等の課題を抱えた親・家族のサポートグループの研究（松下他, 2007）等は注目される。

iv）まとめ：親・家族が関与する相談事例を検討するための課題と方向性

ここまで見てきたように、親・家族の関わりに焦点をあてた諸研究では、多くの場合1～2事例をもとにした考察が試みられるに留まっており、親・家族への関わりが学生相談においてどのような位置づけを占めるのかについての検討がなされにくい状況にあった。しかしながら、学生相談においては、特に専任カウンセラーとしては、所属大学における活動の全体像を包括的に見渡す意識を保持する必要があり、筆者が親・家族の関与に係る研究に着手した直接のきっかけも、親・家族からの強い要望に応じる形で援助的関わりが始まった近年の幾つかの事例が動機となっている。とりわけ、学生本人の回復・再適応のためと称しつつも、親・家族の意向が色濃く反映され、学生の意志を超えたところでの内密のやりとりを提示され、カウンセラーの側が戸惑ったり、葛藤を感じたりする経験が増えつつあり、このような事態をいかに理解して、学生相談活動全体の中に位置づけるかを再考していく必要性を感じたことが動因となっている。そのうえで、学生の困難を取り除いていくためには、可能な限り学生の両親とともに共同作業を行う必要があるとも言える（Sharkin,B,S., 2012)。

このような状況に鑑み、「研究４」では、日常の相談活動全般を見渡し、親・家族の関わりがどのような形で見い出され、カウンセラーはどのような構えを持とうとし、かつ対処してきたのかを、詳細に検討・考察することを目的とする。なお、筆者のカウンセラーとしての基本姿勢は、親・家族との関わりはますます重要かつ必須のものになりつつあり、たとえ戸惑いやいらだちを感じることがあっても、ひるむことなく事例理解と心理的援助の枠組みに積極的に取り込んでいくことを志向すべきであるという立場に立つ。学生相談活動の主目的である学生の心理的成長や適応支援を推し進めていくために、親・家族は重要な協力者であり、協働のパートナーとなる存在であり、親・家族の意向や希望、状態像をていねいに押さえていくことが望ましい。教職員の関与する相談事例への構えと対処を検討する試みである「研究３」と同様、学生本人への直接的援助に留まらない多様な活動形態を学生相談が示していくための１つの鍵になる課題であり、「研究４」を通して、その具体的な様相を提示していくことを目指す。

４）「友人・学生」が関与する相談事例を検討するために

学生たちのキャンパス適応に大きく作用する要因の１つとして、ともに語り合い、分かち合い、支え合える友人をいかに見出していけるか、そして望ましい関係性を保持していけるかという課題が挙げられる。青年期にある学生たちは、gang 的（同じ行動による一体感）、chum 的（同じ話題を共有）、peer 的（お互いの相違を尊重）という３層の質的に異なる友人関係を状況に応じて使い分けられることが発達課題となると言ってよい（保坂・岡村, 1984）。しかしながら、学生相談において友人関係に焦点化した研究もまた、意外なほど少ないと言わざるをえない現状がある。そこには「友だちのことが心配でどう接してあげたらいいでしょうか」という主訴で相談に訪れる学生の減少が各所で囁かれる近年の傾向も影響していよう。

ｉ）友人・学生の存在が扱われる事例研究

友人・学生の関与が主軸となる事例研究はきわめて少ないと言わざるをえず、多くの事例研究では「友人が少ない」「友人とのトラブルがきっかけに」といった、周辺的とは言えないまでも、エピソードの１つとして語られる傾向がある。学生間の関係性が第一義的に着目されるとすれば、例えばストーカー問題やドメスティック・バイオレンスにおける加害者と被害者（窪田, 1999; 戸谷, 2002等）といった喫緊の課題が生じた際の対応という文脈であった。もちろん（後述するように）このような事件性のある諸問題への対応は学生相談の重要な課題の１つであるが、ここに捉われずに、われわれは、もっと友人・学生同士の日常の関係性が持つ相互支援的な作用に着目していきたいものである。Sharkin,B,S.（2012）が指摘するように、ハイリスクな状況では、周囲の学生の十分な協力が不可欠であることを学生たち自身が認識しているのである。その意味で、統合失調症圏の学生への支援にあたって、下宿の友人たちと疑似家族を形成することで育ちなおしを進めた窪田（1997）の実践は興味深い。また、サークルの部室に何をするでもなく入り浸ることで自己確立を果たしていった学生の事例（村瀬, 1981）等からも、相互に成長を支援し合う青年同士の交流の意義が見て取れるだろう。

ⅱ）学生の心理的成長と援助力を賦活させる試み

このような状況の中、学生相談の立場から種々のグループ活動や心理教育プログラムを提供していこうとする動きが盛んになっている。かつて、1970年代～1990年代にはエンカウンター・グループ合宿が学生相談機関の重要な活動として位置づけられてきた歴史があり、当時の実践を再録した近藤（2010）の著作からも、個別相談のみで展開する場合と比べていかに学生理解と学生対応を重層的で芳醇なものになしうるかがうかがえる。しかしながら、近年の学生気質の変化とともにベーシックなエンカウンター・グループに参加しようとする学生が減少し、多くの大学で中止・中断の傾向にあることは否めない。ここでは、集中的な心理作業と密な交流促進に抵抗を持つ学生が増え、非構造的なグループワークが敬遠されるようになってきたことが主要因と考えられ、またスタッフ側でも学生の多様化に伴ってファシリテーションに困難が増してきたことも影響している（齋藤, 2008）。それゆえ、短期間で実施でき、目標と成果が見えやすい、構造化されたグループ活動や心理教育的プログラムが注目されるようになっている。そこでは、ソーシャル・スキルやアサーション、リラクセーション、心理テストや描画による自己理解といったことが経験でき、安心して自己を表現したり、交流を始めたりすることができる。さらには陶芸、料理やお菓子づくり、園芸、工芸、といった趣味的な、あるいは生活体験的な内容が取り上げられている。これらの活動は各大学の報告書等で種々紹介されているが、なかなか研究論文に昇華しにくいところがあるようである。そんな中では「学生相談室が提供するキャンパスの練習機能」（桐山, 2008）の有効性の指摘や、「対人関係困難学生」への個別相談とグループワーク併用（片山, 2013）における留意点、「リーダーとしての自信」向上を目指した教育プログラム（横山, 2013）、さらには学生のみならず様々な対象者に種々のテーマでサイコエデュケーションを実施して理論と実際を総括した研究群（宮崎, 2013）には留意しておきたい。

同様に、学生に居場所を提供する談話室活動も、かつてはエンカウンター的な自主交流が重んじられつつ、その運営上の難しさが論じられていたが（無藤, 1989）、近年ではスタッフによる積極的な運営が重視されるようになっている（山崎, 2004、早坂, 2010）。キャンパス内で安心できる場所が見出せず、交友のきっかけをつかめない学生たちは相当数存在しており、今後もそのあり方が検討されていく必要があろう（安住他, 2014）。

もう1つの近年の大きな動きとしては、ピア・サポート活動の隆盛が挙げられる。友人への相談率の減少（小泉, 2009）、すなわち相互援助力の低下という傾向と反比例するかのごとく、各大学において様々な試みが展開しているが、その動因としては、今日的なピア・サポートの端緒となった広島大学における実践（内野, 2003）のインパクトとともに、時機的に「廣中レポート」等によって学生の自主的活動への支援が提唱されたことと相互に作用し合った側面もある。こういった状況をもとに早坂（2010）は、ピア・サポートを1）相談室型、2）修学支援型、3）新入生支援型、に分類したうえで、学生に行なう研修や学生とともに行なう運営の重要性について論じている。文部科学省「新たな社会的ニーズに対応した学生支援プログラム」（学生支援 GP／平成18年度および19年度に公募）での採択校においても共通してあげられた論点であるが、学生の自主性や社会性を喚起するためには、大学側が、あるいはその任を担った教職員やカウンセラーが、積極的に場を用意して学生に働きかける必要があるというやや二律背反的な状況にあることを認識しておきたい（例えば齋藤, 2012a 等）。

さらには、学生相談に従事するカウンセラーが行なう授業・講義の成長促進的な意義も注目されるようになっている。「研究1」においても取り上げることになるが、各大学において「学生相談活動の知見を反映させた授業の展開」（吉良他, 2006）、が工夫され、「予防教育」としての講義（池田・吉武, 2005）や「新入生対象」の導入教育的な講義（森田・岡本, 2006）等、学生に「大学生になる」（田中, 2000）プロセスを支援するために、キャンパス生活に必要な知見とスキルを提示するとともに、適宜グループワークを取り入れて、新たな交友関係を促進しようとする。かつては正課外で行なわれることが多かった内容であるが、単位化することで受講を促すとともに、また正課に値する内容として、ぜひとも身につけてほしいスキルと知見であるとの理解や共通認識が得られつつある状況であるのだと言ってよいだろう。

ⅲ）まとめ：友人・学生が関与する相談事例を検討するための課題と方向性

青年期にある学生の発達にとっては、そしてキャンパス内における適応のためには、同世代の友人関係の諸相が極めて重要であることは論を待たないだろう。しかるに上記のような友人・学生をめぐる状況のなかで、改めて学生相談において、学生同士のネットワークをいかに捉え、望ましい関係性を保持できるように育てていくかが問われていると言ってよいだろう。個別相談の展開の中で常に押さえていくべきテーマでありながら、表立って検討・考察される機会が少なかった現状に鑑みて、「研究５」では日常の相談活動全般を見渡し、友人・学生の関わりがどのような形で見出され、カウンセラーはどのような構えを持とうとし、かつ対処してきたのかを検討・考察することを目的とする。学生の心理的成長や適応支援を推し進めていくために、友人や先輩・後輩は欠くことのできないエージェントであり、友人はじめ周囲の学生たちの意向や希望、状態像を丁寧に押さえていくことが望ましい。教職員の関与する相談事例（研究３）、親・家族の関与する相談事例（研究４）の検討と同様に、学生本人への直接的援助に留まらない多様な活動形態を学生相談が示していくための１つの鍵になる課題であり、「研究５」を通して、その具体的な様相を提示していくことを目指す。そして、ここから、さまざまなグループ活動や心理教育プログラム、談話室、ピアサポート、さらには講義の進め方や留意点に係る考察へとつなげていくことが期待される。

４．「現代的な諸問題」における「連携・協働」
―どのような課題に際して連携・協働を行なうのか―

学生たちは、日々の学生生活の中でなんらかの課題や問題を感じて、あるいはよりよい自分に育ちたい・変わりたいと願って、学生相談の窓口に来談する。当然ながら、学生の持ち込む主訴が個別相談の導入で扱われることになるのだが、一方で、カウンセラーは学生の育ちや環境に思いを馳せつつ、心理状態や今後の方針に係る見立て・アセスメントを重層的に行ない、連携・協働の必要性・可能性についても考慮することになる。一方、まず学生の関係者が先に来談する場合には、関係者の持ち込む要望と課題意識に沿って連携・協働のあり様を模索することになるが、やがて学生本人が来談に至る際には、改めて本人にとっての主課題と本人からみた諸状況に力点を移動させつつ、どのような連携・協働が望まれるのかをていねいに検討していく必要がある。ここでは、本研究第４章「研究

６」および「研究７」で焦点化する個別相談におけるテーマ、すなわち「現代的な諸問題」をいかに定めるかについて議論を整理しておこう。

１）学生相談において扱われる課題・相談内容

前節で学生相談の理念に関する先行研究を整理した際に、国立大学の専任カウンセラーが協働して作成した「学生相談の活動分類」について触れた（その概要は下山他（1991）に紹介されている）。各大学でまちまちであった相談内容による集計・統計を統一したいという想いが出発点であった訳だが、そこで「援助活動」における「相談内容」の最大公約数として決定された項目が「進路修学・対人関係・心理性格・心身健康・学生生活・その他」の６つであった。議論の過程では、“進路と修学が一緒では広過ぎる”“家族関係と友人関係や異性関係が一緒でいいのか”等、実に様々な意見が出されたが、ここでは集計の共通性を重んじる立場からできるだけ少数の項目にまとめようという意思統一がなされた経緯がある。そのうえで、“心身両面での治療や障害に係る相談は成長促進的な内容である心理性格と区分けすべき”という主張が共有され、特にメンタルヘルスや精神症状に係る相談との相違から教育モデルを進めていく１つの橋頭堡になっている。時に学生相談研究においても病態像・診断名に基づいた研究がなされることがあるが、そこにのみ留まっていることは学生相談の本質や役割を狭めてしまうリスクがあることに留意しておく必要があるだろう。

本研究においてはまず、「研究１」で３つの大学の相談活動を比較して論じるため、共通する基盤として上述の「学生相談の活動分類」を用いる。その際には「相談内容」と併せて２次元的に相談活動を整理する機能をもつ「援助方法」、すなわち「教示助言・危機介入・教育啓発・心理治療・療学援助」という分類も併用される。

２）現代的な諸問題という視点

さて、青年期は常に時代を映す鏡でもあり、学生相談に従事するカウンセラーは学生の呈するさまざまな今日的課題を分析し、新しい状態像に開かれている必要がある。英米の学生相談からの示唆を待つまでもなく、ニーズの多様化・複雑化に対応していく責務がある（Stone,G.L. & Archer,J.J. 1990; 田中・福盛，2004等）と言っていいだろう。

さて、本研究では現代的な諸問題として以下の３種を設定して、その際に連携・協働がどのように実践されていくかを見ていくこととする。問題の特質によって、当然ながら個別相談の方向性は変わってくることになり、同時に連携・協働の様相も異なってくることが想定されるからである。

「A. いのちに関わる諸問題」＝うつ状態や自殺関連、困窮状態ゆえに、本人も関係者も“引き裂かれる”ような想いを抱くケース群＝

「B. 事件性のある諸問題」＝ハラスメントや暴力事件等で当事者も関係者も右往左往し、落ち着いて学業や研究・業務に取り組めなくなる“騒々しい”ケース群＝

「C. ひきこもり系の諸問題」＝不登校や孤立、無気力状態等で教職員が気づかないうちにキャンパスから学生が離れていく、“静かに潜伏する”ケース群＝

この３種は、勤務校において教職員研修や学生支援に係る諸会議で話題提供を行なう際に、最近の相談傾向と学生の特性、そして関わり方についてまとめ直す作業の中で抽出されたものである。そして同時に、近年の学生相談をめぐる諸状況および研究動向とも合致することから、本研究でも連携・協働の実際を検討するための分類として採用することとした。実際にこの枠組で筆者の１年間の相談事例を分類すると、「いのちに関わる諸問題」:「事件性のある諸問題」:「ひきこもり系の諸問題」:「その他」でおおよそ、３：３：３：１となっている。年間の実人数は100〜160事例であるため、３種の課題それぞれについて30〜40事例ほど対応することになる（のべ回数では「いのちに関わる諸問題」「事件性のある諸問題」は集中的な対応となることが多いのに比して、「ひきこもり系の諸問題」は長期間にわたって関与するため、年間1,200〜1,900件の担当面接の過半数を占めることになる）。なお、「その他」には学生生活サイクルに応じて「教育啓発」的な短期面接を行なった場合や、なんらかの障害のために長期にわたる「療学援助」を行なった事例群が含まれるが、例えば発達障害を有している学生でも現在直面している課題に沿って「いのちに関わる諸問題」や「事件性のある諸問題」「ひきこもり系の諸問題」に分類される場合がある。これは、学生生活や修学など適応上の諸問題から学生の相談・支援にあたるというわれわれの基本的な理念とスタイルを反映している。

さて、それでは以下に、この３種の具体的な様相について実践と研究の両面からまとめておくことにしよう。

i）「いのちに関わる諸問題」

ここ数年、個別相談において最も多くの労力を割いてきた課題は、いわゆるうつ状態にある学生・教職員との面接であり、先の展望が開けにくい時代的背景もあって、「いくら頑張ろうとしても力が入らない」「このまま生きていてもしかたない」といった言葉が聞かれるケース群である。このような漠然とした自殺念慮が大部分を占めるものの、中には実際に自殺企図・未遂といった事態に進んでしまったうえでの来談や危機介入もある。そして最も避けたい既遂事例がやむなく生じてしまった場合には、事後対応に集中的に時間と労力を割いて、周囲の関係者への影響を見定めつつ、事態の沈静化に従事することになる。また家族や近親者、あるいは友人・知人に自殺に関連したエピソードが生じて学生が来談に至る事例もある。いずれにしろ、自殺にまつわる危機介入やポストベンションは学生相談における最重要要素の1つである（Boyd,v.et al., 2003等）と言ってよい。

わが国における自殺者数は13年続けて3万人を越えるという看過しがたい事態にあったため、内閣府等を中心に官民あげて関係者が防止策に奔走している状況がある。全年代を一括してみればようやく沈静化の兆しを見せ始めているのだが、若年層（10代～20代）の自殺率は依然高い水準に留まったままである現況に鑑みて、日本学生相談学会では「学生の自殺防止のためのガイドライン」を急ピッチでとりまとめて2014年4月に発刊・配布している（筆者も学会代表者として深く関与している）。国立大学における近年の学生の自殺率は学部生（内田, 2014）、大学院生（安宅・齋藤他, 2013）ともに10万人比で20名前後に至っており、とりもなおさず学生数が1万人の大学では年間に自殺学生が平均して2名出てしまう現状ということであり、当然ながら、この数字を下回り、限りなくゼロに近づけていくために働きかけていくことが学生相談担当者の責務となる。

その一方で、いのちに関わる諸問題に関する研究は意外なほど少ない。概論的な文献は提出されるものの、例えば「科学的根拠に基づく自殺予防総合対策推進コンソーシアム準備会」がわが国における研究動向を把握するために行なった調査では、その回答のために日本学生相談学会として年次大会を過去3年分（2010年度～2012年度）見返した際には、各年とも60数件の研究発表がなされていながら自殺関連を主テーマに据えたものは3年間でわずかに筆者の発表（齋藤, 2011a）1本のみであった。喫緊の課題でありながら、具体的な研究対象とすることがためらわれ、カウンセラーあるいは大学教職員がそれぞれの現場で苦闘を続けている様子が垣間見える事態であると言えよう。その中では、自傷行為の意味の理解と支援（布柴, 2012)、父親の自殺を経験した女子学生の心理過程（野口, 2009）や、友人との死別と喪の作業（小泉, 2007)、恋人との死別体験と関係性の変容過程（山中, 2014）等の事例研究は関連づけて考慮することができる。さらに広義に捉えれば、度重なる喪失体験ゆえの症状から主体的な自己感覚の恢復を図る（高橋, 2012）等の実存に深く関わる事例も参考にできよう。

さて、以下に筆者が所属校の教職員研修で用いている模擬相談事例を掲げておこう。ここでは、事態の深刻さに教職員が脅かされないような描写を心がけ、まずは基本的な対応姿勢に想いを致してもらうよう配慮している。そして、学生のいのちを守るために、大学コミュニティ関係者が連携・協働してセーフティネットを張ることによって、学生がさらなる困窮にはまり込んでしまわないように、そして肯定的な視座と価値観を取り戻せるように支援を続けていくことになる。

●模擬相談事例１－２－１：落ち込み気味で研究が進まない男子学生

修士２年の学生が、精気のない顔色で語るには「研究が行き詰まっている……。なんか気分がふさいでしまう。睡眠時間を削って実験に取り組もうとするが、ささいなミスばかりして、きちんとデータがとれないんです……」とのこと。「もうどうしようもないような気がする……このままいっそいなくなってしまった方がいいような気がして……。どうせたいした論文にならないし……」とぽつぽつと話す。食欲もなく、いつも頭がぼーっとしていると言う。

この状態を心配した指導教員が保健センターへ相談に来られたが、「「がんばれっ！」と言ってはいけないと分かってはいるのですが、歯がゆい気持ちもあります」と迷いの気持ちを表明される。「締め切りもあるし、特別扱いはできないし、この場をなんとかのりきれば後で良かったと思えるのに。それが無理なら、この状態で就職させるよりは留年させた方がいいのかも……」とも言われる。

〈論点〉

１）心身のコンデションが第一

*いのちに関わる問題という認識　―何よりも休養／療養の必要性から、存在の肯定

*現実との折り合い（締め切り・ルール・公平性等）を踏まえつつも

２）教育・研究環境　―労働条件？

*お互いに無理をしない／させないこと（日常的な点検を）

*モノトーンな生活（一度、価値観を見直すこと）

ⅱ)「事件性のある諸問題」

多数の人々が集う場所では不可避的に種々のトラブルが生じることがあり、それはキャンパスも例外ではない。Sharkin,B.S.（2012）が指摘するように、キャンパスも事件（icidents）から免れることができないのであり、必然的にカウンセラーもこのような課題に向き合うことになる。多くはちょっとした学生間の行き違いであったり、教職員と学生の教育指導上のミスマッチであったりするのだが、これらが時にいじめやハラスメント問題に発展したり、あるいは暴力行為やストーカー行為といった事態に陥ることもある。そのほか、思いもかけない事件・事故に巻き込まれたり、カルト問題や悪徳商法といった社会問題に関わってしまう場合もある。学生相談においては、被害者としての学生を支援することが多かったのだが、その際には可能なかぎりクライエント学生に寄り添うという構えになるため、カウンセラーとしてのスタンスを定めやすい。それでも「加害（とされた）者を決して許せない」という想いや「公的な機関・制度に早急に働きかけたい」という意志をどのように汲み取り、事態の収束と学生の心理的回復をいかに図るかに困惑する場合は生じている。さらには、もう一方の当事者である加害者側への関わりが生じてくる場合や、トラブルの仲裁・調整という役割が入ってくる場合には、カウンセラーはどのようなスタンスで臨めばよいか、その困難さに苦慮しつつの対応とならざるをえない。

行政面からの動きとしては、10歳代から20歳代における交際相手からの被害経験（身体的／精神的／性的のいずれか）が女性で８分の１以上（13.6%）にのぼっている現状に鑑みて（男性では4.3%）、内閣府男女共同参画局が「人と人とのよりよい関係をつくるために」（2009）という冊子とDVDを作成して全国の高校・短大・大学等に配布している。教育現場や支援施設の専門家および関係省庁の担当者が参集して（筆者も学生相談の立場から委員として参画）、男女交際のありようについて正面から検討し、学校教育を通じて発信していかなくてはならないという現状認識と危機意識が共有された、わが国における青年育成・対策にとって極めて象徴的な出来事であった。

一方、研究面では、DV（ドメスティック・バイオレンス）被害学生への支援（窪田, 1999）、ストーカー問題の被害事例・加害事例（友久, 1999）、セクシュアル・ハラスメント対策（窪田, 2000）、ストーカー対応に際してのマネジメント（戸谷, 2002）、攻撃的な言動をとる学生を抱えつつ制限を加えること（羽間,

2007)、交通事故加害者となった学生への支援（今江・鈴木, 2013）といった事例研究とともに、広く大学生に対して調査を行なって実態を把握しようとした研究も見られる（ストーカー被害（宮村, 2005)、女子大生が受けた犯罪・不良行為（笹竹, 2009)、セクシュアル・ハラスメント（小田他, 2013)、心理的デート DV（笹竹2014)、等)。

アカデミック・ハラスメント問題については、研究志向の強い５つの大学の学生相談関係者が集中的に議論を重ねて提言書を作成しており（「アカデミック・ハラスメント」防止等対策のための５大学合同研究協議会, 2006)、学生相談からの発信が広く大学関係者の指針となったことは特筆される。筆者もその一員として参画するとともに、この問題に関する論考を継続的に発表している（齋藤, 2004b, 2004c, 2005, 2009等)。しかしながら、全体としてはいまだ各大学ごとの取組に留まっている側面があり、心理職のハラスメント相談への寄与は低調なため、その専門性に係る検討がようやく俎上にのり始めた状況である（中川・杉原, 2010、葛 他, 2014)。一方、カルト問題については、北海道大学の有志教員が日本学生相談学会の協力のもと、最新の啓発書を発刊している（櫻井・大畑, 2012)。

事件・事故が生じた際には、組織的な／社会的な問題にもなるため、数多くの当事者が登場してくる。その際に、どの立場の関係者とどのような連携・協働を行なうことになるかは、事態を落ち着かせていくためにきわめて重要なテーマとなる。その一方で「気が動転」「被害にあうこと自体が恥ずかしい」という認識から（笹竹, 2009)、あるいは「相談への不安・戸惑い」や「二次被害への恐れ」から（小田他, 2013)、援助を求めることを躊躇ったり、さらに組織的な動きや連携・協働への構えにも警戒感を抱く場合が少なくない。そのような際に、どこまで学生の希望を尊重し、守秘を継続するか、あるいは情報共有の範囲をどのように定めるか等にも最大限の配慮が必要となる。一方で、授業中の私語や飲食、ストーキング等の不適切な異性間行動、情緒的な混乱、さらには重大な事件に至るまで、学生の示す様々な問題行動のために、教職員が教室内での礼節や個人的な安全感を維持することが困難になっており、組織的な取組みが必要になっているというアメリカの状況は（Hernandez,T,J. & Fister,D,L, 2001)、ある程度、わが国でも共通する傾向になりつつあると言って良いだろう。

さて、ここでも、教職員研修用に用いている模擬相談事例を紹介しておこう。アカデミック・ハラスメントに当たるとは言い切れない状況を設定して、社会的な文脈から判断する必要があるために容易には規準を提示することが難しいことを示すとともに、教職員としてのあり方と日常的な対応を吟味していくことの重要さを考えてもらおうとしている。

●模擬相談事例１－２－２：学生と教員とのミスマッチに直面して

博士１年の学生が、「せっかく博士課程まで来たけれど、だいぶがっかりしています」と訴えてきた。「先生は「自分で好きにやっていいよ」と放ったらかしで、委員会やら外部資金やらで走り回っている。ゼミでもサポートしてくれず、何をどう進めたらいいのか分からなかったんです」と言う。ある時意を決して「きちんと指導してください！」と抗議したら逆ギレされて、「博士課程まで来て何を言っているんだ？　研究は自分で進めるものだろう！」と怒鳴られたとのこと。さらには、他の教員に「今度来た学生は使い物にならない。やっぱり本学出身者を採るべきだった」などとあらぬうわさ話を流しているらしい。その後はしばしば怒鳴られるか、そうでなければ無視されるかの日々だと言う。「これってハラスメントじゃないですか？」と不満を述べる一方で、他の研究室にいる友だちに訊いたら、「普通は研究室の雑用に追われて自分の研究どころじゃない。うらやましいよ」ととりあってくれなかったことに戸惑いを深めてもいる。

〈論点〉

１）研究・論文に求めるレベル

＊どこまで大人か／研究者か（領域・研究室ごとの文化、自主性ー枠付け、個別ーチーム）

２）柔軟な所属変更の可能性

＊教員の個性に負うところの大きい研究指導

３）教職員のスタンス

＊競争的環境の中で　ー自身の優先順位、学生への責任、教育力／支援力（共有／研修）

iii）「ひきこもり系の諸問題」

第１節でもみてきたように、連携・協働の実践における１つの焦点は、不登校傾向の学生への支援を大学としていかに行なっていくかというところにあった。自らは相談や援助を求めないうちに潜伏してしまい、気がついたときには留年あるいは退学の危機に瀕している学生たちに早期にアプローチして、問題が重篤化・遷延化しないように支援していくことは，教育機関として必須のことになりつつあると言ってよい。かつては“大学は学生の自主性に基づいて学問・研究が行なわれるところ”という意識が強かった（特に国立大学では）訳だが、いまや大学の評価・評判ともあいまって、教職員の意識も変わり、なにより保証人であり学費支弁者でもある親・家族からの強い要請が大学にも届くようになり、学生の修学状況（成績・出席等）を通知することはもはや一般的なことになりつつある現状がある。

それまでの世代に比して社会参加に引き気味な若者を称して、ニートやフリーター、パラサイトシングル等々、種々の用語が流布するようになったが、齋藤(2003）が「ひきこもり元年」と称した2000年を境に、広くわが国の代表的な社会問題として認識されるに至っている。ひきこもりの要因・原因はさまざまであり、ある特定の疾患単位を指す訳ではないことは言うまでもないが、同様に大学等の教育機関においては、その不適応状態が最も端的に現われるのが修学状況であり、多くの場合、これは不登校あるいはひきこもり傾向として認識される。本研究では、例えば何ヶ月以上の不登校であればこの問題に含めるといった操作的な手順は行なわず、本人もしくは関係者にとって「大学に行っていないこと」「授業を休んでいること」が主要な課題として語られている場合に、「ひきこもり系の諸問題」として総括することとする。

なお、研究面では、古くは1960年代に文部省厚生補導特別企画としてスタートした「留年学生研究」が現在では「全国学生相談研究会議」として多彩な課題をテーマに扱う形態に発展していることは広く知られているが、その後1980〜1990年代までは「生き方の変更」として積極的な意義を見出そうとしたり（小柳, 1996等)、スチューデント・アパシーとの連関からその重篤性を主張する考察（土川, 1990; 下山, 1997等）が多くなされている。2000年代に入ってからは、より具体的な種々の工夫や実態把握が発表されるようになっており、例えば、特定の話題や内省に焦点化し過ぎず徐々に自我を結晶化させていく面接（齋藤, 2000)、人間性心理学的アプローチを試みて「三人関係」の回復をめざすもの（松本, 2004)、4年間にわたって不登校状態にあった学生への母親面接（関川, 2005)、より積極的に訪問やピアサポートの活用を試みるもの（池田他, 2006)、欠席過多の学生に対する学内協働の試み（最上他, 2008)、ひきこもり経験者の家庭訪問（宮西, 2009)、ひきこもり・不登校状態からの回復過程を3事例から考察（高橋, 2010)、不登校・ひきこもりに対する支援の実態と課題についての学生相談機関対象の調査（水田他, 2011)、大学生不登校傾向尺度を開発して「登校回避行動」

と「登校困惑感情」の2因子を抽出（堀井, 2013)、言語を用いた遊戯的体験（雑談）の意味を考察（田村, 2014）等、研究と実践の方向性は、学生を脅かさないように留意しつつも、次第に積極的に接近・関与しようとする方向に進んでいることが分かる。その際には、「不登校学生の発見の手がかりと対応」を考察するためにクラス担任として教学を支援した実践例（竹中, 2012）にも端的に示されているように、不登校・ひきこもりの学生に働きかける教職員と、その窓口・仲介役ともなる親・家族が必然的に登場してくることになる。また、必ずしも学生に限定せずに広く若者のひきこもり問題に対して、厚生労働省こころの科学研究事業として実態把握と治療援助システムの構築に関する総合的研究（齊藤, 2010／上述の水田他（2011）はその一環である）が展開されたほか、「居場所」から「就労」に向けて社会へと関わるまでのプロセス（花嶋, 2011)、「ロールシャッハ・フィードバック・セッション」によるクライエント体験の検討（橋本・安岡, 2012)、「Cl-Th関係とSV関係」の検討（小田, 2012）等がなされており、多様な側面から援助方略が試みられていることが分かる。

さて、ここでも教職員研修で用いている模擬相談事例を提示しておこう。本人の来談意欲の低さと親・家族との関わりが必然的に生じていることから、教職員が戸惑いつつもより積極的なアプローチに動き出そうとする背景を示そうとしたものである。

●模擬相談事例1－2－3：不登校／留年学生への対応

ある学生の母親が電話で「上京して来ているので是非会ってほしい」と面談を求めてくる。即座に本人と2人でやってきたが、母親がほとんど一人でしゃべっている。「そろそろ大学院進学のための手続きが必要な時期と思って連絡してみたら、どうも応答があいまいで……。窓口で確かめたら留年を……それもまだ2年生だと言う。いったいどういうことなんでしょう？大学は何もしてくれないのですか？」とすがるような、また当惑した表情で訴える。生活状況はいわゆる昼夜逆転に近く、家の中ではパソコンやゲームに興じているだけのようである。本人はやや困ったような微苦笑を浮かべつつも、特に何も話そうとはしない。本人の動かなさに業を煮やした父親が、翌日、事務窓口に電話をかけてきて「学費を払っているのは親だ！」「なぜ成績表を送付して来なかったんだ！」と憤懣やるかたない様子である。

〈論点〉

1）自己責任から大学の教育責任へ

　＊不適応学生の把握／本人・家族への連絡・ケア（類／学科、クラス担任／助言教員、

学務部等）

2）様々な適応支援、導入・初期教育

＊友だちづくり・居場所づくり／サークル・ものつくり・ことつくり（学生支援 GP も）

3）専門的な見立てとケアの必要性

＊緊急性の判断、継続的な支援チームの形成

さて、以上で「研究１」～「研究７」を始めるにあたっての前準備が完了したことになる。前段がずいぶん長くなってしまったが、それは「連携・協働」というテーマを探求する祭には、学生相談あるいは心理臨床が長年にわたって築き上げてきた援助のあり様を踏まえ、ていねいに問い直す必要があるからこそである。われわれは、ここから浮かび上がった課題を吟味し昇華して、実践と研究を通じて新たな指針を追い求める作業を始めることになる。次節において、いま一度、本研究の目的を簡潔に整理したうえで、「連携・協働」から「連働」への道程をじっくりと辿っていくことにしよう。

第３節　本研究の目的：連働の実践的検討

１．はじめに

前節までの議論で、教育コミュニティでの支援活動である「学生相談」において「連携・協働」が必要不可欠なものになっており、かつ、この「連携・協働」という用語と概念を越えてさらに発展的な視座を持ちうる地点に至りつつある状況を整理してきた。本節では、まずこの発展的な視座に対して「連働」という新たな用語と概念を提唱し、かつ、現時点での定義付けを試みる。そして、「連携・協働」の諸相を詳しく描写することから「連動」という発展的視座の有効性・妥当性を実践的に検討するという本研究全体を通底する目的をまとめ、さらに、第２章以降で展開される計７つの研究それぞれの目的とその概要についても、簡潔に提示しておくこととする。

２．「連携・協働」と新たな概念「連働」について

まずここで行うべき作業は、現在までの「連携・協働」に係る実践と研究による到達点を踏まえ、本研究で提唱する「連働」という概念の創出された背景・経緯と、目指すべき方向性について明示することである。

１）「連携・協働」をめぐる実践と研究の現況から

前節において、「連携・協働」に関連する用語については様々なものがあり、また定義付けを急がずに臨床実践を集積すべきという論調にも同意しながら、ひとまず２つの用語のみ定義しておくに留めておいた。１つは、学生の成長・回復に寄与するために実際に／直接的に関係者への面接・対応が行なわれるものとしての「コンサルテーション」であり、もう１つが、来談学生を取り巻く周囲の者となんらかの接触・関与・相談・協議が行なわれた場合の総称としての「連携・協働」である。学生相談においても、あるいは心理臨床や種々の対人援助活動においても、「連携」が必須のものとなり、さらにはより望ましい形態を求めて「協働」という用語がしばしば用いられるようになった経緯は第１節で概観した通りである。

この「協働」という用語に込められた意味や概念について共通項を描写すれば、おおよそ“異なる立場を越えて”“共通の目的に向かって”“相互に知恵や技法や経験を出し合って”“限られた期間に／適宜・随時の交流を行なって”“新しいものを創造していく”営み、とまとめられよう。そして多くの場合には、「協働」する関係者は、焦点化されたクライエント（学生）に職業的に関与する専門家が想定されている。言わば、援助職に従事するそれぞれの専門家の現状への問題意識とこれを克服して新たな協調関係を築いていきたいという願いが込められていると言ってもよいだろう。

そのうえで、教育コミュニティで機能する学生相談カウンセラーの立場からは、来談学生が決して専門家の支援のみで回復していくわけではなく、より幅広いネットワークと様々な交流の中で息づき、育ち、時に傷つき、そして救われ、勇気づけられて、回復と成長を繰り返していくプロセスを日々目の当たりにしている。来談学生たちが困難を乗り越え、教育目標に沿った学びと育ちを遂げていこうとする様を見守るとき、より広範で多彩な関係性の集合体であるネットワーク全体を視野に入れて、事例の理解とより適切な援助を考慮していくべきではないかという想いが強まる。また、実際にそのような関わりが望ましく、かつ、有効であることを各事例を通じて体験的に実感してきてもいる。専門家と専門家の直線的な相互交渉にのみ支援の基盤を求めるのではなく、常に大学キャンパスの様相と動向をイメージしながら、学生と周囲の関係者をめぐるネットワークの状況を立体的かつダイナミックに理解して支援していこうとする試みが求められているのであり、それを面接室の中に滞在して終日カウンセリングに従事することを基本姿勢としながら遂行していく営みを構築していく必要がある。このような経験の集積が、本研究で提出する「連働」という概念の提出とこれを検証するための一連の研究につながっているのである。

2）「連働」という捉え方／その定義

上述の課題意識をもとにするとき、本研究で用いる「連働」という用語は次に述べるような複数の意味内容で用いられることになる。

i）「連携・協働」に係る事態や関与の総称として

「連携・協働」という文言は、近年の心理臨床や対人援助の専門的活動においては、あたかもひとまとまりの言葉のように繋げて用いられることが多くなっている。すでに「連携」の重要性は多くの領域を通じて共通理解となっており、かつ多彩な形態がありえるものであって、その中でも「協働」という言葉が含有するより望ましい方向性への展開に各方面から賛同が得られてきたこその用いられ方でもあるだろう。この動向を尊重しつつ、そのうえで、例えば「親・家族」や「友人・学生」の関与を考慮する際には、「協働」という元々専門職同士の交流を示す言葉はやや用いにくい状況もあるため、「連働」という言葉を用いて、より広く、あらゆる関係者との様々な「連携・協働」的事態や関与を総称するものとして活用することができる。

なお「連動」と記さずに、「連働」という造語にしているのは、前者では“機械などで、一部分を動かすことによって他の部分も統一的に動くこと”（広辞苑）となるため、「働」という“人が活動してはたらくの意を表し”、“ほかの物に作用する”（漢字源）という漢字を当てることで、まさに人々が力動的に関わり、相互に作用を及ぼすことで、ともに援助し合い、成長し合っていく様をイメージしているがゆえである。

ⅱ）直接的な関与に留まらない多彩な「連携・協働」的事態や関与の意義を表現する用語として

個別相談を展開していくにあたっては、来談学生をめぐる周囲の関係者がいかように彼・彼女に関与し、それぞれの立場からどのように支援を試みているか、そして面接プロセスにいかに影響を及ぼしているかを考慮することが重要になってくる。さらに、カウンセリングを通じて一定の成長や回復を来談学生が示せば、その学生をめぐるネットワークは彼・彼女の変化を受けてなんらかの反応を示し、その反応がまた来談学生にある種の影響を及ぼすことになる。それゆえ、例えば、以下のような事象を含む用語・概念であると位置づけることができる。

a）ある1人の関係者との直接的な「連携・協働」によってもたらされる来談学生への関わりの工夫や環境調整が、他の関係者にも好ましい影響を及ぼし、次第に共有されていくあり様。（時に、他の関係者の反発や混乱を招く場合も生じうる。）

b）直接的な「連携・協働」は行われてはいないが、お互いの存在と関与のあり方を意識・認識したうえで、来談学生への援助をそれぞれの立場で行っている場合。

c）周囲の関係者は学生の来談に気がついていないが、カウンセラーは、ある関係者の存在と関与のあり方を意識・認識しており、その意義と影響を考慮しつつ、自らの面接方針を微調整していく場合（第1節の模擬相談事例1－1－2の後半がこれにあたる）
d）ある1つの個別相談で生じる学生の変化が、周囲の関係者に認知され、影響を及ぼしていくあり様（関係者によっては戸惑いや動揺を感じる場合も生じうる）。
e）ある1つの個別相談の中で展開する学生とカウンセラーとの交流やコミュニケーションの様相が、深いレベルで同調していると感じられ、学生の回復・成長や変化につながっていく場合。
f）上記の事態や関与を受けて、周囲の言動や関わりの変化が二次的に来談学生に影響を及ぼすといったように、1つの「連働」が次の「連働」を呼び、多彩な（肯定的／否定的／中立的／両価的な）相互作用が連続していくあり様。
g）このような相互作用が、来談学生を含むネットワーク全体に伝播していき、教育コミュニティとしての大学キャンパスにも影響を与えていくあり様。

言うなれば、学生と周囲の関係者とのネットワークは、当該学生が、「教職員」、「親・家族」、「友人・学生」と結ぶ「関係性の束」によって織り成されている。本研究の統一した視座は、その「関係性の束」を構成するある1つの「関係性」において始まった「連携・協働」が、いかに他の関係性に伝播し、次の「連携・協働」を呼び起こしていくか、そしてこれらの「連携・協働」の集積が学生に次の成長・回復要因として作用することになるかを、こまやかに見届け、促進しようとする立場である。このような「関係性の束」を筆者らはかつて「関係系（relational system)」と称したが（中釜・高田・齋藤, 2008)、「連働」概念は、その「関係系」の全体を見渡し、そして「関係性の束」を構成する1つ1つの関係性の変容と相互のダイナミクスを表現する用語であると言い換えてもよい。なお、当然ながら、「連働」の様相は、ネットワークを構成する関係者の特性や構え、希望によって、あるいは、学生の抱える課題や状態像によって質的に異なってくることにも留意する必要がある。

ⅲ）様々な活動・関わり方の工夫や施策・組織づくりを通じた「連携・協働」的事態や関与を表現する用語として

学生相談の中核は、ていねいな個別相談にあることは言うまでもないのだが、加えて学生相談の立場からは、様々な活動の工夫や教育コミュニティへの働きかけが期待され、また実際にその貢献範囲を広げつつある。それは、個別相談における経験と知見の集積があればこそであり、そしてそれらの活動と個別相談との相互作用を常に意識していくことになる。例えば以下のような事象が想定されよう。

a）グループ活動や心理教育プログラム、あるいは講義への参画を通じて、構成員に直接的に働きかける活動が、現在の／将来の来談学生のみならず、来談学生の周囲にいる関係者にも、あるいは学生と関係者とのネットワークにも与える影響と相互作用。

b）構成員ごとの特質・希望を考慮して工夫される種々の研修や広報の内容と関わり方、あるいは各種委員会や施策をめぐる協議の場での意見交換が、学生に対する接し方や教育・支援のあり方に及ぼす影響と相互作用。

c）個別相談における学生の訴えや状態像に端を発し、学生気質や現代的な諸問題についての共有しやすい視点を提供する学生相談からの発信や参画を通じて、学生への関わり方に関する共通理解の浸透具合や、施策あるいは体制づくりの進捗状況を意識して、個別相談の進め方を微調整していくあり様。

このように「連働」という用語と概念は、「関係性の束（関係系）」であるネットワーク全体（あるいはクラスや研究室等の焦点化されたある特定のネットワーク）における相互作用の様相とダイナミクスをより明確に意識して展開される営みを志向していると言って良いだろう。

3．本研究の目的

さて、上記の「連働」概念の定義付けを受けて、改めて本研究について、全体を通しての目的を提示し、次いで各研究ごとの目的と概要を、順次まとめておくことにしよう。

1）全体的な目的

上記にて、「連働」概念を3種に分けて説明してきたが、これらをもとに、また、前節にて学生相談の活動状況と先行研究の動向から導き出した3つの枠組（p.37参照）とも照合させることによって、本研究の目的は、以下の事項を実践的に検証するために行なわれるものであると集約できる。

a）「連携・協働」的な事態・関与は援助に係る専門家のみと行なわれるものではなく、クライエント（来談学生）をめぐる身近な／日常的な関係者との間でも展開され、この「連働」の様相を見渡し、活かすことが個別相談にとって有効である。
b）直接的な「連携・協働」は行なわれていなくとも、常にその可能性を意識して周囲の関係者と本人との関係性や相互作用を考慮して「連働」の状況についてアセスメントしておくことが、個別相談にとって重要である。
c）学生の周囲にいる関係者ごとに、「連携・協働」あるいは「連働」の様相は異なっており、その特徴や期待に応じた対応が必要となる。
d）学生の持ち込む相談内容や状態像によって「連携・協働」あるいは「連働」の様相は異なってくる場合があり、その特性や課題に応じた対応が求められる。
e）個別相談における各関係者との「連携・協働」あるいは「連働」のみならず、施策や組織をめぐる教育コミュニティとの「連働」という視点も、個別相談をより効果的に展開していくための要素となる。
f）「連携・協働」を促進するためのカウンセラーの「スタイル」や、「連携・協働」の元になる学生相談の「モデル」を定置して共有していくことで、ネットワークで生じる「連働」を見渡し、活用しやすくなる。
g）a）～f）を通じて、「連働」という概念から学生相談活動を考察していくことの妥当性と有効性を総合的に示す。

2）各研究の目的と概要

さて、上記の全体的な目的を果たすために、「連携・協働」研究の課題を集約して設定された3つの視点に沿って、計7種の研究を実施していくことになる。その目的と概要を簡潔にまとめておこう。

ｉ）第２章（研究１および研究２）の目的
―連携・協働の基礎となる「モデル」と「スタイル」の提示から―

まず、「モデル」と「スタイル」という側面から検討を加えることで、学生相談における「連携・協働」の基盤を整え、「連働」へとつながる道筋を提示することを目指す。

「研究１」においては、連携・協働は個別ケースの展開上やむなく生じるものではなく、学生相談モデルと密接に結びついている、言わば必然的なものであることを、先行研究の概観によって得られた知見を活かしつつ、実践の分析に基づいて検証していく。まず連携・協働を支える「モデル」を発信して共有することで、学生の成長と適応を願う多くの関係者と一致点を見出しやすくなり、またカウンセラー自身も確信をもって連携・協働に乗り出していくことができるからである。ここでの方法論として、筆者が関与した４つの大学における活動が１年単位で比較検討される。３校はカウンセラーとして順に、私立文系・国立総合・国立理工系の各大学において学生相談活動に従事した経験が題材であり、さらに１校は講義担当の非常勤講師として教育的に関与した経験である。このように、それぞれの現場での経験を教育コミュニティの１年間のサイクルに沿って観察・検討することで学生相談の本質が見出しやすくなり、かつ複数の大学での実践を比較してその相違と共通点を抽出することで学生相談の中核と広がりが見渡しやすくなると考えられる。

次いで「研究２」においては、相談活動におけるカウンセラーの動向を１日単位で点検することで、「連携・協働」に開かれたあり方とはどのようなものであるかについて考察し、理念の具現化としての日々の「スタイル」を提示することを目的とする。学生相談の「構造」の曖昧さが心理療法の展開を阻害しかねない要因として意識されやすい傾向にあることを指摘したが、われわれはこの特性をむしろ活かしていく術を考えるべきであるし、また実際に可能であるという認識が示されるようになっており（鶴田他, 1998等）、個人相談のプロセスに応じて展開される連携・協働もこの方向性で捉え直していくことになる。１日単位の事例として検討することで、どのような場合にいかなる意図をもって連携・協働を行なっていくかというその時々の判断と構え、そして実際的な動きをより具体的に明示することが可能になる。

なお、学生相談を整備していく視点として、「モデル（理念）」、「システム（体制）」、「スタイル（援助者の姿勢）」の３点を提示することができるが（齋藤, 2004a）、システムについては、全国的な教育行政の動向や各大学の教育・経営方針等によって大きく作用され、相談担当者の貢献や働きかけだけではいかんともしがたい面があり、さらに、すべての実践研究は研究者の在籍する機関の所与の条件に規定されるという側面があるため、本研究ではシステムは、ひとまずモデル構築とスタイルの精緻化を行なう際の関連要素として扱われ、最終的に総合的考察にて「連働」の観点から検討される。例えば、若山（2002）は自身の相談員としての専門性獲得に至るプロセスは大学コミュニティに「土着」すればこそと述べているように、われわれ学生相談カウンセラーは所属大学の一構成員となって、既存のシステムを受け入れ、活かし、やがて望ましい方向へ変革していくことを目指すのである。

ii）第３章（研究３、研究４、研究５）の目的
―学生を取り巻くネットワークと各「関係者」との連携・協働の検討から―

「研究３（教職員の関与）」「研究４（親・家族の関与）」および「研究５（友人・学生の関与）」における目的は、各関係者ごとに「連携・協働」の様相をていねいに描き出し、さらには「連働」と称すべきこまやかな相互作用が生じている状況を検証していくことにある。改めて、３つの研究に通底する共通の目的と方法についてまとめておこう。

a）まず、各研究で焦点化される関係者は、いずれも学生の有する対人関係ネットワークの中できわめて大きな位置を占めており、かつ日常的に交流する状況にある。それゆえ、様々な側面で学生の成長や回復・適応、時に不適応のきっかけを提供するきわめて重要なキーパーソンである。

b）また、これらの関係者は相談事例においてもしばしば直接的にプロセスに関与する立場にある。例えば、すべての「教職員」はその本務ゆえに学生相談・学生支援の最初の窓口になりうると考えられるが（（独）日本学生支援機構, 2007）、これは大学から戻ってからの日常をともに過ごす「親・家族」もまた同様に（同居の場合はもちろんのこと、下宿生活等であれば本人との連絡の有無や内容を媒介に）窓口になりえるし、実際にその傾向が強まっている。一方、「友人・学生」については日々の学生生活をともに過ごす仲間であり、最も不適応に気づきやすい立場にありながら、そのような機能を果たしにくくなっているという現状がある（なお「友人・学生」という括りとしたのは、友人関係にあるかどうかという認識は各個人によって異なり、また、知人や先輩・後輩といった所属集団における学生たちのあり様を視野に納めたいと考えたからである）。

c）各研究では、来談学生をめぐる各関係者のあり様と関わり方が、相談事例の中でいかに見出されるかを検討することになるが、その際には、ある年度に経験した全相談事例を点検することで考察を進めていくことを基本とする。前述した

ように、１年間の相談事例を整理して検討を進めていくことで、教育機関としての大学において生じる様々な諸問題と学生への影響がほぼひととおり現出してくることが想定されるからである。

d）これらの作業を通じて、大学の有する教育理念・教育目標とこれに基づく儀式化がどのように各関係者に作用しているかを考察するとともに、大学コミュニティを相互支援的な、そして成長促進的な環境に変容させていくべく、学生相談がいかに貢献しうるかを検討していくことになる。その際には、第２章で定立した「学生相談モデル」と「カウンセラーのスタイル」が果たす役割についても見定めていくことになる。

なお、３つの研究は同一年度に行なわれたものではなく、まず「教職員」の有する多大な支援機能や成長促進的機能とともに時に生じる学生と教職員のミスマッチやハラスメント問題に着目して「研究３」が行なわれた。その際には、学部中心の都会型キャンパス中心に活動する筆者の相談事例と大学院中心の郊外型キャンパスを中心に活動する女性カウンセラーの相談事例を併せて検討している。当時は両名の担当事例でほぼ全てを網羅できていたことと、特に大学院においてミスマッチ等の諸問題が現出しやすいことに着目していたためでもある。その後、学生をめぐる関係者の関与を順次点検していく必要性を感じて、「親・家族」、そして「友人・学生」に焦点化した研究へと展開していくことになるのだが、その際に「研究４」および「研究５」は筆者のみの相談事例の点検によって構成されることとなっている。これは週１～２日の非常勤カウンセラーの人数が増えて全体像の把握が困難になっていたことと、主任カウンセラーとしての筆者のスタイルと活動の実際に最も「連携・協働」のあり方と「連働」への展開が反映されていると考えられたためである。

ⅲ）第４章（研究６、研究７）の目的
―「現代的な諸問題」の中における連携・協働の実際と留意点の検討から―

本研究で設定した３つの現代的な諸課題「いのちに関わる諸問題」「事件性のある諸問題」「ひきこもり系の諸問題」は、いずれもきわめて実際的・実践的なものである。それぞれの課題への対処をめぐって、学生相談の立場から「連携・協働」をいかに展開していくかについて、より詳細に検討を行ない、さらには各問題に固有の「連働」の様相をも描き出して、今後の指針を提示していくことが

第４章の目的となる。そこでは、学生相談における近年の特徴として指摘される下記の諸点が、特に顕著に現われやすいからこそでもある。

a）本人相談のみでは展開しない事例の増加（自主来談しない傾向、状態像が深刻・重篤等）

b）対人関係が直接的・間接的な要因になっている事例の多さ（ここ10年近くにわたって「対人関係」が最も多い相談内容になっていること）

c）学内ネットワークの形成が進み、紹介ルートや連携・協働のネットワークが着実に広がりつつあること

「研究６」においては、まず３つの課題に対していかに「教職員」との連携・協働が必要となったかについて、１年間に筆者が担当した全事例を見渡したうえで、その特徴や実践にあたっての留意点を整理して考察を進めていく。その際には、「学生の自主来談」「教職員からの相談」「周囲からの相談」に分けて記述するとともに、「コミュニティへの働きかけ」という面からも連携・協働のあり方を点検していくこととする。

次いで「研究７」では、同じく３つの課題に対して、「親・家族」との連携・協働がどのように行なわれていたかについて、ある１年間に筆者が担当した全事例を見渡して、その特徴と実践にあたっての留意点を整理していく。ここでは、「学生への対応（自主来談）」「親・家族からの相談」「教職員への対応／学生への対応（周囲が危機）」という局面に分けて記述していき、親・家族へのサポートの必要性が増している現状とそのために大学と学生相談が考慮していくべき施策と工夫を考察していく。

なお、ここで「友人・学生」について独立した研究を設けないのは、その問題の深刻さや複雑さゆえ、「教職員」ならびに「親・家族」との連携・協働をまず視野に入れて対処方略を考慮する必要があり、これと併せて副次的に「友人・学生」についても検討することが適切であると考えられたことによる。

また、この３種の課題を学生が複合して有している場合には、「いのちに関わる諸問題」＞「事件性のある諸問題」＞「ひきこもり系の諸問題」の優先順位に沿って分類している。たとえば、学生が現在不登校やひきこもりの状態にあっても、その主要因が「いのちに関わる諸問題」や「事件性のある諸問題」にある場合には、その主要因に沿って検討することが趣旨に適っていると判断したためである。

上記のように提示された諸目的を実践的に検討するために、計7つの研究が、第2章〜第4章にて順次詳述されていくことになる。各研究は独立して行なわれつつ、相互に深く関連してもおり、各所で「連携・協働」の実際と「連働」の萌芽が指摘され、考察されていくことになるが、そのうえで、各研究の結果を集約して、「連働」をめぐる総合的考察を第5章で展開していくことを目指す。この総合的考察で改めて、本節で提起した目的と照合しつつ、各研究ならびに本研究全体を通しての成果と意義、そして課題を検討していくこととしよう。

第2章
連携・協働の基礎となるモデルとスタイルの構築

第１節（研究１）　連携・協働を導く学生相談モデル

１．目的

わが国の大学教育システムの中に「学生相談」が導入されてから50年以上の年月がたち、十分とは言えないまでもある程度の定着を見せ、かつ一定の評価を得ていると言ってよいだろう。しかしながら、学生相談担当者が配置されていない大学も未だ若干数残り、また、配置されているにしても組織的に曖昧または不安定な位置付けのままである大学は枚挙に暇がない。それゆえ、援助を求める学生たちのニーズに十分に応えられずに、あるいは関係者との「連携・協働」に踏み出せないままに、もどかしい想いを抱いているカウンセラーもまだまだ少なくないだろう。こういった現状は「相談」や「サポート」といったものがシステム化されにくい我が国の文化的風土や、大学をめぐる経営上・運営上の諸問題との関連でやむなく生じている側面もある。このような現状を打破していくためには、学生相談の意義と有効性を絶え間なく、その時々の時代状況も加味しながら、提示し続けていく必要があるだろう。いま改めて、学生相談の理念研究が求められる由縁である。

さて、学生相談の理念（モデル）を考慮する場合、重要なことは実践といかに結びついているかである。机上の空論ではない地に足のついた理論でなければ、今後の指針とはならないからである。本節「研究１」では、筆者が関わってきた４つの大学における活動の総体を事例的に検討し、現場から出立した有効な「学生相談モデル」を定置していくことを目的とする。そこから「連携・協働」が学生相談にとって必須のものであることを示し、確固たる基盤をもって個別相談を中心とする実践にあたっていけるようになることを目指す。言わば、１人のカウンセラーの経験が、学生相談の歴史的な流れや現状とどのように融合していくかを確認していく試みであり、さらには新たな方向性を提案・明示していく作業ともなっていくのである。そして、その新たな方向性の先に「連働」という概念がどのように位置づけられていくかについても併せて考察していく。

２．方法

これまでに筆者が勤務した４つの大学における学生相談活動及び教育活動の全体像を振り返り、比較検討する。その枠組みとしては、国立大学の専任カウンセラーを中心に作成した「学生相談の活動分類」を便宜的に活用する（その概要は下山他（1991）に紹介されている）。また資料として、所属した各学生相談機関において発行した「報告書」または「紀要」における統計資料を用いる。その際には、それぞれの大学において最もスタッフの移動や組織的な変動が少なかったと思われる年度のものを基調に記述する。また、複数のスタッフが同一機関にいる場合、勤続年数やスタッフの個性によってある程度の役割分担が行なわれるため、筆者のみの活動ではなく、できるだけ学生相談機関としての活動全体を扱うこととする。

３．結果―各学生相談機関の活動状況―

１）私立文系大学における学生相談活動から

（大学の概要）郊外にある文科系の学部からなる大学であり、学生数は数千人であった。組織的には保健センター相談室として身体面を扱う医務室と隣り合わせになっている。また、文系にしては細かい講座・学科に分かれており、比較的教員の目が行き届いていた。大学全体として就職のための資格取得に力を入れており、専門課程に進学する前からその準備に時間を割く学生も多かった。一方、就職相談室が充実しており、専任教員のもと、各種のセミナーや適性検査等を実施しており、多くの学生が活用していた。

（学生相談機関の組織）非常勤相談員として週２～３日勤務するカウンセラーが３人おり、誰かが必ず滞在しているよう曜日を割り振り、さらにほぼ毎日勤務するインテーカーが１名という組織であった。カウンセラーは全員心理臨床のトレーニングを受けた若手である。

（援助活動・個別相談）このような状況の中では、訪れる学生はほとんどが「心理性格」を主訴に（図２-１-１：実人数をもとに分類）、まさにカウンセリングを期待して来談するため、スタッフの対応もほぼ「心理治療」中心であった（図２-１-２：のべ回数をもとに分類）。また、教職員や家族とのコンサルテーションを行なうことは非常勤ゆえに極めてまれであった。

（援助活動・その他の活動）一方、相談室にはかなり広い談話室が用意され、学生たちの貯まり場となっていた。利用者は個別相談を受けている者や個別相談には抵抗があるがスタッフとの交流や仲間を求めてくる学生が集まっていた。またエンカウンター形式のグループ合宿を実施し、個別相談を受けている学生と、臨床的な専門分野に所属する学生がグループ経験を求めて参加していた。治療グループなのか成長グループなのかという性格が判然とせず、個別相談とのいわゆる conjoint therapy、conbined therapy が必ずしもうまくいかない面もあって、スタッフとして（学生と同様に）困惑することが時折生じていた。

（教育活動・コミュニティ活動・研究活動）非常勤の立場からはこれらの活動はかなり困難であった。談話室の活動と関連づけて、からだをリフレッシュする会や映写会等を企画して実施することはあったが、単発の感が強かった。一方、新入生へのスクリーニングとして心理検査を実施し、呼び出し面接も行なっていたが、限られたスタッフでの作業であり、検査の結果が出るまでに時間がかかり過ぎ、また呼び出し面接自体への疑義もあって、見直し作業を行なっていった。

（まとめ）活動の性格はまさにクリニックモデルそのものであり、大学の密な教育プログラムの中で不適応感を感じる学生を対象に相談活動を行なっていた。一方で、コミュニティに開かれた活動をどのように組み込んでいくかが焦点ともなっていた。心理治療的な関わりの流れで“出会い”を旨とするグループ活動を実施するときに、対象者を見極め、方法論を適宜工夫していくことが強く求められていたと言えよう。またそのような治療的な機関がスクリーニングを行なうとき、学生側の抵抗感はやはり小さくなかったと考えられる。これらを総じて言えば「心理臨床としての学生相談」を行なっていたと結論づけられよう。「連携・協働」については、教職員では所属機関の運営委員に任命されている学部教員からの紹介がわずかに見られたが、親・家族についてはほとんど行なわれず、友人・学生については時に「友だち（あるいは交際相手）の状態が心配で」という相談や、グループ活動における学生間の行き違いに介入することが生じていた。

2）国立総合大学における学生相談活動から

（大学の概要）10学部からなる学生数２万数千の大規模校であり、教養課程と専門課程がカリキュラム的にも地理的にも明確に分かれていた。進学に当たっては希望と成績で決まる「進学振り分け制度」が存在しており、教養課程を過ごしたうえでの進路決定は学生にとっては意味あるものであったが、一方で競争原理を入学後も持ち越しているという側面が色濃く残っていた。

（組織）教養、専門それぞれのキャンパスに学生相談所が設置されており、専任相談員（カウンセラー）が配置されていた。筆者は後者の相談所の３人の相談員のうちの１名であり、組織が学生部と密接に関連していたこともあって、助手／事務官の併任という身分で従事していた。また教養には進路情報センターが用意されて各種の情報を提供するとともに、保健管理センターが両キャンパスにあり、精神科医及びワーカーが精神衛生相談に応じていた。

（援助活動・個別相談）SPSの流れを組む相談所であり、よろず相談を標傍していたこともあって多種多様な相談内容が持ち込まれていた。特に来談実人数から見ると「進路修学」に関するものが約半数を数え（図2-1-1）、学生の最も身近な事柄が窓口となっていた。しかし、相談員の対応を見ると、回数では圧倒的に「心理治療」が多くなっている（図2-1-2）。これは「進路修学」で来談する学生は「教示助言」等の対応で短期間で終結することが多いためである。また投薬が必要な学生の事例では、適宜保健管理センターや学外の医療機関と連携を行なっている。コンサルテーションについては、修学上の手続きのために各学部や学生部の窓口と連絡をとることがかなりあり、また時折教員や家族との関わりも行なっていた。

（援助活動・その他の活動）談話室、グループ合宿ともに“出会いの場”と心理治療のはざまで揺れるとともに、慢性的な参加者減少に頭を悩ましていた。一定の意義は見受けられるものの新たな活動も模索していた時代であった。

（教育活動）その中で、幸いにも厚生補導特別企画としての予算が付き、心理臨床セミナーシリーズと題して、教育的なプログラムを種々企画し、実施する方向性が開けていったのは大きな出来事であった。一方、実際に講義を担当することは身分上稀で、学生相談所委員の学部教員の依頼を受けて、ごく一部のみ受け持つことがせいぜいであった。

（コミュニティ活動）全学的組織である学生部の支援を受けて、各種の会議や要職にある教職員との交流が可能であった。また学生部自体が厚生補導の40周年を記念した行事や出版物作成（全国学生補導厚生研究会, 1993）を行なっており、活気を取り戻そうとしていた時期と符号していたことも大きい。

（研究活動）一方で助手（教員職）の身分ということもあり、ある程度の意識付けがなされ、「紀要」に論考を記そうと努力するとともに、出身母体である教育学部の教員との共同研究も行なわれることがあった。

（まとめ）多様な側面で学生にサービスを提供しようとする学生部との連携の中で活動していたため、「厚生補導」という概念に大きな示唆を受けつつの日々であった。例えば寮担当の職員が寮生に、あるいは体育担当の職員が運動部の学生に、単なる手続き上の関わりに留まらない親身になってのサポートを展開している場面に触れることもしばしばであった。全体としてクリニック的な色彩は残しつつも、一方では教育的な関わりに触手を伸ばしつつあり、またその根底には確固たるものとしてSPS（厚生補導）の思想が息づいていた。ただあまりに大学の規模が大きく、また身分的にも弱い立場のため、コミュニティ全体を視野に入れて活動を展開していくところまではとてもいかなかったという感触が残っている。総じて言えば、大枠では「厚生補導としての学生相談」を実施する形をとっており、その枠内で「心理臨床」がもう一方の中核を占めていたとまとめられようか。「連携・協働」については、学生部のネットワークを活用しての働きかけは盛んに行なわれていたが、大学の規模とカウンセラーの身分的な弱さから、各学部に本格的に踏み出すまでには至らない状況であった。親・家族からの相談も当時は多いとは言えず、友人・学生との関与も稀にトラブル等が持ち込まれる程度であった。

3）国立理工系大学における学生相談活動から

（大学の概要）理工系学部のみからなり、都心にある伝統的なキャンパスと郊外に新たに建設された大学院中心のキャンパスの2カ所で教育・研究が行なわれている。学生数は総計で約1万人である。特徴としては、学年を経るごとに徐々に専門科目の割合が増えていくいわゆる“くさび型カリキュラム”をとっていること、そして大学院への進学率が8割以上となり、人数的にも学部生とほぼ同数で大学院重点化大学を指向していることである。

（相談機関の組織）保健管理センターに所属する専任カウンセラー（教員職）であり、スタッフは精神科医（教員）と保健看護スタッフ等からなる。また、郊外キャンパスにも専任カウンセラーは毎週訪問しているが、相談件数の増加に伴い、非常勤カウンセラーの配置・増員が認められるようになってきている。一方、学生相談室も存在するが、こちらは各学部から選ばれた教員が時間を割り当てられて相談にのるものであり、カウンセラーはその一員にもなって各教員や受付事務から心理面での問題が伺えるときに紹介を受ける、あるいは教員の相談に（スーパーバイズ的に）関わるという連携をとっている。

（援助活動・個別相談）所属部署の性格もあり、治療を行なう場というイメージが拭いがたくあり、教職員にも“問題を抱えた学生を治して学業・研究に復帰させる”という期待があることは否めない。内容的には「心理性格」に比べても「進路修学」が多くなっているが、これはスチューデント・アパシー的に留年を繰り返したり、不登校状態ゆえに進路や修学が当面の課題になっているという事例が多く、問題の解決は決して容易ではない場合がしばしばである。「心身健康」については、保健管理センターゆえに心身症傾向の学生にカウンセリングを提供しやすいという利点があり、「対人関係」では研究室という小集団が4年生・大学院生の生活の大部分を占めるという理工系大学の事情が影響している（図2-1-1）。（なお精神科医への来談学生はほとんどが「精神症状」に分類されている）。対応は「心理治療」及び「療学援助」が中心となっており（図2-1-2）、また研究室中心の大学ゆえ、教職員の紹介で面接が始まることも多く、家族と連絡をとる場合も含め、約4分の1のケースでコンサルテーションを行なっていた。

（援助活動・その他の活動）精神科医を中心とした合宿及び自主ゼミが行われており、カウンセラーも参加するが、デイケアあるいはリハビリテーション的な色彩が強かった。

（教育活動）教育的なプログラムを実施する余裕はほとんどないが、一方で教員として幾つかの講義を担当し、その中で心理教育的な内容を織り込んで学生の心理面での成長の糧となるよう工夫を行なっている。またそこから個別相談につながる学生もしばしばいる。

（コミュニティ活動）1つの部局として会合やシンポジウムを主催する機会があり、特に「カウンセリング懇談会」と称して、大学執行部およびクラス担任や助言教員、厚生補導担当教員等を対象に学生対応への留意点を自由に話し合う機会を持っている。専任教員ゆえ、各学部・大学院の教員と近い立場で交流できることは非常に大きな利点である。また「教職員のための学生サポート・ガイドブック」を精神科医と協力して作成し、全教員に配布している。

（研究活動）研究に重きの置かれている大学の教員として、ある程度以上の研究業績を示すことが義務的に感じられる状況であり、一定レベルの活動を展開している。

（まとめ）形態としては完全な学内クリニックであり、幅広い学生への多様な関わりという面では行き届かない面があるが、一方で教員として直接教育に関わることが出来、学内での位置づけもはっきりとしている。また２つのキャンパスを視野に入れての活動も積極的に展開されるようになっている（斎藤・道又, 1998）。ここでの活動は「心理臨床としての学生相談」といって良いが、次項４）とも合わせ、「教育としての学生相談」も意識することになっていた。なお、クリニック的な学生相談活動であるゆえに「連携・協働」については、困難事例において教職員が助言や支援を求めてくることが多く、また状態像に応じての親・家族との関わりも増加傾向にあった。一方、友人・学生との関与はきわめて少ない状況であった。

４）私立文系大学における非常勤講師としての経験から

ここで述べることは、１）～３）の学生相談での関わりとは異なり、通年講義を毎週１コマある大学で担当してきたことに関する経験である。しかし学生相談を考えるうえで大きな示唆を含んでいると思われるので、ここで取り上げる次第である。

（講義の概要）大規模な都会型の私立大学で、ある学部の専門科目として「臨床心理学」という科目名で毎年開講されている。年々受講者が増え、約450名になっており（各回の参加者は180～300名ほどで学内行事や就職活動によって変動する／その後最大時には630名の登録者数となった）、他学部聴講の学生の方が多くなっている。内容は「ひとといかに関わるか」（友人関係、異性関係、家族関係、カウンセリング関係等）「ひとをいかに理解するか」（心理ゲームから性格理論、さらには夢・無意識まで）「ひととしていかに生きていくか」（各自のライフサイクルを辿りつつ）という３部構成で１年間を進め、学生が自分や周りの人々を見つめ直すような内容を扱う。またこちらからの講義だけではなく、毎回授業に関連した小レポートを全員に書いてもらい、次回にそれを内容別に集計し、幾つかについては（匿名で学生の希望に応じて）コメントを加えるという形態で行なっている。

（講義の意味）数年間このような形で学生と関わるうちに、以下のような学生相談や大学教育に関わる諸問題が浮かび上がってきている。a）個別相談への橋渡しになること。勿論常勤スタッフではないので、学生が面談を求めてきても簡略にまとめ、この大学の学生相談室あるいは外部機関を紹介することになる。b）担当者からのフィードバックが“自分だけではない”という安心感や同世代への共感をもたらしていること。c）学生の心理的成長が1年間のプロセスのうちに伺え、また、小レポートの内容がより内省的で潤いのあるものに変容していくこと。時にそれは、過去の心的外傷経験への癒しにも近いものになることがある。d）“このような講義を教養段階で受講していれば、学生時代の過ごし方がより有意義なものになっていたのに”という声が少なくないこと。e）一方で多くの学生にとっての最大の関心事は就職活動であり“そのための自己分析に役立った”という声も多いこと。f）卒業を控えた4年生にとっては、自分の学生時代の意味や位置づけを振り返る“もうひとつの卒業論文”（鶴田, 1994）に近い意義を持つ場合がしばしば見られること。g）またカウンセラーにとっても、学生との関わりから得た知識や経験をフィードバックする貴重な機会であり、学生に伝える・伝わる言葉を吟味するとともに、個人としてのインプットとアウトプットのバランスを保つ作用を果たしていたこと、といった意義や留意点が伺え、学生

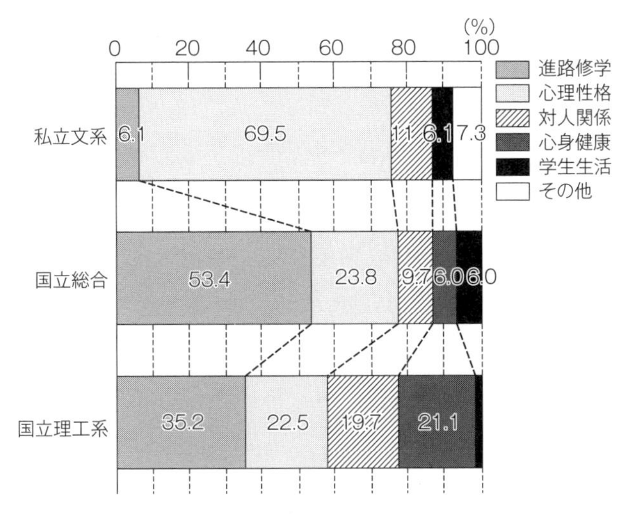

図2-1-1　各大学における相談内容

註）「私立文系」は非常勤カウンセラー3名の合計（類似の分類名を変換）
「国立総合」は常勤カウンセラー3名の合計
「国立理工系」は常勤カウンセラー1名のみ

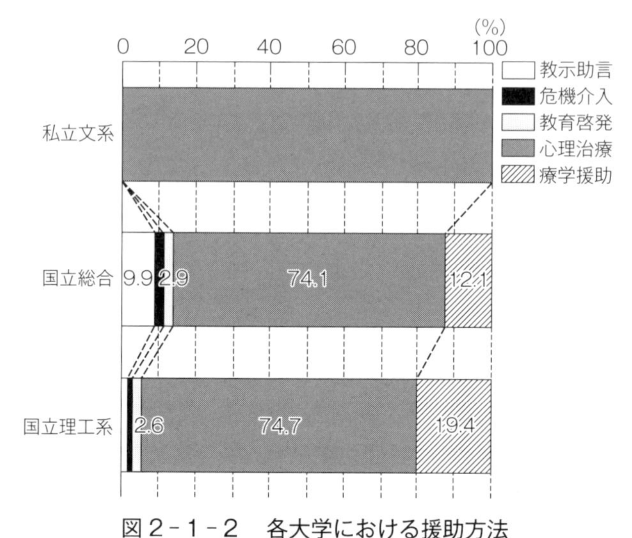

図２－１－２　各大学における援助方法

註）「私立文系」は現時点から振り返っての印象であり、正確なデータなし
「国立総合」は常勤カウンセラー３名の合計
「国立理工系」は常勤カウンセラー１名のみ

相談担当者が講義を担当することのメリットを感じることとなった。すなわち、「学生相談」そのものではないが「大学教育としての学生相談」という観点を意識させるものであった。

４．考察

１）３つの大学における相談活動の比較から

まず、カウンセラーとして関わった３つの大学での学生相談活動を比較検討し、その背後にある要因をみてみよう。

図２－１－１は、相談内容を各大学ごとに実人数（事例数）で比較したものである。また、**図２－１－２**は、相談員の対応を面接回数で比較したものである（なお「私立文系大学」においてはこの統計がとられておらず、また原資料にあたることができないので図には含まれていないが、ほとんどが「心理治療」であり、ごく一部「教育啓発」の事例が含まれていたと考えて良い）。こう考えると、３大学ともに（よろず相談的な色彩の強い「国立総合」においてさえも）やはり学生相談に従事するカウンセラーの仕事の大部分は心理面にウエイトを置いた（治療的な）カウン

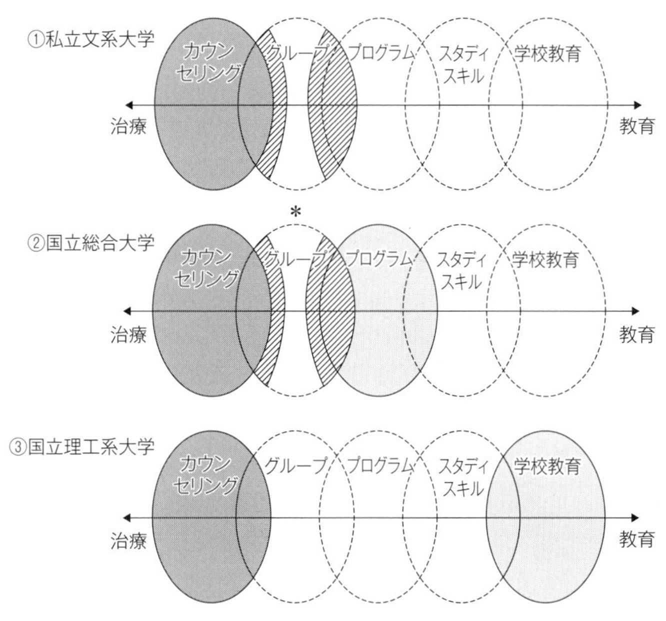

図2-1-3　各大学における学生相談活動の広がり（概念図）

註）＊治療グループと成長グループの乖離

セリング活動であると位置づけることができよう。**図2-1-3**では、斎藤他(1996)で用いた概念図をもとに、3つの大学での学生相談活動の広がりを図示しておく。ここでは便宜的に治療（クリニック）機能と教育機能を反対方向のベクトルとして描いてある。

ただしここで留意しなければならないことは、窓口が「心理治療」に限られたニュアンスとなるのか、学生生活全般に開かれたものになるのかということである。「私立文系」および「国立理工系」では、来談学生が“治療的な”機関に訪れる覚悟、または心理的な問題を抱えているという意識を有しているか、あるいはコンサルテーションの場合には教職員や親・家族の側の“治療的な”側面への期待があって始めてカウンセリングが開始されることになる。初めから対象者を限定した形になりやすいため、例えば表向きの主訴としては「進路修学」や「学生生活」等での来談を希望する学生が敬遠してしまう可能性が高くなるが、実はこのような学生たちの中に心理的な課題を有している学生が少なくない。逆に言えば、このような学生も比較的訪れやすいと考えられる「何でも相談」的なニュ

1. 文系私立大学におけるカウンセラー

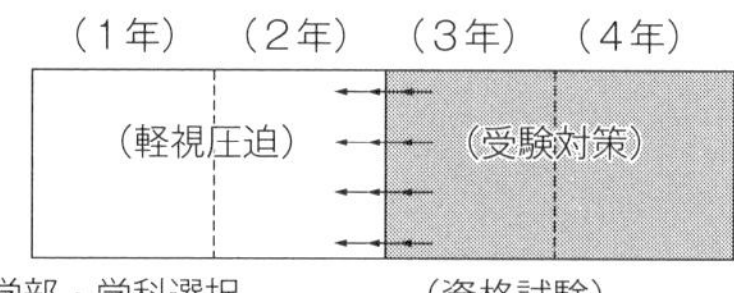

①入学時に方向性は（学科まで）決定→専門分野を決定した上での「教養」修得
②公的試験のための専門学校的（予備校的）な色彩→早めの準備に方向づけられる
③（内容）進路相談＝不本意入学に対して、進路変更・困難
　　　　→再受験・学校生活への適応によるカバー

2. 総合大学における相談員として

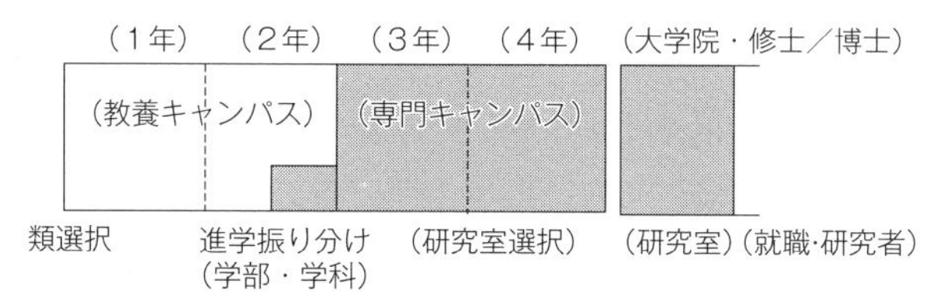

①入学時におおまかな選択→3年進学時に「進路振り分け制度」
（総体的、本来的な進路決定－もう一つの受験）
②教養学部堅持－専門分野を決めるための「教養」
（幅広い裾野・Liberal Arts）
③（内容）専門学部進学後の諸問題（新たな対処様式）
　　　　～「主体的勉強型」への移行がなされるために…

3. 理工系大学におけるカウンセラーとして

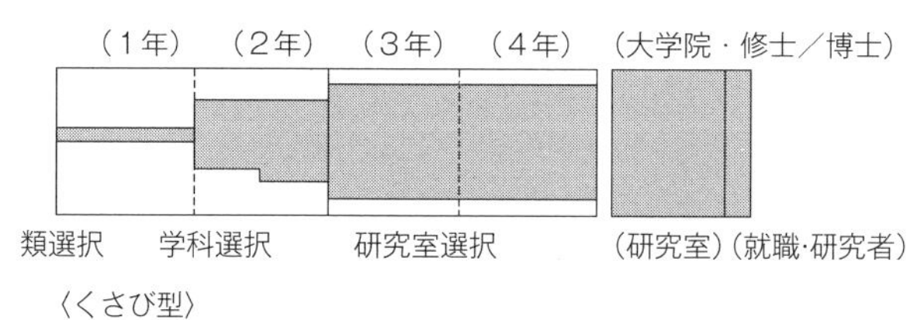

〈くさび型〉

①大まかな選択は終了し、小選択→専門分野を絞り込むための「教養」
→さらに研究領域を特定していく
（参考）「同一性達成」（22%）「早期完了」（17%）が多いよう（文系各々、11%、8%）
②くさび型カリキュラム～段階的に専門を増やす
③（内容）研究室という小世界－「要請特性」とのマッチング（人間関係、ライフスタイル）
　　　　問われる研究能力

図2-1-4　各大学における教育システム（概念図）

註）理工系大学での①（参考）は講義において学部3～4年生に自己評定してもらった自我同一性地位の割合（齋藤他，1996）

アンスを持つ（「国立総合」の場合のような）学生相談窓口においては、心理臨床における他の分野、特に病院臨床での診断的理解とはかなり異なる意味合いで、教育機関に内在するがゆえの独自のアセスメントが重要になってくるのである（岡, 1998; 斎藤, 1991b）。

さて、ここまでの議論をまとめると、
a）学生の抱える問題のきっかけは多くの場合、その大学固有の教育システムゆえに生じてくるのであり、
b）またどのような学生がどういった内容の相談で学生相談機関を訪れるかは、学内の組織及び学生相談機関そのもののあり方にも関わり、
c）そして相談機関として、あるいは相談員（カウンセラー）としてどういった対応が可能であるかは、職制や元々の専門性にも関わってくると考えられる。

図2-1-4では、これらをイメージした概念図を提示してある（図中の①～③は各大学ごとに、①進路選択のプロセス、②教養教育と専門教育の配分、③教育システムと関連した学生相談の概況を示す）。われわれの従事する学生相談活動は、まさに教育機関としての大学のあり方や諸状況に大きく依拠していることが分かるだろう。

2）「学生相談を位置づける視点―3つの柱―」

これまでの学生相談を振り返るとき、例えば都留（1994）は「教育的見地」「訓育的見地」「サービスの見地」「カウンセリングの見地」という4つの見地から相談・助育を概観している。結果的にこれとかなり近いものとなっているが、第1章第2節で集約した「厚生補導」「心理臨床」「大学教育」という3つの視点を土台に据えつつ、わが国の学生相談を位置づけ直してみよう。またこれらは、筆者自身の活動の基盤となっていると感じられているものでもある。

i）「厚生補導モデル」〈学生サービスの一貫としての学生相談〉

我が国における学生相談の歴史のスタートとなった「Student Personnel Services（SPS）」は十分に根付いたとは言い難い状況が続いた一方で、「学徒厚生審議会答申」（1958）の示したガイドラインを見ると、既に今日われわれが考え得るような種類のサポートがほぼ網羅されていることが分かる。一方で、事務組織の改編が進み、学生部が事務局の傘下に吸収される方向となって、組織的に厚生

補導の独自性を主張しにくくなっている現状がある。

しかし“正課外で学生個人個人のニーズに合わせた関わりやサービスを提供し、学生の利便に資するとともに成長を促す働きを果たそうとする”試みは、今でも再評価されて良い。どこまでを教育的な活動という言い方をして良いのかで意見が分かれる部分もあるが、かつては学生部に専任教員を置く試みも行なわれていたことは注目される。ここでは、この流れの中での学生相談を、改めて「厚生補導（学生助育）モデル」として定置しておきたい。

ⅱ）「心理臨床モデル」〈心理治療としての学生相談〉

近年、心理臨床の訓練を受けて学生相談に参入したカウンセラーは、自らの専門性に従って心理療法的な機能・技法・態度を前面に押し出しつつ活動にあたっている。そのため学生相談は“学内で最も援助を必要とする学生のためにあるのだ”という位置付けを強めることになっていったと言ってよい。それ自体は極めて重要な活動領域であるが、一方で、学生相談のイメージを狭く限局してしまったことも否めない。また「保健管理センター」構想が国立大学において優位になり、医学モデル、疾病モデルの枠組みの中で活動することがさらにカウンセラーを「心理治療」に限定していくこととなった（この間の歴史的な背景については、小柳（1991）に詳しい)。しかし前節で見たように、この流れから「構造」を考察する諸研究等によって個別援助のための具体的かつ有効な知見が積み重ねられてきたことは間違いない。個人を丁寧に見つめ最善の方向性を見出そうとしていくことが、学生相談の何よりの眼目であるからである。そこでこの流れを“適応に困難を生じている学生に心理療法を中心とする援助を行う”学生相談活動という１つのモデルとして定義しておこう。

なお心理臨床モデルでは、明瞭な専門性を発揮できる精神医療の領域と隣接し、学内（保健管理センターあるいは診療所）・学外（地域の病院・クリニック）の医療機関と役割分担をしつつ適切な連携を有することが求められる。

ⅲ）「大学教育モデル」〈教育としての学生相談〉

これまでにしばしば触れてきたように、学生相談の有する教育機能をより強く打ち出す動きが近年強くなっている。これらは、以下の３種の側面から考えることが出来る。

a）個別相談自体が、教育的な営みであると考えられること（あるいは教育そのものである）

b）多様な教育的働きかけやプログラムの工夫がなされてきたこと

c）正課の中で（講義として／単位認定を行なう）学生相談的な関わりを行ない、学生の心理的な成長と適応を促すこと。

なおa)、b）は「厚生補導としての学生相談」という枠組みで本来行なわれてきているものであるが、教育機能を強調するための論拠としてもしばしば言及されており、ここでは“大学教育の目標に沿う形で、学生個人の心理的な成長や適応を促す教育的な働きかけを行なう”学生相談活動として広義に定義しておくこととしよう。

c）については、専任カウンセラーが行なう場合と、学部教員が行なう場合とがある。一方、本研究で取り上げた「私立文系」での講義の実践は、学生相談担当者が他大学で講義を担当するという形態であった。また、大講義ではなくむしろ小人数ゼミ形式の講義で心理教育プログラムを積極的に取り入れていく（新田, 1996等）ことも考えられてよい。

また、このような機能を持つ講義はひとえに学生相談担当者のみが担っている訳ではない。現任校でも、例えば文系の講義で自分のあり方を振り返ったり、演習や実験で学生相互のコミュニケーションが計られたりといった実践が見られ、その体験の意味を学生相談の面接の中で消化していくということが行なわれている。

一方で、心理教育的なプログラムは単位認定とは別に厚生補導として正課外で行なえば良いという議論がありうる。ただアメリカなどと異なり、心理学的なものへの抵抗感やその必要性への理解度、さらには学生気質の相違ゆえ、わが国では自発的に参加する学生はかなり限られているという現状がある。半ば必須のものとして大学側が正規に認知した講義という形態で提示することによって、幅広い層の学生が参加する土壌が作られると位置づけても良いだろう。また現状は、それだけの必要性が生じているのだと考えられる。

さて、本研究で焦点化した４つの大学における学生との関わりから帰着されるモデルは、結局のところ至極ありふれたものでもあった。しかし、それだからこそ、現在の活動に常に適用可能であり、そしてこれからの学生相談を発展させていくための足場であると感じている。

3）理念の基盤と統合された学生相談モデル

ここまでの作業を通じて確認されつつあることを、さらに集約して提示しておこう。

i）現時点での学生相談モデル

4つの大学での経験から、「厚生補導（学生助育）モデル」「心理臨床モデル」「大学教育モデル」の3種を抽出した。そしてこの3種のモデルを設定することは、前節で概観した理念研究の流れから考察された論点とも符合するものと考えられる。これら3種は決して互いに背反しあうものではないので、その意味ではモデルと称するべきではないかも知れないが、われわれは「厚生補導」から個別のニーズに合わせた多様な活動の重要性を、「心理臨床」から問題の所在を（特に心理面に配慮しつつ）査定し、最も適切な援助形態を工夫するあり方を、「大学教育」から大学の本来の教育目標を実現するために必要な関わりのあり方を、提示されてきたと考えられる。カウンセラーは、学生と向き合い、心理的あるいは人間的な成長を計る営みを、1対1の個別面接を中心にじっくりと行なっている。すなわち対象者は、学内適応や人間関係に苦しみ、本来の学業・研究に力を発揮できないでいる学生たちであり、さらには彼・彼女たちを育て守りたいと願う教職員や親・家族等の関係者でもある。

ここまでの論を概念図で表すと、**図2-1-5**のように示すことができるだろう。われわれはこの3つのモデルを立脚点として自らの活動を組み立てている。ただその足場のどこに力点を置くかは、各大学ならびに学生の固有の状況によって変わってくるということである。なお現在の状況は、「厚生補導」がやや縮小傾向にあり、「心理臨床」が活躍の幅を広げ、かつ「大学教育」が見直されつつあるという図式になろうか。例えば鶴田（1998）は専任カウンセラーの立場から、面接室とキャンパス（あるいはカウンセリングと高等教育）という2つの中心点を持つ“学生相談の楕円構造”という概念を提出しているが、「厚生補導」と「大学教育」を併せて1つの大学・高等教育が成立すると考えれば、活動の幅を広げつつある「心理臨床」との2局を中心とする考え方として、本研究の流れと重ねることも可能であるように思われる。

なお、前節で提示した教育機能、クリニック機能、コミュニティ機能は、一部ここで示したモデルと重なるが、各機能は結局のところ大学教育の目的に適合し

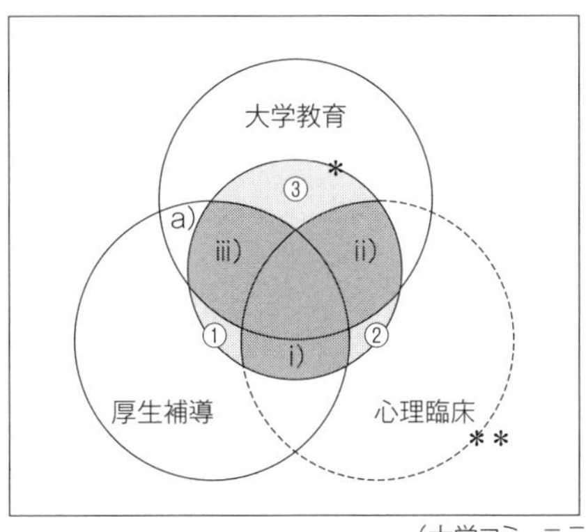

＊　学生相談の枠組
＊＊心理臨床は学生相談に伴って導入されたものと考え、単独での活動を想定していない。

〈学生相談的機能〉
①厚生補導担当や各学部の窓口での援助的対応
②治療カウンセリング
③学生相談的な講義（大講義）
ｉ）心理教育プログラム（厚生補導企画）
ⅱ）心理教育プログラム（単位化されたもの）
ⅲ）教員による働きかけ（相談担当教員、助言教員等）

ａ）厚生補導企画（スキー合宿、サークル代表者合宿等、学部教員と厚生補導部局が協力して実施するもの）

（大学コミュニティ）

図２-１-５　学生相談モデル（概念図）

うるような心理的安定・成長・回復を目指すためのものであった。その意味で、クリニック機能と教育機能は反対概念と位置づけるべきではなく、むしろ同方向を示しているものであり、対応する学生の状態像と本人の希望、そして学生相談機関の体制によってどのような機能を果たそうとするのかが決まってくると考えるべきであろう。そこで、フォーラムでの一致点も参考にしつつこれら全体を総合して「学生相談モデル」をまとめると次のようになろうか。

［前提］大学という教育機関であり、かつ１つのコミュニティでもあるという場の特徴と各大学ごとの個別性を念頭に置き、

［目的］学生個人個人に焦点をあてて、学内外への適応や心理的成長を促し、大学の教育目標に適う形で、すなわち全体として教育モデル志向の中で、

［働きかけ］クリニック的な心理臨床、厚生補導的な個別性に応じた働きかけ、そして教育・発達援助的働きかけを、的確にアセスメントしたうえで行なうものである。

この定義では、多様性は解決されないが、むしろそれを受け入れ、その多様性の中で最も適切なあり方を自己規定できる資質が望まれていると考えられよう。

ⅱ）統合された学生相談モデルと学生相談的な機能

しかし一方で、これら３種のモデルを統合するあり方は、決して易しいものではない。例えば「厚生補導モデル」あるいは「心理臨床モデル」から積極的に「大学教育モデル」に踏み込んで講義を担当することになれば、従来からしばし

ば言及されてきた、評価者としての教師と本来評価からは自由なカウンセラーという立場との齟齬という課題に直面することになる。また、単位が認定される場合、学生相談的なプログラムに参加する学生の層・質が異なってくる場合が生じる。菅野（1993）は、エンカウンター・グループを単位認定したところ、参加申込者が急増するとともに、従来の心理的問題で悩んでいる学生の割合が少なくなり、展開も深まりにくいことを報告している。勿論それでも参加者にとっては決して小さくない意義が確認されているのであるが、こういった意味合いの変化をきちんと押さえておくことが肝要であろう。

また、３種のうちのどれか１つのモデルにより強く依拠した活動を展開する場合も、それらが学生のサポートに寄与していることは間違いがない。藤原他（1992）は、広義の教育指導や講義等における働きかけを“学生相談的機能”と称したがこれに倣えば、

a）厚生補導関連の窓口での職員の丁寧で個別的な援助的対応がなされる場合、
b）学内での心理療法によって心理的な治療、安定が計られる場合、
c）自分と人間を見つめる講義から心理的な成長が促される場合、

といった活動それぞれが、学生相談的な機能を果たしていると言ってよいだろう。そしてこれらの広い裾野のうえに、学生相談の中心的部分が聳（そび）えると考えられる。すなわち、どれか１つのモデルに依拠し過ぎると「学生相談」独自の存在意義、すなわちカウンセラーの専門性が揺らいだり薄められてしまう危険性が生じるのである。

また身分・職種的には当然、a）では事務員、b）では心理臨床の専門家、c）では教員が担当することが多くなる。カウンセラーの身分が定まりにくい要因がここにある。学生相談自体が種々の局面において“はざま性”を持つ（菅野, 1992）が、カウンセラー自身もまたそのはざまに生きざるをえない側面があるのであろう。筆者の「国立総合」大学における経験では、教員／事務職員併任という身分の一方で心理臨床に土台を持つカウンセラーとして、高石（1997）のいう「境界性」をフルに生きていたという感覚がある。このように現実に照らして組織論を考慮すると各大学での困難さが一層際立ってくるように思われる。しかしながら、わが国の大学の現状に鑑みれば、まず教員としての確固とした立場が保証されることが重要であり、そのうえで多様な活動と機能に開かれているあり方が望ましいことは強調しておきたい（(独）日本学生支援機構, 2007; 日本学生相談

学会, 2013)。

iii）教育コミュニティにおける援助活動（個別相談）

各大学の学生相談の相違を規定する要因を整理してみるときには、以下の4点に留意することが求められる。すなわち、a）教育目標、b）組織、c）コミュニティサイズ、d）バウンダリーの硬軟、である。例えば、要請特性が明確で、比較的小規模で教職員の目が学生に届きやすい大学（本研究では、相対的にみて「私立文系」がこれにあたる）では、学生相談の役割は、そこからこぼれてくる学生への対処という側面があり、比較的学生相談の活動範囲は小さくなる。また、大規模で広いキャンパスの中を種々の学生が交錯し地域社会の中に溶け込んでいる大学では（相対的に「国立総合」がこれにあたる）、学生相談機関は拠り所のない学生の適応への足掛かりであり、また各学部・部局に散らばっている各種の情報を集約して伝える役割を果たす、という具合に多様な役割を果たしていた。

いずれにしろ、大学という場や、青年期という発達段階を考慮するとき（初等・中等教育機関における教育的サポートのあり方とも比較して考えると）、学生相談機関が、学内組織として同じコミュニティ内に存在し、かつ自律的に相談に訪れることではじめてサポートが得られるというあり方が、場と対象に見合った最も適切な教育的関わりの具現化でもあるのだと考えることが可能だろう。そのうえで昨今の学生の現状に鑑みて、教育機関として状況に応じて積極的な関わりを試みていくことになるという議論が生じていると言って良い。

iv）大学コミュニティに根ざした学生相談へ

ここまで述べてきたことから、現在の学生相談カウンセラーには、面接室に籠もらない相談活動、キャンパス全体を視野に入れた姿勢が求められていることは明らかである。そして相談活動を通じて得られた知見を、大学全体に対して、あるいは関連部局に対して提言していける機関として機能していくことが期待される。だが、コミュニティへの視野が大切と言いつつも学生相談担当者のコミュニティへの理解・関わりはまだまだ必ずしも十分ではない。学内の各部局、各教職員の意向や動向を把握するとともに、よりよい援助のための相談システムを提案していけるような広い視野が求められよう。

アメリカの大学では学生相談が副学長や学部長等の大学中枢から派生したもの

である（大山, 1998）のに比して、戦後に輸入されて学内では周辺的な位置づけに甘んじていることの多いわが国では、なかなか大学に対して提言を行なっていくことは困難ではある。しかしそのような問題意識を保ち，何かの時には発言できる構えを保持していくことは必須であるだろう。学生の相談事例が示す問題から伺えることは、変容・成長すべきは学生のみではないはずということであり、コミュニティの側にも改革のきっかけとなることが望ましい。容易なことではないが、そのような機能を加えることによって、学生個人のみならず、教育システム全体をも支援することになるのだと考えられる。

もし「厚生補導」が縮小していくことになるならば、すなわち「学部・大学院」と「事務（局）」しかない大学になっていくのならば、人間教育や学生の適応上の諸問題をさらに大学教員が担う必要が生じる。“大学教員のほとんどは、教育よりも研究を重視しており、研究と教育に費やす時間配分の葛藤は、研究条件に恵まれていない教員に生じる傾向がある”現状（須田, 1989）に鑑みて、改めて「教師になる」プロセスを歩むことを支援する、あるいはそのための研修会に力を注ぐ必要が出てこよう。さらには多様な学部教員が自らの専門分野とキャリア・人柄を生かして、学生相談機関の活動に参画して一定の役割を担うことが期待され、また実際に「廣中レポート」（2000）で「何でも相談」として提起されて広まりつつある。その際には、初等・中等教育に従事する教師のライフコース研究（稲垣他, 1988）に倣って大学教員のライフコースを考えていく（例えば、なぜ研究者を目指したのか、その後のキャリアの変遷、教育・学生指導のはざまでの葛藤等に焦点を当てていく等）ことも参考になろう。このように所属する大学コミュニティへの視座をきちんと確立したうえで改めて、複数の大学共同の学生相談機関の構想（羽下, 1997）や、筆者も関与してきたインターユニバーシティ・グループの試み（大学合同グループセミナー・スタッフグループ, 1996）等、１つの大学の枠を超えた組織や活動の意義をも考えていくことになる。

４）学生相談にとって明らかになった課題

「学生相談モデル」の定置を進めていく作業を通じて明らかになってきた課題を、実践＝科学領域としての学生相談の今後の発展に向けてという観点から、２点指摘しておこう。

ｉ）現代学生の諸状況から―学生期の意味を捉え直す―

学生相談の出発点の１つは、学生の現在の状況やニーズからあるべき教育や援助を考えていくということである。言うまでなく、学生は前段階である高校までの教育システムや時代状況の影響を受けつつ育ってくる。それゆえ、

a）進路選択の道筋（適性・能力・希望等をどれだけ考慮してきたか)、

b）現代学生気質（受け身性やマニュアル指向等と言われる特徴)、

c）要請特性の転換（与えられたカリキュラムをこなすあり方から、自律的に学び生活空間を組織するあり方への重大な転換)、

といった観点に着目する必要がある。濱野（1998）が言うように「学生になるプロセス」が必要なのである。また、学年によって学生の直面する課題が異なってくることを示した鶴田（1994等）による「学生生活サイクル」に係る一連の研究は今後の活動のために大いに活用されるべきであろう。本研究で示した講義の実践でも、受講学生からは“教養”段階での開講を求める声と“卒業前”で良かったという声があった。田中（1998）は１年生におけるこのような講義の意義をまとめているが、どの学年にどのような講義・教育を提供することが適切なのかという観点は今後とも重要になっていくであろう。また、学生を最も理解しやすい立場にいる学生相談担当者ならではの調査研究ももっとなされて良い（斎藤, 1997)。その一方で、“青年期の「危機」的性質についての適度な興味関心と深い理解をもつことは、学生相談員にとっては絶対必要な条件である”という岡（1998）の指摘も肝に命じておきたい。加えて、留学生や社会人入学の学生等、学生の構成が多様性を持ちつつあることへの配慮も当然必要になってきている。

またもうひとつの課題は、藤原（1998）も指摘しているように、学生を育てるという点で「学生相談」あるいは「厚生補導」と「教養教育」とは結びつく面があるということである。大学設置基準の大綱化を契機に、大学の個性化や専門教育の充実が叫ばれる中で、どうしても両者は影に隠れがちな状況が続いた。Carnochan,W.B.（1993）は、アメリカの教育と文化の粋を教養教育（一般教育）に集約させようとする苦闘を示しているが、わが国でもこの点に関する真摯な討議が是非とも望まれる。

ii）高等教育論、大学論との交流―SPSの総括・再評価の可能性とともに―

学生相談が教育機能を一層強化する方向にあるとすれば、大学という教育機関

がどのような場所であり、どのような社会的要請と歴史のうえに成り立ち、学生に何を提供しようとしているのかを把握することは大前提であろう。にもかかわらず、学生相談担当者と高等教育論あるいは大学論との交流はあまりに少ないと言わざるをえない。大山（1998）の論考によれば、戦前のドイツ式大学教育の理念を引き摺りつつ、戦後のアメリカ的な新制大学に移行した状況の中では、SPS理念導入に際して学生観の翻案がなされざるをえなかったことが指摘されている。すなわち、「大人君子として人格的に完成された学生」という建て前では青年期の人格発達理論を問うことがなくなり、「人格に故障が生じたために諸問題が生じる」という位置づけになってしまうのである。そこではSPSひいては学生相談が教育の一環として根付くことが困難にならざるを得ない。大学は学問のみならず人格的にも“学びの場”であるのだという認識をどう定着させていくかが大きな課題となってくるのである。そもそも高等教育論の立場からは、戦後の新制大学の発足後数十年を経ても未だに“日本的な大学像”のあり方が定まっていないという指摘がなされてきた（天野, 1991）。このような現状の中で、われわれもまた「日本的な学生相談像」の構築を目指していかなくてはなるまい。「競争的環境の中で個性が輝く大学」（大学審議会, 1998）という方向で進んできた近年の大学の中で、学生相談は自らの位置づけをどのように規定していこうとするかが問われている。結局のところわれわれ大学人が、学生に何を伝え、どのように育ってもらいたいのか、あるいはその育ちと学びをいかように見守ろうとするのか、ということでもある。

学生相談担当者はこれまで、活動の中心をひとりひとりの学生に対しての丁寧で誠実な対応に置き、日々の相談活動に追われてきた。そのため、教育機能の発揮、コミュニティへの働きかけ、あるいは研究や提言といったことにまで手が回らない状況にあったことは否めない。なかでも理念研究が十分に行なわれてこなかったことが、結果的に学生相談の意義を伝え切れない現状に結びついている。第1章で見てきたように、学生相談の現場は、コミュニティにおける援助関係の本質を考えていくのに最も適した場所の1つと言えるのではないかと考えられる。相談活動の本質を問う試みは“個への対応”と“場への認識”（讃岐, 1997）につきる面があり、それだからこそ、現場での実践と葛藤から「学生相談モデル」を洗練させ、繰り返し発信していく必要があるのだと言って良いだろう。

5）「学生相談モデル」に基づく「連携・協働」の意義

さて、「研究１」で定置された「学生相談モデル」に基づいて、ここから「連携・協働」の意義と必要性がいかに導かれてくるかを整理していき、さらに今後につながる課題についてもまとめておくことにしよう。ここでは、考察３）および４）において取り上げた諸点に沿って記述を試みることとする。

ｉ）「統合された学生相談モデルと学生相談的な機能」から「連携・協働」へ

学生相談に従事するカウンセラーとして３つのモデルの中心に深く根を張るのであれば、「厚生補導モデル」に依拠する事務職員、「大学教育モデル」に基づく教員との連携・協働は当然かつ必須のことであることはもはや自明の理と言って良い。職員・教員・カウンセラーそれぞれが自らの立場と役割・持ち味を活かして学生に援助的に関わるとともに、お互いにその機能や貢献を尊重しあい、活用していく姿勢が求められるのである。同時に、主任的な役割を担う専任カウンセラーであれば、「心理臨床モデル」にまず依拠せざるをえない非常勤カウンセラーへの支援も行なって、キャンパスの教職員と結びつけていくことも重要な役割となる。同様に、医療職やキャリア支援等、他の専門職が学内に存在する場合には、同じコミュニティに存在することの意義を活かせるように連携・協働を進めていくことになる。

そしてこのモデルにおいてサポートされる「対象者」がまず「学生」であり、次いで「親・家族」になる訳だが、さらに、この両者は「関係者」として「連携・協働」のパートナーにもなっていくのである。

ⅱ）「教育コミュニティにおける援助活動（個別相談）の現状」から「連携・協働」へ

個別相談への導入やその後の展開のために、より積極的なアプローチを行なう必要性が生じているという文脈から考慮すれば、例えば「いのちに関わる諸問題」や「事件性のある諸問題」では、焦点化される学生の周囲に居て彼・彼女を支える役割を果たしうるキャンパス内の「教職員」や「友人・学生」にも働きかけて、ともにサポートに動くことができるよう連携・協働が重要になり、また学生本人をキャンパス外で守り、包み育てる「親・家族」との連携・協働が求められることになる。あるいは自ら相談に訪れることの少ない「ひきこもり系の諸問題」では、「教職員」または「親・家族」がまず現状を把握し、学生相談のカウンセラーに紹介ののち、連携・協働しつつ学生本人の成長・回復を図っていくことになる。より具体的には第4章（研究6および研究7）にて検討していくことになるが、理念的な課題としては、どちらかと言うとお節介や過干渉と映るかもしれない関係者との「連携・協働」と、“自律的に相談に訪れる”あり様こそが成長促進的な意味合いを持つという学生相談の出発点との両立をいかに図っていくか、ということになる。両者は一見相反するようではあっても、大学あるいは学生相談の行なう積極的なアプローチは、とりわけ連携・協働の意図するところは、学生本人が自律的に成長に向かい合うための土壌を整備することにあるのだと位置づければ、青年期の発達課題である「自立」の達成をめざすという意味で、個別相談と同じベクトル上に位置づけていくことが可能であろう。

ⅲ）「大学コミュニティに根ざした学生相談」から「協働・連携」へ

大学コミュニティに根ざした活動を学生相談が志向していくことになれば、学生の現状やニーズを勘案しつつ、種々の学生相談的な機能に基づく諸企画や施策を「教職員」と連携・協働して企画・実施していくことはむしろ自然な流れとなる。そしてこのような諸企画は、次第に学生たちを巻き込んで「友人・学生」のネットワークとの連携・協働で動き出していくように展開していくことが期待される。実際、学生相談の実践から発案・採択された「学生支援GP」では、この文脈に沿って組み立てられている場合がしばしばである（齋藤, 2012a)。さらに、個別相談からうかがえる学生の今日的特徴や適応・不適応の源泉についてとりまとめ、教育環境の改善・改革に寄与する提言を大学全体（あるいは執行部）に対して行なっていくことが重要になってくる。

このような学生相談的な機能をもつ諸企画や、学生相談の実践に基づく提言からの諸施策によってもたらされる変化や効果は、学生ひとりひとりの適応状況に反映・還元され、やがて学生相談における個別相談にて確認されることになるだろう。同時に、このような大学コミュニティの望ましい変容・改革は「親・家族」の期待に応えるものにもなっていく。学生相談に従事する者は、そのような変容・改革の一翼を担い、かつ促進していくために、大学コミュニティにおいて常態的に連携・協働が行なわれるよう働きかけていくことが望まれる。よりよい教育と支援を提供できるような「教職員」として互いに育ち合っていくことを志向するのである。

iv)「現代学生の諸状況（学生期の意味）」から「連携・協働」へ

現代の学生たちは固定化した受け身的な要請特性に馴染んで高等教育で求められる主体的なあり方に転換しにくいうえに、昨今の就職状況から常に先を見越して余裕のない学生生活の送り方になっている側面は否めず（齋藤, 2000）、いわゆる「学生期」の意味は「青年期の遷延・変質」とともに捉え直しが必要になっている。一方で、「教養教育と学生相談」「専門教育と学生相談」といった課題は、大学改革が進む中で改めて重要なテーマになっている。このような状況の中では、「学生生活サイクル」に沿って、学年ごとに、あるいは学期やカリキュラムに沿って、どのような学生相談的な機能や働きかけを用意すれば良いのかについて、つねに「教職員」と連携・協働していく構えが必要であるし、また「友人・学生」たちの声からヒントを見つけ、ともに語り、検証していくことが望ましい。その際に、学生相談における個別相談は、学生の適応上の課題と望まれる施策について最前線でキャッチできる貴重な窓口として位置づけられる。

v)「高等教育論、大学論との交流」から「連携・協働」へ

これまでに述べてきたことと密接に関連するが、「大学論」と「学生相談モデル」の交流から到達すべき目標は、大学に直接的に関わる者同士がどのような教育理念を共有できるか、この大学キャンパスをどのような場にしていきたいと願ってともに歩もうとするのかという、より上位の「モデル」を模索・確立していくということにある。iii）でも記したように、学生により良い教育と支援を提供できるような「教職員」として育ち合っていくことが重要であり、「学生相談モデル」を通じて援助を行なう「対象」であるとひとまず位置づけられた「親・家族」ならびに「友人・学生」もまた、望ましい大学像に向けて「連携・協働」を行ない、育ち合う重要な「関係者」でもあるのだと考えることが可能であろう。

例えば、1つの考え方として、**図2-1-5**の「学生相談モデル」概念図において、「心理臨床」の代わりに「学生（の主体的な活動）」を据えてみれば、学生もまた「大学教育（教員）」や「厚生補導（職員）」とともに新たな大学像を構築していく重要な構成員として位置づけられるモデルをイメージしやすくなるだろう。

なお、「学生相談」と「大学教育」の交流は学会レベルでも既に開始されているが（齋藤・金子, 2013）、より上位の「モデル」構築に加えて、様々な局面や実

際的な諸問題に即した検討も期待されよう。

6）「学生相談モデル」から考える「連働」

ここまでの作業で「学生相談モデル」と「連携・協働」の連関について整理できた。しかるに各論点を見ると、既に従来の「連携・協働」の枠組にははまりきれない事態を含み込んでいることが分かる。例えば、前項ii）にて記した“個別相談への導入やその後の展開のために、より積極的なアプローチを行なう”ことで、焦点化される学生を支えようとする動きは、周囲の多数の関係者を想定しており、クライエントに対する援助のために専門家同士の「連携・協働」を行なうという従来の概念を越えている。さらに、iii）における“学生の現状やニーズを勘案しつつ、諸企画や施策を「連携・協働」して企画・実施していく”ことが、やがて学生の適応状況に還元され、それが個別相談において確認されていくという観点も、個別相談から発した動きでありつつも、必ずしも特定の個別相談事例を想定してはいない。これは、iv）やv）においても同様である。

このように、将来の「連携・協働」を導く関わりが潜在的・顕在的に行なわれており、あるいは従来の「連携・協働」概念の周辺に位置づけられる相互作用も含めて、多種多様な事象が生じうるのが学生相談の舞台となる大学キャンパス（教育コミュニティ）であり、ここに「連働」という概念で総括して考察を進めていくことの意義があると考えられる。

さて、次の作業として、「連携・協働」を具現化し、「連働」を見渡していくための、カウンセラーの日々の「スタイル」の検討に移ることになる。本節（研究1）ではかなりマクロな視点からの考察になったが、次節（研究2）ではよりミクロな視点から「学生相談モデル」に基づく具体的な実践の詳細を検討していくことにしよう。

第２節（研究２）　連携・協働を促す学生相談スタイル

１．目的

学生援助のための枠づくりは、学生相談が学生のために何をしようとしていくのか、すなわち学生相談の理念とも密接に絡んでいると考えられる。それは個別的には、学生相談に関わる者がどのような指向性を持ち、またどのように個性と持ち味を発揮していくかにも懸かっている。第１章で概観したように、各大学においては、限られた人的資源やスタッフで種々の試みを行なってきた様子がうかがえ、特に近年では「構造」に注目して心理臨床家が心理療法を基礎においた援助を行ないやすいような工夫がなされてきた側面がある。しかし前節において「学生相談モデル」を定置したからには、その理念を体現しうる学生相談らしい「スタイル」を提示していく必要がある。そしてモデルから必然的に導きだされる「連携・協働」をいかに実践していくかを示していくことになる。

これまでの学生相談研究においては、心理臨床と同様の個別事例研究が多数を占め、近年になってようやく多数事例による研究、あるいは１年間の活動を総括して学生相談の特徴を論じる研究が行なわれるようになっている。しかし学生相談の本質を最も如実に示すものは、１日なり１週間の相談活動において実際にどのような対応とマネジメントを展開したかに表れると考えられるのだが、そのような視点から論じられることはほとんどなかったと言ってよい。

そこで本研究では、最も学生相談の諸側面を顕著に表わしていると思われる日々を１日単位で検討し、学生相談の“柔らかい構造”を意識し、活用して、「連携・協働」と「連働」に開かれたカウンセラーのスタイルについて考察することを目的とする。

２．方法

まず筆者が現任校に着任して数年たち、この大学における学生相談スタイルが確立されたと考えられる年度に焦点を当て、学生相談機関に勤務した日々を点検して、カウンセラー（以下Co）の対応とマネジメントを特徴的に表わしているある１日を選び出し、事例的に検討を行なう。次いで、さらに10年ほど相談活動を継続した後のある年度に焦点を当て、学生気質やキャンパス環境、あるいは学生相談をめぐる諸状況が変容する中で、Coの対応とマネジメントがどのように進化していくことになったかを点検し、特に連携・協働が明確に見てとれる1日を事例的に検討する。これらを総合して、連携・協働を促進するカウンセラーのスタイルを考察していくこととする。

3．事例A：着任後数年目における日々の活動

1）カウンセリングの構造

［学内状況］Coの所属する大学は、大学院重点化を志向する理工系大学であり、伝統ある都心型のキャンパスと大学院中心に新たに建設された大学院中心の郊外型キャンパスからなる。Coは保健管理センターの専任教員であり、都心型キャンパスを中心に活動し、週半日は郊外型キャンパスに赴き相談活動に従事する。近年カウンセリング件数の増加に伴い、非常勤Coが配置・増員され、郊外型に週5回、都心型に週1回（計6回のうち4回は同一の女性Coが従事）となっている。また別個に学生相談室が組織され、各学部・研究科から選出された教員が委員（相談員）として主に進路修学に関する相談にあたっており、Coも委員の一員として密接に連絡しつつ活動している。

［面接構造］保健管理センターは独立建造物で、2階にある教員研究室（Co室）がそのまま面接室を兼ねており、学生は来談に際しては直接Coに連絡してくる場合もあれば、1階の保健看護（または事務）スタッフに申し出る場合もある。Co室の電話は不在時を除いて常にCoが直接対応している。通常午前10時から午後5時までが学生対応の時間として位置づけられている。おおよそCoは1時間単位で動いており、50分の面接と10分のブレイク（記録・事務連絡等）、または30分の面接を2回であり、センターのスタッフや連携することの多い学生相談室および厚生課の事務職員の方々はこの状況を理解して、10分のブレイクに連絡を入れてこられることが多い。

2）1日の性質の分類と実際

1年間の活動の日々を振り返ると、カウンセラーの果たしている機能や存在様式からおおよそ5種に分類できた。その性質と日数は以下の通りである。

ｉ）カウンセリング・モード（143日）

ほぼ1日中、Coが面接室において学生への相談活動に従事していた日である。事例性を重んじて面接ごとに新たな気持ちで臨む、すなわち会う学生（または家族・教職員）ごとにある程度の構えの変化は当然生じるが、基本的なモードは学生ひとりひとりの個別性を最大限尊重しながらの関わりを志向することと言ってよい。

ⅱ）危機介入モード（３日）

当初は面接中心の予定であったが、学生をめぐる緊急事態が発生し、事態を落ち着かせるために本人および関係者に危機介入的な対応を施すことが中心となった日。学生の自殺念慮・企図に関わる本人もしくは周囲の混乱や、事件・事故につながりかねない急性の混乱状態のために、他の面接予定を変更してでも事態の収拾を最優先する構えを持ちつつ１日を過ごした場合である。

ⅲ）教育・コミュニティ・モード（36日）

相談活動のみならず、正規の講義や教職員との学内会議が組み込まれている日。その際のCoの姿勢は、前もっての準備を必要とするうえに“学生・教職員へまず積極的に働きかける”という、日常の相談活動とは異質のものとなる。そのため前後に面接が組まれている場合、切り替えに苦労することがある。また講義・会議後に学生・教職員から相談を持ち掛けられることがしばしば生じるため、限られた時間と公衆の面前という条件下での対応はまさに構造の曖昧さに配慮したものになる。

ⅳ）グループ活動モード（３日）

本学では２泊３日の合宿形式のグループ合宿を厚生補導特別企画として保健管理センター主催で行なっている。来談学生、講義の流れで参加する学生、掲示・パンフレットを見て希望した学生等、様々であるが、Coが生活の諸側面を示しつつ１日を共にするという構造は、日常の面接中心の日々とは大きく異なるものであり、自由な心持ちを保持しつつも細心の注意が必要な時でもある。また年によっては大学合同のエンカウンター・グループに本学の学生とともに３～４日参加することもあった（大学合同グループスタッフグループ，1996）。

v）研究・出張モード（53日）

主に学生相談関連の学会や研修会等への参加のため、あるいは研究活動のため、1日を通して相談活動に直接的には関与しない日。関連スタッフに予定を伝えて来談学生に応対してもらうとともに、留守番電話も設定するが、余程のことがない限り学生と直接連絡を取り合うことは行なわない（なお、全国学生相談研修会はじめ勤務日に講師を務めたものは「休暇届」を提出した場合であっても、Coとしての本務と位置づけられると考え、ここでは勤務日数に含めている。一方、祝休日に開催される学会等での研究活動は含めていない）。

3） 1日事例（A）：ある日の学生対応とマネジメント

前節で示されたように「カウンセリング・モード」の日々が約6割を占め、さらに「危機介入モード」および「教育・コミュニティ・モード」の場合も基盤にカウンセリング・モードがあったうえでモードの切り替えが求められている場合と言って良い。そこで最もCoのスタイルを反映していると考えられるカウンセリング・モードで過ごした1日を時系列的に記述してみよう（図2-2-1参照）。

＊10時の時間枠は毎週この時間に予定されている学生の来談がないことが先週末の時点で予め分かっていたので、学内外との連絡事項や事務処理に時間を割くことができた。

＊11時からは不登校学生A君との10数回目の面談であり、大学復帰に向けての思いが少しずつ語られていた。面談半ばに外線電話が入り、A君にことわったうえで受話器を取ると、やはり継続面接をしている学生B君が「今日の午後何とか時間を取ってもらえないか」とのこと、これまで定期的な面接を崩したことのない学生なので申し出に応えた方がベターであろうと判断し、午後は面接予定が既に詰まっていたが、融通の利きそうな学生の面接時間を短くしてもらい20分の時間を確保することにして即座にその旨電話で伝えた。再び面談に意識を戻したところ、ほどなく内線電話が入ったので応対すると1階の保健看護スタッフからで「今C君が来ていて、時間を取ってほしいと言うのですが……」とのこと。A君に再度了解を求めた上で、別室にC君を通してもらい、Coも別室へ移動して「今面談中なのでごく短い時間しか……改めて面接時間を約束しておこう」と必ずしも定期的な面接になっている訳ではないC君に話しかける。C君

によれば「学外の医療機関でもらっている薬を減らして大学へ来てみたが大丈夫そう」ということと「この間にいろいろあったことを話したくて……でも今日でなくとも大丈夫です」と語る。そこで翌日の空き時間に約束をし、数分で切り上げて面談に復帰する。A君には「週明けでそれぞれの人に色々とあったみたいで」といったことを伝えると「そうでしょうね」とそのことにはさほど拘わらずに自分から話の続きに戻していく。
＊12時からはセンター内のミーティングを別室で昼食会として行ない、主に運営に関する事項を協議する。この間に留守番電話に16時からの約束の学生からキャンセルの連絡が入っていた。
＊13時からは入学以来何年も面接している学生への療学援助的な面談であり、進級を控えての留意事項について、事務手続きや教職員への報告のしかた等の現実的な判断も加味しつつ、丁寧に検討していく。
＊14時からの学生は学習困難から生じる進路未定を案じる長期面接の学生であったが、通常よりも10分時間を短くすることを快諾してくれた。
＊午前中に電話してきたB君が約束の14時40分より早めに来談し、隣室にて待機している。Co室に移動してもらい面談。「これから卒論発表会があるのだが、準備がうまくいかなくて……このまま、また大学に来られなくなるような気がして……」とのこと。そのためらいや動き難さを共有していくうちに、わずか20分の面談ではあったがうまく気持ちを切り替えるきっかけにしてもらえたように感じられた。途中、面接の合間の10分ブレイクと勘違いした保健看護スタッフが部屋をノックしたので簡単に対応しているが、B君はむしろ自然なことと受け止めていた。(B君はその後発表会場に駆けつけ、無事に発表を終えて卒業に至ることが出来た)。
＊15時からは、まだ3回目の面接で"感情に波がある"ことを主訴に来談し、徐々に進路や対人関係に話が広がりつつある学生との面談で、ある程度回数を重ねているこの日の他の学生の面談とは異なるややアセスメントがらみの姿勢で対応している。
＊16時からは当日キャンセルのため時間が空いたので、この日の面談の記録をまとめるとともに、学生相談室との連絡協議、他大学のCoとの連絡、そしてこの時間に予定されていた学生に「電話ではうまくコミュニケーションが取れない」と言う本人の希望に応える形でFAX連絡を行なった。

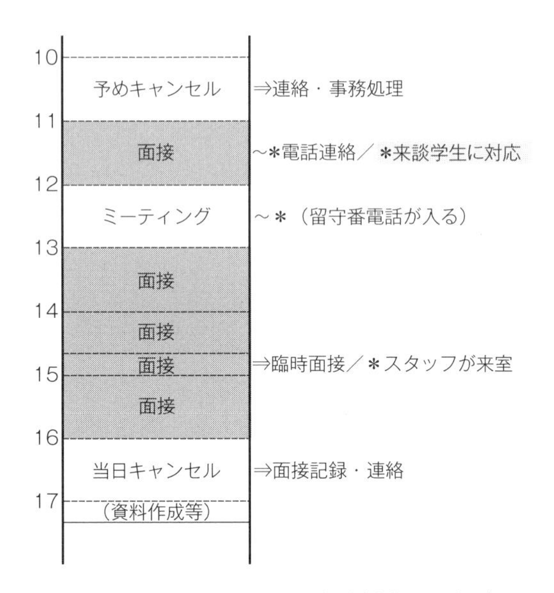

図２-２-１　事例Ａ：ある日の学生対応とマネジメント

＊なお17時以降は学内外の会議のための資料製作に意識を切り替えている。

４）考察

ｉ）面接時のシステムとスタイル

１日事例（A）でも見たように、Co の基本姿勢は「約束したこの時間は何よりも君との話し合いに集中したい」というものであるが、一方で面談中でも他の学生・教職員の来談・電話に対応している。これは所与の条件ゆえやむなく生じていることではあるが、そのうえで、

a）学生・教職員が連絡を入れてきたまさにその時は、彼らが抱える問題のその後の展開にとっての転換点であることが多く、即応することが重要である場合が多い、ということがあり、

b）同時にその即応する姿勢と対応は、Co が大学コミュニティに対して常に開かれていることを示すことでもある。

c）一方、面談中の学生に対しては、単に話が中断するということのみならず、外部から大学の現実を感じさせられるものともなり、カウンセリング関係およびそこで扱われるテーマに深く入り込みすぎないという状況をもたらす。心理臨床

においてはマイナスと考えられがちなことだが、学生がどこかで大学という場とそこでの時間の流れを見失わないということは、むしろ学生相談にとっては活用すべき利点となることも多い。
d）ただし、このような緩やかな構造ゆえに、他の学生・教職員の訪問や電話が“侵入”と感じられ、過敏に反応する学生がどうしてもいることには留意する必要がある。その場合には一時的に面接構造を一端強固にする工夫（連絡の少ない日時の選択、電話応答を避ける等）が求められる場合もある。

ii）カウンセラー室滞在時のシステムとスタイル

構造的にCoの居場所が1ヶ所に固定されており、専属で受付業務に当たる職員がおらず学生・教職員と直接コンタクトがなされるシステムであり、Coのスタイルとも相俟って“面接中であろうとなかろうと、在室している間は、相談に即応すべくいつでも開かれている”という基本姿勢が出来上がっている。ただその時々の状況で対応できる時間と内容が限定されてくることは言うまでもない。ひとつひとつの面接における構造と同様かあるいはそれ以上に“Coが滞在している場と時間と姿勢”という上位構造の方がより明確に形づくられていると言っても良い。これは、キャンパスというコミュニティに内在する形で活動する学生相談の特質とも結び付く側面があり、有効に機能していると考えられる。

iii）各種メディアの位置づけ

相談活動は学生と直接対面しての人間的接触を通して展開していくことが基本であるが、加えて交流の媒介として各種メディアをいかに取り入れるかが重要になってくる。

本事例では電話が面接構造に穴を開けるかのごとく入り込んできているが、本人の感情を含み込んだ声や息づかいを通して即時に応答し合えるものであるゆえ、滞在時においては面接中ではあっても十分に対応可能である。面接中は留守番電話を設定して、学生・教職員からのメッセージを録音し、空き時間にCoから返答の電話をかける方法もありうるが、即応する場合に比較して面接構造をより固いものとして保持することになり、i）のa）～c）に示した利点を活かせないことになる。また改めての返答電話は学生・Co双方にとって心理的・時間的負担を強いられると感じられる場合がある。

一方、対応に幾分の遅延が生じる手紙・葉書やFAXについては、Coとしてはかなり労力を求められるものであるが、学生の状態像によっては極めて有効であり、かつ手書きでの交流であれば、お互いの人となりと現在の様子を伺わせやすいものとなる。

これに対し、電子メールはそれぞれの時間を浸食しないという利点を有するが、
a）敷居があまりに低いままに学生・教職員とのやりとりが行なわれ、容易にCoのキャパシティを超えてしまうこと、
b）同様にクライエント学生にとっても、感情の赴くままに送信を繰り返してしまい、Coに対して必要以上に依存を深めかねず、面接の進展を阻む可能性があること、
c）また内容的にも、感情や思考が個人内で増幅されすぎてしまうことがあり、学生個人の内的な状況をしっくりと納めて理解すること（特に危機的な状況の深刻さを査定すること）が困難な場合があること、

といった理由から、この時点ではCoは相談活動には一切用いていない。電子メールが学生のコミュニケーション様態にどのような変容をもたらすのか、そして援助的な関わりにおいて用いる場合にその利便性や可能性と同時に、生じうる功罪を慎重に見定めていく必要があろう（斎藤, 2001b）。メディアの用い方は、学生相談の構造とスタイルに密接に関連する重要な問題である。

4．事例B：着任後10数年目における日々の活動

1）カウンセリングの構造

［学内状況］大学の状況は基本的には事例Aに記したところから大きな変化はないが、相談件数の増加に伴い、郊外型キャンパスにおいて長年貢献してきた非常勤カウンセラーが特任教授に任じられるとともに、都会型キャンパスにも新たにフルタイムの講師が着任している。さらに、非常勤Coは都心型に週4回（うち2回は同一の女性Coが従事して附属校のスクールカウンセラーも兼ねる）、郊外型に週2回となっている。また、電話相談デスクをはじめ種々の相談窓口が新たに設置されており、Coはその統括的な業務も兼ねるようになっている。

［面接構造］通常午前10時から午後5時までが学生対応の時間として位置づけられているのは不変であるが、学生および教職員の多彩なニーズに応えるために、Coは30分単位で動く状況となっており、定期的なブレイクはほとんどなくなっ

ている。一方で、電子メールの急速な普及もあり、連携することの多い教職員は主としてメールで、そして急を要する時のみ電話をかけてくるという状況になっている。なお、他のCoにはじっくりと個別相談に取り組んでもらうために、可能なかぎり1時間単位で動くよう要請している。

2）1日の性質の分類と実際

事例Aと同様に、1年間を見渡して学生相談カウンセラーの活動の日々を振り返ると5種に分類できるが、事例Aとの相違に留意しつつその特徴を記述してみよう。((　) 内は当該年度における日数を示す。)

i）カウンセリング・モード（132日）

基本的にほぼ1日中、Coが面接室において学生への相談活動に従事していた日であり、学生ひとりひとりの個別性を最大限尊重しながらの関わりを志向する姿勢は変わらない。しかしながら30分面接が基調となっており、毎回ごとに扱える心理的な課題は限定されるため、修学上あるいは学生生活上の実際の（現実的な）状況を確認して、キャンパス内外のネットワークの中でいかに適応的に過ごせているかを考慮していくことになる。

ii）危機介入モード（9日）

当初は面接中心の予定であったが、学生をめぐる緊急事態が発生し、事態を落ち着かせるために本人および関係者に危機介入的な対応を施すことが中心となった日である。日数の増加は「いのちに関わる諸問題」に加えて「事件性のある諸問題」についても、学生あるいは教職員から持ち込まれる機会が増えたことによる。それだけ“なにか事が起きたらカウンセリングへ”“方針の検討と関係者の心理的ケアをCoと協議したい”という共通理解がキャンパスの各層に広まっていることが大きい。

iii）教育・コミュニティ・モード（61日）

相談活動のみならず、正規の講義や教職員との学内会議等が組み込まれている日だが、その日数は飛躍的に増加している。授業の日数は微増であり、多くは各種委員会および教職員研修が組み込まれている場合である。委員会活動では、学生相談や学生支援に係る各種の委員会で中心的な位置づけを占めるとともに、教育・研究に関する委員会でもカウンセラーの立場からの意見を求められることは多い。また、研修では、教員対象の全学FDまたは部局ごとのFD、事務職員対象では新任・中堅等のキャリア別や緊急時対応等の特定テーマ等々、多様な形態のものに講師として参加し、模擬事例やグループワークを組み込んだプログラムを担っている。その準備もあって、委員会や研修の前後には思い切ったモードの切り換えが求められる。

iv）グループ活動モード（10日）

合宿形式のグループは中止となり、大学合同のエンカウンター・グループも休止状態にあるため（早川・齋藤他, 2005）、事例Aで記した内容と同様の意味でのグループ活動モードはなくなったと言うべきであるが、一方で文部科学省「新たな社会的ニーズに対応した学生支援プログラム（学生支援GP）」に採択されて以降、チーフとして関与してきたことから、その流れを汲むボランティアグループ（震災復興や地域貢献）、学勢調査（Web上で意見収集して学生から大学へ提言）、ピア・サポート（先輩学生による新入生等への援助）等の諸活動に、学生たちとともに取り組んでいる。これらの活動に参画する際には、カウンセリングモードからの切り換えにグループ活動の際と同様の配慮が必要になることから、ここに位置づけることとした。

v）研究・出張モード（19日）

学会や研修会、他大学での講演、研究活動のため、相談活動には直接的には関与しない日であるが、ここは大きく減少している。それだけ教育コミュニティとの関わりが強まり、さまざまなルートで相談事例に関与することが多くなっていると言って良いが、学術的に学生相談活動の経験から得た知見をまとめていく時間と気持ちの余裕がなくなっていることは否めない。

全体としては事例Bにおいても「カウンセリング・モード」の日々が約6割を占めているが、そのうえで「危機介入モード」「教育・コミュニティ・モード」「グループ活動モード」の増加は、Coが深く大学コミュニティに根付いているからこそ考えられる。特に「教育・コミュニティ・モード」において、各種委員会や研修を通じて教職員との結びつきが日々強まっていることが「連携・協働」の大きな動因になっていると言って良いだろう。

3）１日事例（B）：ある日の学生対応とマネジメント

全体としては、さまざまなモードが混在する方向にある昨今の状況であるが、ここでは「カウンセリング・モード」と位置づけられ、かつ若干の「危機介入モード」的なニュアンスも含まれるため臨機応変に連携・協働を展開したある１日を事例的に記述してみよう（図２-２-２参照）。

＊10時～10時30分は、予定されている学生の来談がなかったため、可能な範囲で電子メールに集中的に対応していた。

＊10時30分～11時：「ひきこもり系の諸問題」に該当する本人ならびに父親との合同面接で、本人の意向と社会復帰のプロセスを共有しようとしたセッションであった。

＊11時～11時30分：やはり「ひきこもり系の諸問題」の本人および母親との合同面接で、復学に向けての準備を確認し合いつつ、本人の不安を和らげていく。

＊11時30分～12時：教職員の本人面接で、職場の状況に応じた過ごし方を検討している。

＊12時～12時30分：長期にわたる「ひきこもり系の諸問題」の本人面接で、いまの領域とは異なる専門分野への進路を検討する。この面談中に「いのちに関わる諸問題」に係る不安を有している継続面接学生Ｄ君から電話が入り、午後の空き時間（14時30分）に来談するように促している。

＊12時30分～13時：「ひきこもり系の諸問題」の学生が復帰して順調に学業をこなしている状況を確認し合う。

＊13時～13時30分：予定された学生との面接がキャンセルに。この時間帯にメールを確認したところ、先ほどのＤ君をめぐる連絡の行き違いで、所属学科の教員が混乱して対応方法を求めてきていた。直接の対話はＤ君本人の話を聴いて状況を整理してからの方が良いと判断して「こちらで面接の約束も入れましたので夕方までお待ちください」と返信する。（軽く昼食）

＊13時30分～14時：ここ数週間「ひきこもり系の諸問題」の状態にある学生とのアセスメントを意識した面接。

＊14時～14時30分：就職活動に苦労があり、将来に希望を見出しにくい「いの

ちに関わる諸問題」にも関連した課題を有する学生が現状を受け入れていくための面談。

＊14時30分〜15時：お昼に電話してきたD君との臨時面接。「自分の親と学科の先生のやりとりが混線して、施設に送られそうになって困っています」とのこと。親・家族側の説明に学科の教員が不安を募らせた様子が浮かび上がってきた。その背景には、別の「いのちに関わる諸問題」に関連した学生対応で当該学科の関

図２－２－２　事例Ｂ：ある日の学生対応とマネジメント

係者が落ち着かない状況にあったことが影響していると推測された。
＊15時～15時30分：「事件性のある諸問題」のトラブルから回復して、将来に希望を持ちつつある学生とのしっとりとした面接。
＊15時30分～16時：やや「ひきこもり系の諸問題」的であるが、自分の存在を否定したくなる「いのちに関わる諸問題」に分類される課題を抱えた学生との２回目の面接で、やはりアセスメントが重要であった。
＊16時～17時：幸い空き時間であったので、D君をめぐる混乱を収めるために、学科の教職員と電話面接を行ない、把握した全体状況をもとに「カウンセリングで心理的な支援を継続しており、急を要する事態を脱しています。授業や学生生活の支援をお願い致します」と連携・協働を依頼した。大いに落ち着かれ、支援を快諾してくださった。
＊17時～17時30分：予定した面接がキャンセルに。発達的な課題を抱える学生の修学支援のために、所属学科で講義を担当する10数名の教員に呼びかけての学習・情報共有会を開催すべく、代表教員とメールで詳細を確認し合う。
＊なお、17時30分以降は、19時から予定されている会議（全国学生相談研修会準備委員会）の設営や準備に意識を切り替えている。

4）考察

i）面接時のシステムとスタイル

「約束したこの時間はなによりも大切なひととき」という基本姿勢はなんら変わっていないが、面接が30分単位で組まれるため、短時間でできる作業を精選していく必要がある。
a)「ひきこもり系の諸問題」では、いまだ動き出せない学生の場合には、１週間の生活の１つの拠点としてここから生活を構築していくことを志向し、徐々に復帰・復学しつつある学生では、日々の生活を点検しつつ、経験の意味を味わい、次の１週間への不安を軽減していくことを目指す。また、長時間の対話が苦手な学生も少なくないため、内面的な話題に深め過ぎない姿勢で臨むことがむしろ状態像にフィットすることになる（齋藤, 2000）。
b)「いのちに関わる諸問題」や「事件性のある諸問題」では、特にインテーク段階では状況の把握や学生・関係者の心理的動揺を納めていく必要があるため１時間面接を確保できるように調整することもあるが、ひとまずの小康状態を得た後はじっくりと問題を捉え直し、学生生活を再度軌道に乗せていくことを目指して、30分みっちりと密度の濃い面接を定期的に展開していくことになる。ほとんどの場合、来談学生は集中的に自らの課題に取り組みながらも、内面の世界に浸り過ぎずに現実に向かい合うような展開を示していく。

いずれの場合も、他の学生・教職員の来談や電話等がキャンパスという場と時間の流れ方を見失わないという作用をもたらせていると言って良い。

ii）連携・協働に際してのシステムとスタイル

また、1日事例の中でも親・家族との同席面接が行なわれ、また、教職員とのメールや電話等、種々のコンサルテーションを行なっている。当然ながら、これらがプラスに働くようにCoは務めていくことになる。

a）同席面接の場合には、継続事例の場合には事前に学生本人とその趣旨やお互いの振る舞い方について協議しておくようにするが、初回で親・家族または教職員に引っ張ってこられるかたちでの同席面接の場合には双方に同等の肩入れ（中釜, 2008）を行ないつつ、同席のままの方が落ち着いていられるか／ひとまず関係者に席をはずしてもらった方が良いかを判断することになる。

b）学生本人への面談中に、明らかに（他の学生の）親・家族、あるいは教職員からの電話や来談であると来談学生が感じ取っている場合には、「君の了解なくして連絡をとることはないからね」と守秘の原則を伝えることもあるが、多くの場合、学生たちは親・家族あるいは教職員の関与もありえることをほのかに感じつつ、気に留め過ぎない状態で自分の話に戻していく。

c）逆に親・家族あるいは教職員とのコンサルテーション面接において、ある学生からの電話や来談が入り込んできた場合には「こんなふうにうちの子も自分から連絡できたら……」等の感想を抱きつつ、カウンセリングに来談するということのイメージを定着させていくことになる。

iii）コミュニティ滞在時のシステムとスタイル

さて、事例BにおいてCoのモード別に1日の分類を行なう作業で特徴的に現われてきたことは、キャンパスに開かれた姿勢を示し、学生に対しても教職員に対しても積極的に働きかけていく事態の大幅な増加である。事例Aの考察において“Coが滞在している場と時間と姿勢”がひとつひとつの面接を包む上位構造となっていることを示した。それが事例Aでは「カウンセラー室という場での時間と姿勢」であった訳だが、事例Bにおいては「キャンパスという場／滞在している時間／その際の姿勢」がさらなる上位構造として意識されている。授業やグループ的な活動を通じての学生たちとの交流、委員会や研修を通じての教職員との意見交換、そこでCoが打ち出す言葉や主張、あるいは雰囲気から伝播していくものに常に留意しておく必要がある。

a）これらの活動に来談学生や関係者が含まれている場合、Coの面接室内とは異なる言動を見聞きすることで一時的に動揺を与え、その後の面接展開に影響することがありうるため、conjoint または combined therapy 的な理解と姿勢は変わらず重要であるが、それでいて集団構成員に対しては自然で公平な態度で臨んでいるように感じられる言動が求められる。

b）教職員からの相談が会議や研修の前後に持ち込まれることは半ば必然的に増加するため、ほんのひと言の確認でひとまず納めておくか、ある程度まとまった交流を行なうか、あるいは改めての本格的な来談を促すか、後ほどの電話やメールでのやりとりとするか等、速やかな判断が重要になる。

c）諸活動に中心的な立場で活動する学生にはリーダーシップ研修のような助言を、どうしても馴染めなかったり戸惑いを感じる学生には個別ケアを行なうことがあり、さらにこれらの参加学生が「友だちのことが心配で」と相談に来てくれたり、来談に導いてくれたりという貴重な流れも生じている。

これらの動きがキャンパス内で生じうることを理解しつつ、すなわち大学コミュニティを大規模なグループと位置づけて、あるいは種々のグループワークが同時並行的に展開している場であるのだということを意識しつつ、各所での対人関係のダイナミクスをイメージしておくことが重要になる。

5）各種メディアの位置づけ

さて、1日事例（B）の検討でも見てきたように、最近の相談活動では電話のみならず、電子メールが入り込んで臨機に対応せざるをえない状況が生じている。その取り扱いについては、事例Aの考察iii）においてa）～c）にまとめた通りであるが、教職員については相互にアドレスが周知されているため、Co側の構えとは関係なく送信されてくることになっていた。それゆえ、以下のような姿勢で臨んでいる。

a）大学キャンパスの情報伝達があわただしくなっていることも影響しているが、Coもなるべくこまめに目を通さないと、学生相談・支援に係る事項がCoの関与しないうちに決定もしくは流れができあがってしまうことがある。また、応答することで学生相談のプレゼンスを示していく必要もあるため、可能なかぎり面接の合間にメールチェックを行なうことになる。
b）ただし、メール対応はあくまでCo室滞在時のみとして「Coが滞在している場と時間と姿勢」という構造を保持しておくように留意し、できるだけ夜分の送信は避けるとともに、他の場所からの応答にならないように留意する。
c）相談事例に関する内容が送られてくる場合には、急を要しない場合には応答は夕方以降にまとめて返信しつつ、直接の面接もしくは電話による交流に移行させることを考慮するが、1日事例（B）で示したように、状況によっては可能な限り速やかにメール対応せざるをえない場合も生じる。

このような基本姿勢の中でも、とりわけ学生相談にとって喫緊の課題である「いのちに関わる諸問題」や「事件性のある諸問題」に関わる事項には常に開かれていて、学生への対応に反映させていく必要がある。それゆえ、カウンセリング・モードで過ごしていてもどこかで“いつでも危機介入モードに切り替えられるように”という構えで日々を過ごしており、“静かに出撃体勢を整えている”ような緊張感があると言って良いだろう。

5．総合的考察

1）学生相談の構造と求められるスタイル

ここまで見てきたように、Coの日々の活動の基本になっているものは「カウンセリング・モード」である。しかし、各種の講義や会議、コミュニティへの働きかけといった活動が必然的に要請され、またそのことが学生相談の広がりと奥行きをもたらすものになるよう工夫することが、教育機関の中にある相談機関として必須である。さらにコミュニティの中に組み込まれた相談機関として、1日事例（A）におけるB君への対応、そして1日事例（B）におけるD君への対応とコンサルテーションのように、何か不測の事態が生じた時にはすぐにモードを切り替えられることが求められている。その意味ではCoの姿勢は、学生相談における3つの機能、すなわち「クリニック機能」「教育機能」「コミュニティ機能」（斎藤, 1989）を有機的に統合しようとしてきた1つの表現型であるとも言える。またあえて付加するならば、キャンパス内で生じる種々の出来事と学生・教職員の状況に即応する姿勢は、「カウンセリング・モード」を基本としつつも、どこかで「危機介入モード」およびこれに準じる対応に常に開かれている構えと言うことも出来よう。そして「このキャンパスの一員である」という意識が、多様な活動を柔軟に織り込んでいく際の基盤となっている。相談活動に適した「構造」が最初から無条件に用意されていることはむしろありえないと言ってよいだろう。日々の活動のあり様から「構造」を知らしめていくことが求められるのである。言うまでもなくこういった学生相談のスタイルとシステムは、専任Coゆえに形成しやすい側面があり、非常勤Coや関連スタッフが働きやすいよう組織全体を視野に入れて言動を積み重ねていく責任を負っているとも言える。しかし加藤（2000）も指摘するように、このような多様な機能を保持しつつ適宜切り替えていく活動には少なからぬ困難と労力が伴うものであり、そのことへの理解と覚悟がCo自身に求められることはもちろんだが、大学コミュニティの関係教職員に対していかに適切な理解と支援を求めていけるかも肝要になってくる。

また来談学生の側から見れば、例えば「危機介入モード」に切り替えたCoに対して「もう自分は大丈夫ですから、是非優先してあげて下さい」と快く時間を譲れるかどうか、あるいは「教育・コミュニティ・モード」や「グループ活動モード」にCoがある場合、面接室内とは質的に異なる言動を行なっている姿を受け入れることが出来るかどうか、が問われることになる。学生が一時的な動揺を覚え、その後の面接の展開に影響する場合もありえるのだが、このような事態が生じた際のマイナス面を極力小さくするための配慮は当然Coの責務である。しかし同時に、学生はCoのモードの可変性を認識し了解していくことによって、ひとりの人間の多様性を受け入れ、また自分が大学コミュニティの一員であることを改めて意識していくことが可能となる。言うまでもないことだが、1つのシステムおよびスタイルの有効性は、学生相談を活用する学生たちがそれを心理的成長のきっかけにできるかどうかに掛かっていると言えよう。

2）学生相談のスタイルを変容させていく試み

ひとたびシステムとスタイルが確立されても、諸状況の変化に伴い、さらに柔軟に変容させていく必要が生じる。筆者にとっても以下のような課題が現出されている。

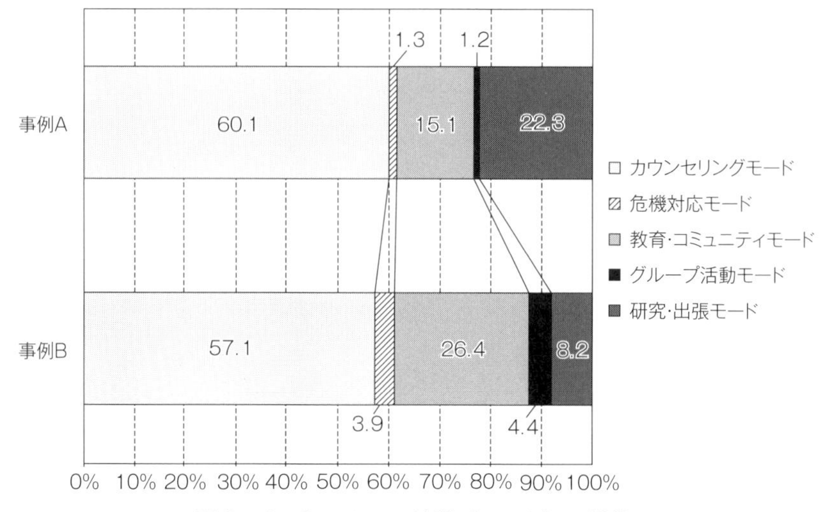

図２-２-３　１日の性質（モード）の推移

i）モード変容の必要性

このような学生相談活動を展開していくと、「カウンセリング・モード」を中心に据えつつも、本研究の事例Ａおよび事例Ｂで示したように、「教育・コミュニティ・モード」が飛躍的に増えてくることになる。「危機介入モード」の増加もおそらく不可避的であり、相談機関の意志と関係教職員の理解が得られれば（学生支援 GP の採択といったような機会があればいっそう）「グループ活動モード」も増えていくことになる（図２-２-３に事例Ａと事例Ｂそれぞれにおけるモードの割合を比較して提示しておく）。このように時代と状況の推移に伴い、自身の担う役割の変化を受け入れ、モードの切り換えに馴染んでいく必要があると言えよう。

ii）相談件数増加への対応

このように同じキャンパスの構成員であるという認識が学生・教職員に広がるとともに、当然ながら、相談件数の増加に結びついていくことになる。非常勤 Co の増員が計られてきたが、それでもニーズに応えきれない状況は続いている。心理療法的な面接を安定して提供できるよう、来談学生の数を絞り、新規学生は待機してもらうというシステムもありうるが、学生相談が教育機関の中で活動する以上は、上位概念は“教育の機会均等”であり、この折り合いをどう付けていくかが課題となっている。欧米の大学のように面接回数を8～12回に制限するシステムも考えられるが、これは学外に相談機関が十分にあってこそ可能なことであり、ケアの必要性が感じられる限り面接を続けてフォローしていくことが教職員や親・家族からも期待されている日本的な学生相談の展開の中では受け入れにくいように思われる。

iii）体制強化に伴うマネジメント

Coの増員がはかられることによって、学生相談機関のキャンパシティが増大するのみならず、学生にとっては担当Coの選択の幅（性別・年齢・個性等）が出来ることになる。複数のCoがいることのメリットは言うまでもなく大きいが、それだけに、担当事例の割り振りや困難事例の情報交換等をどのように行なっていくかがマネジメント上肝要になってくる。改めて、Co以外のスタッフに依頼して、インテーカーあるいは受付として、初期マネジメントを引き受けてもらうことになるが、その際には主任Coの方針が関係スタッフに理解・共有されていることが必要になる。

iv）建物構造と学生相談の柔構造

同様に、面接室と研究室（あるいはスタッフ室）が分離される場合には、全ての情報の収集と発信を1ヶ所で行なうことはかなり困難になる。今度は個人内システムを現実の建物構造に振り分けるという作業が求められることになるのである。本書における事例報告と考察は、研究室において面接を行なわざるをえないという所与の条件の中で行なってきた実践から得られたものであるが、このことは必ずしも面接室と研究室（スタッフ室）が一体化している方が望ましいということを意味しない。この構造上の特徴ゆえに浮かび上がってきた学生相談の特性と意味を指摘し、柔構造を活かすスタイルで臨むことの有効性を提起しているのだが、いかに学生相談機関全体として柔構造を保持しうるか、また各Coがどの程度個人内の柔構造を保とうとすることが望ましいのかは今後の実践の中で造り出していくべき課題となる。言うならば、Coは、その時々の状況に適したシステムとスタイルを常に追い求めていく姿勢が問われているのだと言っても良いだろう。

v）担当者のキャリアと学生との関係性

また、Coが年齢を重ねるとともに、当然青年・学生からの見え方やイメージが変わってくるし、同時にCoから青年・学生に向けるまなざしもある程度変容していくため、関係性に変化が生じてくる。“青年期心性”がボーダレス（延長あるいは希薄化）に向かい、モラトリアムという位置づけが薄まってアイデンティティ確立が困難になってきた時代状況の中で（斎藤，2000），どのような関わりが望ましいのかを、関わろうとする側は自身の年齢・キャリアやそれゆえのスタイルを加味して、存分かつ継続的に考えていく必要があるだろう。

3）「学生相談モデル」とスタイルの構築

第1節で定置した「学生相談モデル」に沿うかたちで、多様な主訴をきっかけに、学生ひとりひとりと深く関わり、理解しようと試みて、最も適切な援助を提供することがCoの役割であるが、その際に、学生と関わる方法論としての道筋が、クリニカルなアプローチであったり、教育的なそれであったり、コミュニティを視野に入れてのものだったりする。このような多彩な機能をひとりの学生相談担当者が個人内でどこまで行ない、システム・組織としてどこまで行なうかは、必ずしも一致点が見られていない。ただその時々に最も適切なアプローチを、それぞれの場で選択しようとしてきたとは言えるであろう。

例えば、小谷（1994）は、クリニックモデル機能の強化に対して十分な理解を得られなかったことに関連して、ガイダンス、心理療法、ケースワーク、精神科治療といった“各サブシステム機能の専門性が必要とされ、その専門性の確かさゆえに、結び目のシステムが互いにバウンダリーを浸食することなく、有機的創造的連携を実現できることになる”と述べている。これまでは“人員的状況から個人内システムアップの方向性を余儀なくされていた”のであり、この方向性は“個人の現実的能力として限界がある”と指摘するとともに“学生相談の専門性のアイデンティティを拡散していくことになるのではないかという危惧”をも表明している。

通常、個別相談は、面接室という「非日常性」の構造の中で、Coという限定された「閉鎖的な立場」でクライエントと会うことになる。カウンセリング・モードが中心となり、そこでクリニック機能を有する限りは「治療構造」を意識せざるをえないのである。それゆえ小谷の指摘は心理臨床家の立場からひとまず踏まえておくべきものであるが、しかし学生相談活動はここに留まらず、種々のモードに切り替えていくことが必然的に生じるし、またそのことを有効に活かすことが学生のために資することを本研究で見てきた。「グループ活動モード」ではより開かれた立場で、人柄と生活場面を学生に晒しながら関わり、また、「危機介入モード」では面接室という場を本拠にしつつもキャンパス内外で援助活動にあたり、「教育・コミュニティ・モード」では、日常場面で教職員の一員として学生や教職員の前に立つことになる。嘉部（1995）が“二者択一的にどの立場をとるといった方法で、学生相談の質を規定してしまうことは学生相談の本質を無視することになる”と指摘するように柔軟な役割提示と場の構成が求められることになるのである。

従来の学生相談に関するシステム論がCoを心理療法家として位置づけ、いかにそのあり方を守るかという側面から考えられがちであった状況を概念的に示す

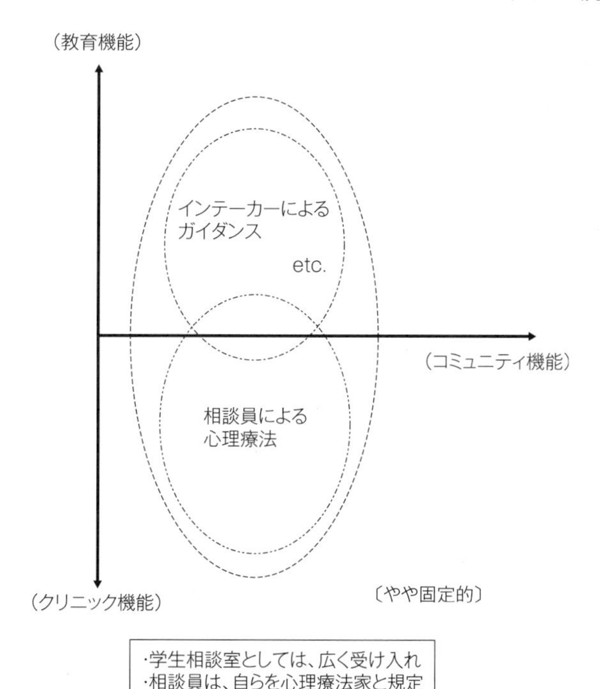

図2-2-4　システム論的アプローチ（スタッフの機能分化：概念図）

（斎藤，1989を微修正）

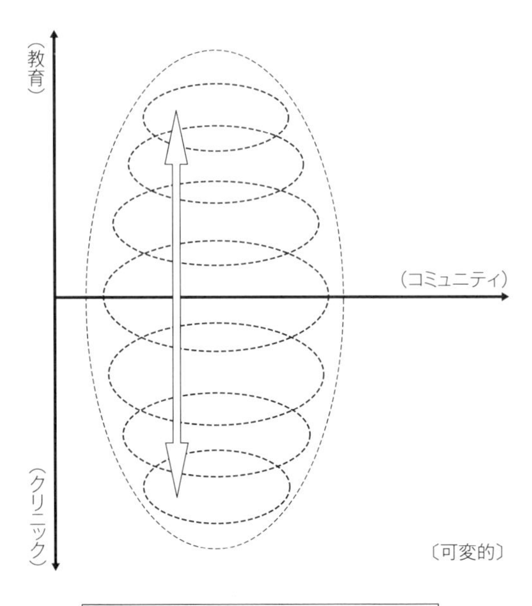

図２－２－５　個人内システム論的アプローチ（柔軟なスタイル：概念図）

（斎藤，1989を微修正）

と、**図２－２－４**のように表現できよう（斎藤，1989）。一方、既に佐治（1983）が“個人内システムを確立していく必要性”について指摘しており、さらに窪内（鶴田他，1999）も言うように“面接の構造はCo自身にある”という側面があり、これらの見解に同調しつつ、個人のスタイルとシステムを柔軟に変容させていこうとする本研究のあり様をやはり概念的に示すと、**図２－２－５**のようになるだろう。なお、繰り返し述べているように、必ずしも「教育機能」と「クリニック機能」は相反するものではないが、ここでは便宜的に逆ベクトルで表現している。そしてこの両機能に広がりを与えるものとして「コミュニティ機能」が横軸で示されている。そして、このような個人のスタイルをいかに機関のスタイルとシステムに反映させていくかが問われることになるのである。

4）学生相談スタイルと「連携・協働」

このようなスタイルで学生相談活動に臨むことが、そのまま連携・協働へと結びついていくことはもはや自明であり、またCo自身も連携・協働を行ないやすくなると言って良い。しかし、それでもひとたびCoによる心理臨床的な相談活動が展開されるときには、他領域の大学教職員にとってはほとんど異文化体験として捉えられるような特殊な性質を持っていることには留意しておく必要があるだろう（桜井, 2000）。それゆえ、改めて「待ち」のサポート（カウンセリング・モード）と「働きかけ」のサポート（教育・コミュニティ・モード等）のバランスに配慮しつつ、教育機関としての機能や発達支援、同じコミュニティに属する者どうしの相互作用といったことを視野に入れて、援助者（機関）と被援助者の“距離感”をどう計り、活動を吟味していくかを、常に念頭に置いておく必要がある。コミュニティ機能を重視しつつも、その際の動き方には慎重さと十分な吟味が求められるのである。このようなスタイルをさらに概念的に図示すると、図2-2-6のようになるだろう。

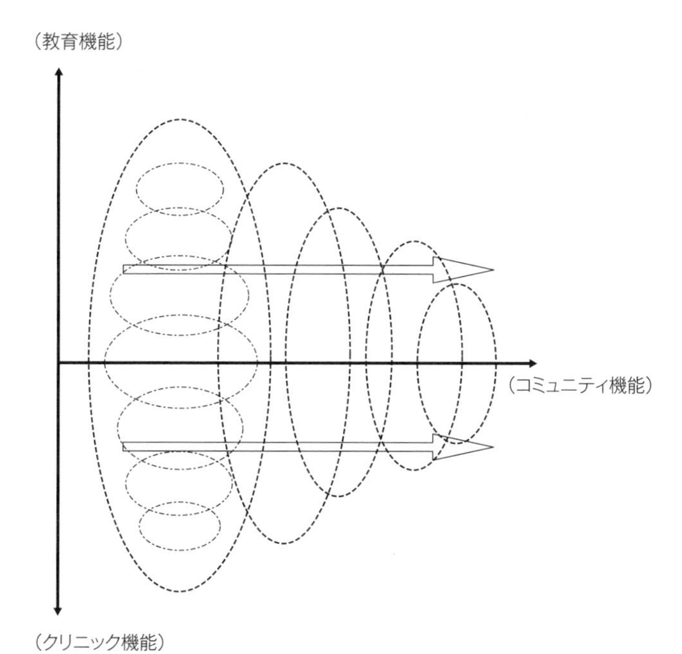

図2-2-6　個人内コミュニティアプローチ（概念図）

そもそも“治療的場としての大学”というタイトルの一連の考察（山口他、1993等）からも伺えるように大学コミュニティ自体が青年の自己確立のための積極的なモラトリアムを促す機能を有しているという側面を、学生相談では常に意識しておく必要がある。キャンパスという同じコミュニティに存在していること、そして青年の発達（自己治癒力）ゆえとも言えるが、学生相談の提供するカウンセリングのみならず、多様な関係者の多彩な関わりが学生の成長・回復に寄与することを肝に銘じておこう。

5）学生相談スタイルから考える「連働」

さて、図２-２-５において示した「個人内システム論的アプローチ」は、学生相談の柔構造を活かすべく概念化されたCoの基本的な「スタイル」となっているのだが、これはまさに来談学生との交流の中で刻々と展開・変容していくものであり、村瀬（2008a）の言う「原型的コラボレーション」とも符合していくものである。Coの臨床的な感覚としては“ともに「連働」しながら、「モード」を微調整しつつ、面接が進展している”と感じられる体験でもあると言って良い。

一方、図２-２-６に記した「個人内コミュニティアプローチ」は、個別相談の中でじっくりと来談学生と向き合いつつ、常に大学キャンパス（教育コミュニティ）へのまなざしを忘れない姿勢を示しており、実際にコミュニティにいる教職員や学生たちとの直接的なコンサルテーションに動く構えを保持しておくとともに、来談学生と彼・彼女を取り巻く周囲の関係者をイメージしながら相談プロセスを進めていく姿勢をも包含している。すなわち、従来の「連携・協働」の枠組には納まらないが、関係者と「連働」しながらの面接という意識をCoは抱き、さらに来談学生と各関係者との相互作用という意味でネットワーク内にて生じている「連働」の諸相をアセスメントしていくことになる。

このように考えていくと、「研究２」で提示されたCoの「スタイル」は、二者関係における最も原初的な「連働」から、教育コミュニティにおける来談学生のネットワークとの「連働」まで、幅広く感受しながら面接を展開していく姿勢と構えであると言って良いだろう。

第２章では、学生相談の「モデル」と「スタイル」を練り上げ、定着させていくことを目指してきたが、一方で、学内での学生相談をめぐる物理的・組織的・人的状況や、学生はじめ関係者の希望・相談へのイメージといったことを踏まえつつ、もう一方では、Co 自身が有する援助活動や教育活動の指針・持ち味といった側面とを融合しながら、個別相談と「連携・協働」の実践、そして「連働」に係る様々な事象を含んだ検討をじっくりと継続していくことが求められている。そこで、続く第３章では、「連携・協働」する関係者との具体的な相互作用について、「教職員」「親・家族」「友人・学生」の順に、個別相談の実際を素材として詳細に検討していくことにしよう。

第3章
学生を取り巻く人々が関与する相談事例への構えと対処

第１節（研究３）　教職員が関与する相談事例への構えと対処

１．目的

高等教育機関における学生相談活動の中核は、学生本人への個別相談を中心とした関わりによって学生たちの学びと生活を支援し、一層の適応を促すとともに、心理的な成長・回復を見守ることに置かれてきた。しかし、カウンセラーはただ単に学生と会っていれば良いという訳ではなく、大学コミュニティを共に構成する「教職員」との連携・協力・役割分担が不可欠である。学生たちは、多くの時間をキャンパス内で過ごし、教職員との様々な相互作用の中で、学生生活を作り上げていく。大学の設定するカリキュラムを十全にこなすためには、講義やゼミ、研究指導での配慮と工夫が不可欠なことは言うまでもなく、学生たちは教員の有する広い教養と深い専門性を、教員の発信する言葉と資料と人柄を通じて享受する。そして、大学への所属と学びを保証する種々の書類や手続きを取り仕切り、学生生活を彩る課外活動を支える事務職員との交流は、短い時間であっても日々の重要なアクセントとなる。そのような中で時に不適応の源泉が生じる場合もないとは言えないのだが、より多くの場合に学生たちは教職員からの有形無形の働きかけから回復・成長のよすがを得ているということを、個別相談の経験を通じて実感する機会は多い。

そこで、本研究では、日常の相談活動を見渡し、各事例の中に教職員の関わりがどのような形で見出されているかを概観し、分類・詳述することによって、全体的な枠組みの提示を行なうことを目指す。そのうえで、カウンセラーはどのような構えを持とうとし、かつ対処しようとしてきたのかを、教職員との「協働」という観点を組み入れつつ考察することを目的とする。すでに第２章第１節で考察したように、本研究で定置された「学生相談モデル」に基づけば、大学コミュニティにおける教員・事務職員・カウンセラーは、各大学における「教育目標」の実現に向けてお互いの専門性と持ち味を尊重し合いつつ発揮していく、すなわち「協働」する仲間であるのだと位置づけられるからである。そして、種々の学生相談的機能を十全に果たしていくために、学生を中心に教員・事務職員・カウンセラー間で相互により多彩な「連働」が生じている様相についても検討を進めていく。

2．方法

ある大学における2つのキャンパスでサポート体制の中心的役割を果たしているカウンセラー（都会型総合キャンパス－筆者／郊外型大学院中心キャンパス－共同研究者）が、ある1年間のうちに対応した全事例、計145事例を点検し、そこにどのような教職員の関わりが見られたか、その際のカウンセラー（以下Co）の構えと対処がどのようなものであったのかを分類し記述する。なお、継続事例の場合には、当該年度以前における教職員の関わりも考慮して分類、記述している。当該年度以前に既に教職員との関わりが得られている場合、その事実をもとにした取り組みや姿勢がCoの中に形成されていると考えられるからである。また、教職員と大学カウンセラーとの「協働」の代表的な事例を提示し、今後に向けての指針とする。

3．結果

1）教職員の関わりから分類した3カテゴリー

個別相談事例を教職員の関わりという観点から検討すると、大きく3つのカテゴリーを設定することが可能であると考えられた。

a）学生に焦点がある相談事例（学生本人による相談または学生に関する教職員の相談）か、教職員本人に関する相談事例（C）かで区分。

b）次いで前者において、学生に協力的・援助的に関わっている事例（A）か、教職員が学生に対立的に関わっている事例（B）かを分類。

c）ただし（B）において、別の教職員が学生に協力的・援助的に関わるべく、直接Coと連携を取っている場合、その機能は極めて重要であり、改めて（A）にもカウントする。

この手続きによって、本研究の対象となる事例は**表3－1－1**のように分類されることとなった。以下に、ここで設定した3つのカテゴリーの内容について詳述する。

表３－１－１　教職員が関与する相談事例のカテゴリー分類

	（註）
(A) 学生に協力的・援助的に（または中立的に）関わっている事例	129事例（12事例）
(B) 学生に対立的に関わっている事例	19事例（12事例）
(C) 教職員本人が自身のことで来談した事例	９事例

註）手続きｃ）によって（A）（B）双方に分類された事例数

ⅰ）[学生に協力的・援助的に（または中立的に）関わっている事例（A)]

学生の相談内容において教職員の関与が語られる際には、教育活動や個別の指導を通じて、基本的には学生を育て、支えようとする存在として登場する場合が大多数であった。さらに、実際に教職員とCoとの連携・協働が行なわれた場合には、当然、教職員は学生の状態を心配し、いかに自分の立場からサポートしうるかという模索の中で、Coとの関わりが生じている。

なお、必ずしも教職員の協力的・援助的な姿勢・関与が明確に語られていない事例においても、以下に述べる（B）に当てはまらない場合、教職員は学生に対して教育的な機能を果たしているはずであると考え、このカテゴリーに含めている。

ⅱ）[学生に対立的に関わっている事例（B)]

相談事例の中には、学生が教職員の言動や存在ゆえに不利益を受け、心理的にも傷つけられていると訴えてくる場合がある。セクシュアルなものを含め、いわゆるハラスメントがその代表的な例である。なお教職員の実際の関わり方や学生の被害感の持ち方等、その様相は多様であるので、ここでは学生が当初そのように訴えてきた場合を（B）に分類している。理工系大学の特徴として、研究室中心に密度の濃い教育・研究指導が行なわれるため、指導教員とのトラブルが発生しやすいという課題がある。とりわけ大学院中心の郊外型キャンパスにおいてより多く生じており、Coにとっては気の重い事態とならざるをえない。

ⅲ）[教職員本人が自身のことで来談した事例（C)]

学生相談活動においても、教職員が自分自身の課題を抱えて相談に訪れることがあり、時間の許す限り対応を行なっている。当然、第一義的には、教職員の心理的回復・成長を図るための面接となるが、Coにとっては、大学教職員のライフサイクル・行動様式・価値観、さらには大学コミュニティの様相の一端を知る貴重な機会となっている。すなわち、今後の協働に活かしていく貴重な材料が提示されていると言えよう。

以上の分類を行なったうえで（A）～（C）それぞれをさらにいくつかの下位カテゴリーに分類することとした。

2）カテゴリー（A）［学生に協力的に（または中立的に）関わっている事例］

ｉ）手続き

主として教職員の関与の程度から、以下の手続きにより５つの場合に分類することが出来た。

a）まず、教職員とCoとの連携が実際に行なわれているか否かを区分。

b）連携が行なわれていない場合、教職員の関与が語られているか（A１）否か（A０）で区分。

c）連携が行なわれている場合、直接的に連絡を取っているか否（A２）かで区分。

d）直接的に連絡を取っている場合、相互尊重に基づく継続的なものか（A４）否か（A３）を区分。

なお、分類に際しては、各事例のプロセスにおいて行なわれた最も深い関わりによってカウントされている。この手続きにより、〈A０〉から〈A４〉に向かっていくほど、教職員の事例への関わりが深くなっていく配置となる（**表３-１-２**）。以下に、各下位分類の内容について説明を加えておこう。

表３-１-２　［学生に協力的に（または中立的に）関わっている事例］の下位カテゴリー

区分	事例数
〈A０〉「教職員がほとんど関与しない場合」	21事例
a）「教職員の関与が不要」	（９）
b）「教職員の関与を視野に」	（12）
〈A１〉「教職員の存在が伺える場合」	37事例
〈A２〉「間接的コンサルテーション（紹介等）」	10事例
〈A３〉「直接的コンサルテーション」	55事例
a）「未来談学生についての教職員の相談」	（９）
b）「学生来談時の付き添い・連絡、継続面接学生の処遇・対応の相談」	（42）〈３〉
c）「Coの側から教職員のサポートを仰ぐ」	（４）〈４〉
〈A４〉「コラボレーション（協働）」	６事例〈５〉
計	129事例〈12〉

ii）「教職員がほとんど関与しない場合」〈A０〉

学生相談の中で教職員の存在・関与がほとんど伺えない事例はかなり限られており、関与を進める必要性の有無によって、さらに以下の２つに分けられる。

a)「教職員の関与が不要」

家族関係、異性関係等のコミュニティ外の対人関係が焦点になっている場合は、あえて教職員の関与を進めなくとも良い（もちろん活用することも有意義である）。

b)「教職員の関与を視野に」

不本意入学や学業等、進路修学に関する相談では、むしろ教職員が関わっていないこと、あるいは教職員に話を持ちかけられない学生のあり様に留意しつつ、徐々に貴重な資源としての教職員を視野に入れることを目指すことになる。

iii）「教職員の存在が伺える場合」〈A１〉

学生の語る相談内容の中に、大学の中の諸要素、すなわち講義やゼミ・研究室での教員の指導、クラブ・サークルでの関わり、事務窓口での職員の対応等が含まれることが学生相談としてはむしろ当然である。Co は、これらの教職員の関わりがどのような性質のものであり、学生本人がこれをどう受けとめているのかについてアセスメントしつつ、自らの援助のあり方を調整していくことになる。

様々な工夫や配慮、あるいは人柄からにじみ出る自然な関わりによって、学習・研究上の指導・支援のみならず、心理的にも成長・回復のための支援を行なっている様子は、大学の有する幅広い教育機能を検討するきっかけとなる。また、実際に顔を合わせる機会はごく限られているにも関わらず、その教育指導方針や人柄を複数の学生から聴くことによって、Co が親しみを覚え、ときには尊敬の念を抱く教職員も存在する。

iv）「間接的コンサルテーション（紹介等）」〈A２〉

直接的に連絡を取り合うことはないが、Co の存在を教職員が認知しており、学生の言動や状態を心配してカウンセリングを受けることを勧めたり、あるいは学生への指導を行なう際にカウンセリングとの絡みで調整・工夫を行なっている場合がある。Co も教職員の関わりを学生の話から推測しつつ、今後の展開を考慮していくことになる。

学生相談活動が学内で認知されるにつれ、このような形でカウンセリングを活用される教職員は増加していく傾向にあり、相談体制が着実に定着してきた郊外型キャンパスにおいてより多くなっている。

v）「直接的コンサルテーション」〈A３〉

教職員とCoが直接コンタクトを取る場合であり、事例数が最も多くなっている。ここではさらに３つの下位分類に分けられる。

a）「未来談学生についての教職員の相談」

学生本人は相談に訪れていないが、学生の不登校や無気力・うつ状態、行動上の諸問題等で、どのように対応すべきかを考えるために教職員が相談に訪れる（場合によっては電話等メディアを通じて）場合があり、教職員の立場と持ち味を活かした対応を協議していくことになる。そのうえで、可能であれば本人の来談を促すよう勧めることになる。

b）「学生来談時の付き添い・連絡、継続面接学生の処遇・対応の相談」

来談時に学生とともに付き添って来たり、来談前に予め概要を伝えてくる場合や、継続して面接している学生の処遇・対応のために面談を求めてくる場合がある。

Coの在職年数が長く、また学生相談室委員およびクラス・学科ごとに置かれた助言教員のネットワークがより明確に形成されている都会型総合キャンパスでは、ここに含まれるコンサルテーションがより多くなっている。

c）「Coの側から教職員のサポートを仰ぐ」

本人の状態像や在学年限等のために、Coの側で教職員（指導教員や事務窓口職員等）のサポートを仰ぐ必要性を強く感じて連絡をとる場合もある。ここでカウントされている４事例は、研究室中心の学生生活という特性が色濃くあるため、指導教員の理解・援助が不可欠（齋藤・道又, 2000）な、郊外型大学院キャンパスで生じたものである。

上記 a）〜c）においては、どちらかと言うと単発的で必要に応じての面談という形態を取り、Co という専門職の立場から教職員の相談にのり、助言・連携を行なうという色彩が前面に出ている。また時に教職員の期待を過剰に感じてしまい、成果を挙げなければと力みが入り、Co の動きが不自然なものになってしまうこともある。

vi）「コラボレーション（協働）」〈A 4〉

コンサルテーションからさらに一歩踏み出し、連続的に連絡を適宜取り合い、さらには双方の専門性を活かして、ともに学生への支援・教育的働きかけを工夫していくパートナーシップを形成していると感じられる関わりが生じる場合がある。片方に任せ切りにせず、互いに相手を尊重し合いながら、ある程度の時間をかけて新たな関わり方を紡ぎ出していくという人間関係の本来的なあり方を示唆するものである。模擬相談事例 3 - 1 - 1 にその典型例を示す。

また、6 事例のうち 5 事例においては、後述する［B. 学生に対立的に関わっている事例］にも該当し、学生へのフォローと問題の解決のために、別個の立場から働きかけることが可能な教職員との「協働」という形態をとっている。代表的な例を模擬相談事例 3 - 1 - 2 に提示する。

●模擬相談事例 3 - 1 - 1 ：それぞれの［専門性］を生かした協働

クリニックにも通院している心身症傾向の学生が「からだの具合が悪くて、いつも気になって勉学がはかどらない」と訴えてカウンセリングに来談。継続面接となるが、身体症状は一進一退で目だった改善は見られず、常にクリニックやカウンセリングに対する不満を口にしていた。

やがて、本人の申し出を受けて、保健体育の教員が、授業で実技の指導を行なうのみならず、個人的にも話を聴いたり、実技指導やリラクゼーションを担当することになる。

この教員と Co とは、本人の様子や援助のための留意点を適宜確認しあいながら、それぞれの立場からの関わりを続けていった。その結果、学生は徐々に症状が気にならなくなって、服薬も必要なくなり、勉学も順調に進むようになっていった。

●模擬相談事例３－１－２：それぞれの［立場］を生かした協働

指導教員の言動に傷つき、いつもびくびくしているため研究が全く進展しなくなってしまった大学院生が「研究室を変わりたい」と希望してカウンセリングに訪れた。在籍する研究科では所属変更が困難であることを確認したうえで、何とか教員と折り合いをつけていくことが出来ないか検討するが、いまにも退学しかねない様子であった。

間に入ってもらえそうな教員をリストアップしたところ、本人が自ら動いてそのうちの一人の教員Ａ先生に連絡をとり、継続的に相談に乗ってもらうこととなった。Coは心理的なサポートを中心に、Ａ先生には専門分野や学内状況に詳しい立場から、それぞれ学生に関わり続け、また両者は適宜連絡を取り合った。

そのうえで、指導教員との面談が設定され、Ａ先生とCoがそれぞれの立場から、その教員の想いや立場を尊重しつつ、今後の学生への対応について再考するよう依頼した。その結果、指導教員は、学生とある程度距離を取り、実質的な指導は他の教員に委ねつつ、お互いに刺激しあわない環境を作ることで合意し、以降、学生は次第に落ち着いて勉学に励めるようになった。その後もＡ先生・Co双方とも適宜フォローを行なっている（なお、本事例は、後述する＜Ｂ３＞直接的対峙にも分類されている）。

このように見渡していくと、（A）に含まれる129事例のうち、55％において（〈A２〉～〈A４〉にカウントされた事例の割合）、何らかの形で（直接あるいは間接に）教職員とCoとの関与が生じていると考えられ、学生相談モデルに基づく相談活動の特徴が現れていると考えられた。

３）カテゴリー（B）［学生に対立的に関わっている事例］

ｉ）手続き

実際に教職員の関わりが適切でないと判断されるか否か（B０）、適切でない場合には当該教職員とCoとの接触の程度（関わりなし／存在を感知／直接対話）によって、以下の４つに分類された（**表３－１－３**）。

表３－１－３　［学生に対立的に関わっている事例］の下位カテゴリー

〈Ｂ０〉「学生の被害感が優位な場合」	６事例〈３〉
〈Ｂ１〉「意識内対峙」	10事例〈６〉
〈Ｂ２〉「間接的対峙」	１事例〈１〉
〈Ｂ３〉「直接的対峙」	２事例〈２〉
計	19事例〈12事例〉

ⅱ）「学生の被害感が優位な場合」〈Ｂ０〉

学生の認知や感じ方ゆえに教職員への不満を訴えることがあり、Co からは教職員の関わりにはさほどの疑問を抱かず、むしろ学生本人の状態像の回復・変容に焦点を当てることが優先されると考えられる場合である。的確なアセスメントが求められるとともに、学生が性急な言動に走らないよう配慮していくことが求められる。

ⅲ）「意識内対峙」〈Ｂ１〉

学生の訴えから、教職員の学生への対応が適切でないことが明らかに感じられるため、Co は心理的に学生の側に理解を示し、教職員への対処方法をともに考えていく場合である。共感的に対応し、学生の側に非がある訳ではないことを明示しつつ、事態に立ち向かう勇気を喚起していくことになる。

ⅳ）「間接的対峙」〈Ｂ２〉

教職員と Co が直接会ったり連絡を取る訳ではないが、学生がカウンセリングに通っていることを当該教職員が知っている状況で、学生と Co が今後の対応を考えていく場合がある。双方とも連絡を取るべきかどうか、感情的な行き違いが増幅してしまうのではないかと動き方がぎごちなくなりがちである。

ⅴ）「直接的対峙」〈Ｂ３〉

決して多くはないが、学生との関係がこじれている教職員に Co が直接会う場合も生じる。学生側の主張を出発点としつつも、教職員側の主張をも丁寧に聴き、双方の折り合える一致点・妥協点を探っていくことになる。なお、Co にとっては教職員と対峙するということは（特に対象となっている教職員が役職者等である場合には）大学構成員としての立場が不安定になりかねない事態も想定され、身分的に決して安定しているとは言えない Co にとって極めて扱いにくい事例となる。

そもそも Co が調停役や審判役を果たすことはその機能から考えて本来困難であり、別の立場の教職員に間に入ってもらうことが望ましい場合も多い（その場合には、上述したように間に入る教職員と〈A３〉または〈A４〉の関係が生じることになる)。全学あるいは各部局において統括的な立場にある教職員、あるいは、学部・大学院から選出されて学生相談室委員を任じられている教職員にその役割を依頼することが徐々に多くなっている。実際、(B) に分類された計19事例のうち12事例において、別の教職員が学生に援助的に関わるとともに、Co と連携・協働を行なっており (〈A３〉または〈A４〉)、大学全体としての援助力を示しているものとして注目される。

４）カテゴリー（C）［教職員本人が自身のことで来談した事例］

ｉ）手続き

教職員の語る相談内容や面接で扱うテーマを、大学システムとの連関という観点（大学外／大学内外双方／大学内）から検討することで、以下の３つに分類することが出来た（表３-１-４）。

表３-１-４　［教職員本人が自身のことで来談した事例］の下位カテゴリー

下位カテゴリー	事例数
〈C１〉「大学システム外のテーマ」	１事例
〈C２〉「大学システム内外をまたぐテーマ」	６事例
〈C３〉「大学システム内のテーマ」	２事例
計	９事例

ⅱ）「大学システム外のテーマ」〈C１〉

家族関係、異性関係等、大学コミュニティには直接関わらない事柄を取り扱うために相談に来る場合。自発来談であり、問題に取り組む意欲も高いことが多い。

ⅲ）「大学システム内外をまたぐテーマ」〈C２〉

性格、生き方・進路（大学教職員として生きる意味)、メンタルヘルス上の諸問題（気分・思考・認知面での症状）等をテーマとする場合、自分の側の要因と職場である大学システムという要因の双方を振り返り、かつ両者の相互作用を考えていくことになる。

ⅳ）「大学システム内のテーマ」〈C３〉

同じ専攻・研究室・部局での教職員間の対人関係を主訴とする場合や、教育・

指導方針、組織の方向性等、大学システム内の諸問題を主テーマとして扱う場合である。

9事例のうち6事例が〈C2〉にカウントされており、教職員の不適応状態も(学生同様に)自身の要因と大学システムの要因が相互に作用することで生じることが伺える。

4．考察

1）教職員が関与する相談事例への留意点

本研究の結果からまず考慮すべきは、学生相談事例においては、教職員の関与はごく自然に生じるものであり、また直接的な関与が行なわれていなくとも、学生がどのように教職員との関係性を結び、それをいかに認知したうえで、これからの学生生活に活かそうとしているかを査定していくことである。そして、事例の展開に応じて常に連携・協働に動き出せるような構えを保持しておくことが望ましい。

一般にコンサルテーションの難しさとして、お互いに同じコミュニティに勤務する教職員の一員であるということから、情報共有の程度（守秘）の問題（宮崎・松原, 2000）や、双方の心理的な構え（競争意識や縄張り意識、負い目、親しさゆえのぎごちなさ等）等が考えられる。また学内の諸状況から、あるいは学生の不同意や対象となる教職員の要因を考慮すると、連携・協働に動けず「相談室で抱える」ことで切り抜けていくことが必要な場合も生じることがある（坂本, 2013)。また、教職員本人への相談の場合には、日常の同僚関係ゆえ、いっそう面接構造が複雑になるため、これらの点への慎重な配慮は当然必要である。「研究2」で示したCoのスタイルで言えば（図2-2-5および図2-2-6)、ひとまず「クリニック機能」に重点を置いた構えを維持して面接構造を守りつつ、徐々に「コミュニティ機能」の方向へベクトルを延伸させていく機会を伺うというイメージとなろう。なお、模擬相談事例3-1-1のように直接に学生の回復に寄与している場合には、連携・協働を行なった教員との関係性はCo-therapist的なものとすることも可能であるが、大学教職員は第一義的には「援助職」ではなく、異なる／独自の職務を持つ専門家であるため、Co-workerという立場での関わりと位置づける方がより適切であろう。

一方、学生が諸問題を抱えてサポートを必要としている時は、学生と接する教職員側にとっても（たとえ対立的な様相が伺えても）“自分のあり方”が問われる危機の時であると考えられ、教職員に対していかにサポートを果たせるかは、学生相談の重要な機能の1つとなる。教職員は単なるクライエントではなく（現在の／あるいは将来における）連携・協働のパートナーであり、その心理的成長・回復を願うことは当然として、その姿や佇まい・生き方から教職員としての有り様や考え方・価値観、行動様式等を学び、今後の連携・協働に活かしていく材料を提示してくれていると考えられる。それゆえ、まずは教職員が大切にしている学生指導のあり方およびそれが形成されてきた経緯を尊重していくことが望まれる。実際、連携・協働のプロセスの中で丁寧に対話を展開していくと、大学教職員としてのライフコースが浮かび上がり、Coがその道筋を受けとめていくことで、学生の状況により適合した対応方略に向かって、面接が進展していくことがある（齋藤, 2001a）。

2）学生相談本来の位置づけ—教育目標と心理的成長をめぐる協働に向けて—

大学コミュニティに内在する相談機関である以上、構成員である教職員が学生の相談内容や適応・不適応の様相に関与してくることはむしろ当然のことである。それをカウンセリングの障害と捉えるのではなく、いかにお互いの役割を補完し合っていけるかを考えていかなくてはならない。〈A 4〉のみならず、本来的には全ての相談事例が、教職員の教育・指導と並立しつつ進められるものであり、「教育目標をめぐる協働（コラボレーション）」が自然と成立していると考えることも可能なはずである。何度も時間をかけて交流し合っていくことは今日の大学の中では困難なことであるが、学生援助のために協力し合える仲間を作っていく姿勢は、教育機関としての望ましいあり方として意識に留めておきたいものである。学生相談による「個人の心理的成長・回復」が「教育の成就・研究の進展」につながるのみならず、大学にとっても「優れた人材育成」「高度な知的資産の創出」という成果にも結びつくのである。「研究2」の「スタイル」に照合すれば、「教育機能」の方向へシフトしつつ、「コミュニティ機能」にも積極的に開かれていくイメージとなるだろう。

しかしながら、カウンセラーは個人の成長という視点を中心に関わるものであり、時に大学あるいは指導教員の掲げる教育目標や価値観と相反する事態も生じうる。その場合には、教育目標と心理的成長のはざまで、学生の主体的な生き方が確立されていくことを目指すことになる。特に、〈B１〉～〈B３〉に示されている場合のように、学部教育・大学院教育の場であまりに競争的、能率優先的なニュアンスが強調されていたり、ハラスメント的な様相が呈されている状況であれば、Coは（個人尊重、人間主義といった）異なる価値観・判断の拠り所となることで、まず何よりも学生を支えるとともに、さらに教育システム内のバランスを取る役割も果たすことになる。時には、大学の価値観から自由になって全く異なる生き方に転身することも含めて、Coは学生個人が主体的に生きていくことを支持するという側面も持つ。言わば「異なる価値観の拠り所」となることを引き受けるのである。そのうえで「事例２」に見られるように、他の教職員との連携・協働によって、教職員とCoにおいて生じる立場の相違を埋めていき、事態が複雑化しないように配慮していくことになる。

いずれにしろ、教職員と学生相談担当者が相互理解を深めていくべく、様々な交流の機会を設けていくことが求められていると言ってよいだろう。当該校におけるコンサルテーション事例の割合の高さは、研究室単位での教育指導が中心であるため、教員のまなざしが学生に届きやすいという大学の特性に加えて、会合や印刷物による周知・広報、そして相談事例を通じて積み重ねてきたコミュニケーションの深まり等が要因となっていると考えられる。

３）教職員の関わりの程度を左右するもの
―発達段階・教育システム・援助理念の相違―

大学以前の教育システムでは、自発来談を中心とする相談活動は比較的成立しにくい。それは、発達的に、自身の問題を能動的に解決しようと他者、特に専門家を訪ねるという行動がまだ取りにくいという側面と、学級を中心とした小集団での教育がなされているため、教員の目が届きやすく、また教員も教科教育のみならず適応援助等の多様な機能を果たしているためと考えられる。

これに対し大学では、コミュニティの大きさゆえ即座には教職員のまなざしが届きにくいという特徴があり、また発達段階としても、青年期は自律的に課題に取り組んでいくことが期待される年代である。大学コミュニティにおいて学生相談機関が設置されていることの意義は、今日の大学の中ではその色彩が薄くならざるをえない、「人間教育・教養教育・統合教育といった側面を、個別に、かつ随時に提供しうるシステムとして機能すること」にある。その意味でも学生相談は、「大学教育の一環」としての機能を果たしており、かつ必然的に教職員と協働していく立場にあると考えられる。

加えて、学生の示す今日的様相ゆえに、「ひきこもり系の諸問題」（不登校、無気力等）に分類される自発来談しない学生へのアプローチや、適応支援のためにさらなる成長をうながす心理教育プログラムの必要性等、教職員の側からの積極的な関わりが求められている状況がある。学生相談としても、これらの諸状況を踏まえていかに個別相談の進め方を工夫して対応していくかが問われているのだと言えよう。そして「教員による教育・研究指導／事務職員による手続きや生活支援／Coによる成長・適応支援」、それぞれの相互作用と相互補完によって、学生たちがモノトーンではない多彩な色合いの学生生活を送れるようになり、さらにはより豊かな人間性をもった成人に成長していけるよう支援していくことが、「研究１」で提示した「学生相談モデル」の眼目でもある。

今後に向けては、年次ごとの教職員との連携・協働の量的・質的な変容を見届けていくことが望まれる。また、各大学ごとの特性によって、望ましい連携・協働の様相は異なってくるはずであり、その比較検討も重要になってこよう。その際には、学生相談の「モデル」とCoの「スタイル」がどのように作用・浸透しているかが重要な要素になってくるだろう。

４）教職員の関与する相談事例に見る「連働」

ここまで、「教職員」との「連携・協働」に着目しつつ論を展開してきたが、**表３-１-２**に見るように、「教職員が協力的に関与している事例」においても、その関与の様相は極めて多様であった。「直接的コンサルテーション」に留まらず、常に教職員との「連携・協働」の可能性に開かれていること、そのために来談学生を中心に据えて様々な教職員がどのような関わりを持ち、また将来的に援助的な関わりを持ちうるかをアセスメントしつつ、個別相談を展開していくことが肝要になる。それは、「学生に対立的に関わっている事例」であっても（**表３-１-３**）同様であり、当然ながらCoの立場からは教職員を一方的に加害側と位置づけることなく、学生とのマッチングを丁寧に考慮し、どのような経緯から行き違いが生じ、拡大していったのかを見定めていく。そのうえで、関係改善や和解への可能性を探り、かつ周囲の教職員からの関与や環境調整を考慮していくことになる。そして（表３－１－４に示されるように）教職員もまた、自身の生き方をめぐって揺れ動きながら成長していこうとする存在であり、その変容に応じて、学生対応もまた変わっていく。

このように考えていくと、従来の「連携・協働」でイメージされる範疇をはるかに越えた様々な関係性が、教職員とCoとの間に成立しており、また、学生と教職員との日々の関係性ともあいまって、いっそう多彩かつ可変的なネットワークが教育コミュニティの中で成立していることになる。個別相談は、このような各関係性の特質とその集合体であるネットワークのあり様に常に留意しつつ、進めていくものであり、このような事象に対して「連働」という概念をあてはめることで、より適切な理解と支援の可能性に結びつけていくことが可能になる。

いずれにしろ、大学教育の中で、学生を支え、育てていくために、Coは大学教職員との協働を常に意識し、また志向して、相談活動に臨むことがより有効なサポートにつながることを認識しておく必要がある。学生を中心に据えて、お互いの専門性・立場・人柄を尊重し合いつつの交流を促進していくことが肝要であると考えられ、その経験の集積が新たな連携・協働のあり様、すなわち「連働」モデルの構築に貢献していくことが期待される。

第２節（研究４）　親・家族が関与する相談事例への構えと対処

１．目的

近年の学生相談活動においては、コンサルテーションの重要性が強調されるようになり、実際、「親・家族」と直接的に関わりを持つ事例が増加している。もともと、親・家族との関係性を整理することは、青年期あるいは学生期における主要な発達課題である「自立」に関わるものであり、来談学生の心理的成長において不可欠のテーマであった。それゆえ、多くの事例で親・家族に関するテーマが取り扱われてきているのだが、カウンセリングのプロセスにおいては、直接的に親・家族との関与を持つことは、むしろ学生の内的な心理的作業を妨げかねない可能性があり、えてして慎重な構えをカウンセラーは有していたと言えよう。

しかしながら、学生が危機的な状況・状態像にある場合は言うまでもなく、学生の心理的課題を整理するために親・家族への関わりが必要と判断される場合、さらには、親・家族の側からカウンセラーにコンタクトを取ってくる場合等、今日の学生相談では、望むと望まざるとに関わらず、実際に親・家族との関わりを持つことで学生への援助をより実効のあるものにしていくことが不可避的に求められている。

このような状況に鑑み、本研究では、日常の相談活動全般を見渡し、親・家族の関わりがどのような形で見出され、カウンセラーはどのような構えを持とうとし、かつ対処してきたのかを、詳細に検討・考察することを目的とする。学生相談活動の主目的である学生の心理的成長や適応支援を推し進めていくために、親・家族は重要な協力者・協働のパートナーとなりえる存在であり、親・家族の意向や希望、状態像を丁寧に押さえていくことが望ましい。さらには学生本人への直接的援助に留まらない多様な活動形態を学生相談が示していくための１つの鍵になる課題であり、「連働」へとつながる具体的な様相を提示していくことを目指す。

２．方法

ある大学での学生相談活動において、主任カウンセラーとしてある年度の１

年間にわたって対応した全事例を点検し（計126事例／面接回数1,214回）、そこにどのような親・家族の関わりが見られたか、その際のカウンセラー（以下 Co）の構えと対処はいかようなものであったのかを、相談活動の実践的な観点から分類し、各カテゴリーの特徴と留意点を具体的に記述する。なお、継続事例の場合は当該年度以前における親・家族の関わりも考慮する。当該年度以前に既に親・家族との関わりが得られている場合、その事実をもとにした取り組みや姿勢が Co の中に形成されていると考えられるからである。

3．結果

1）親・家族の関わりから分類した3カテゴリー

個別相談事例を親・家族の関わりという観点から分類すると、以下の手続きにより、大きく3つのカテゴリーに分類することが可能であると考えられた。

a）まず Co が担当した事例から、教職員本人への相談（12事例）、他 Co が主たる援助を担当して補助的な役割に留まる場合（5事例）を除く109事例を対象とした。

b）親・家族（構成員の1名以上）が本人の来談を知っており、面接プロセスに直接または間接的に関わっている事例であるか（これをカテゴリー（C）とする）否か。

c）次いで、（C）以外の事例において、親・家族の話題が本人面接の中で語られているか（これをカテゴリー（B）とする）語られていないか（これをカテゴリー（A）とする）。

この手続きにより、**表3-2-1**のような結果が得られた。全体の3分の1近くの事例がカテゴリー（C）に該当し、何らかの形で親・家族の関与が得られていることが分かる。さらに、カテゴリー（B）を合わせると実に9割近くの事例で親・家族の存在を視野に入れて相談を進めてきたことになる。いかにこのテーマが学生相談にとって不可欠なものであるかが伺えよう。

さらに各カテゴリーは，それぞれが実践的見地から幾つかの下位カテゴリーに分けられた。以下に順に詳述する。

表３-２-１　親・家族が関与する事例のカテゴリー分類

カテゴリー	事例数
(A)［親・家族の話題がほとんど扱われない事例］	14事例（12.8%）
(B)［親・家族の存在が伺える事例］	64事例（58.7%）
(C)［親・家族が相談プロセスに関与している事例］	31事例（28.4%）
計	109事例

2）カテゴリー（A）［親・家族の話題がほとんど扱われない事例］

ｉ）手続き

学生にとって心理的にも実際の生活においても大きな位置づけを占める、親・家族の存在・関与についての話題がほとんど伺えない事例はかなり限られていると言って良い。以下の手続きにより、３つの場合に分類することができた。

a）親・家族の関与の必要性をCoが感じるか、不要と感じるか（これを〈A１〉とした）

b）前者の場合、関与の必要性を考慮する理由が明らか（これを〈A２〉とした）か明らかでない（これを〈A３〉とした）か。

この手続きにより、**表３-２-２**のように分類された。

表３-２-２　［親・家族の話題がほとんど扱われない事例］の下位カテゴリー

下位カテゴリー	事例数
〈A１〉「親・家族の関与が不要」	２事例
〈A２〉「親・家族の関与を視野に」	10事例
〈A３〉「学生が親・家族に関する話題を避ける場合」	２事例
計	14事例

ⅱ）「親・家族の関与が不要」〈A１〉

修学、学業、友人関係、異性関係等、学生生活に限定された相談内容が中心となる時には、あえて親・家族の存在を意識したり、関与を考える必要がない場合がある。その際には学生の希望に沿う形で学内外の状況を整理する作業を進めていくことになる。

学生相談におけるアセスメントの特性であるが、学生の状態像や問題の性質に鑑みて、緊急性や事態の複雑さが伺えない場合には必ずしもインテーク（初回面接）時に家族歴を把握すべく踏み込んだ質問をする必要はない。その後の展開の中で、すなわち継続面接あるいは再来談した際に、必要性に応じて確認するという構えでいる方が学生にとっても違和感を抱きにくいと考えられるからである。

iii）「親・家族の関与を視野に」〈A２〉

学業の継続、進路変更、心理的課題、対人関係の様式等に話題が深化していく場合には、親・家族の考えや特徴を面接で取り扱い、学生が自己決定をしていく際の貴重な手がかりとして検討していくことが求められる。本人の進路選択や性格特性、対人関係の様式等は、親・家族との相互作用の中で形成されてきた側面があり、自己理解を深めていくためには必須の作業となるからである。「いまの進路について親・家族はどんなふうに思っているよう？」「自分の性格や考え方は親・家族のだれと似ていると思う？」といった問いかけを行なうタイミングをCoはいつも見計らっておく必要がある。

また、学生の心理的混乱の度合いが大きいほど親・家族の関与を視野に入れる必要性は高くなる。「親御さんはどの程度事態を分かってくれている様子？」といった質問で、本人の課題や状態に関する把握の度合いや、学生の不適応状態の要因となっている可能性があるか否か等を押さえておくことで、その後の面接の方針を立てやすくなる。

iv）「学生が親・家族に関する話題を避ける場合」〈A３〉

親・家族に関する話題が不自然なほど語られない、あるいは、語ることに抵抗を示す場合、学生本人の抱く家族イメージや実際の家族関係の様相に十分な配慮が求められることになる。あくまでも本人の提示する相談内容を中心に据えつつ、どの段階で親・家族に関するテーマを扱いうるかを慎重に見計らっていくことが肝要となる。

基本的には本人が語り出すまで、あるいは語る準備が整ったとCo側が判断できるまで、親・親族に関連するテーマに拙速に触れることを避けつつ、当面はより現実的な相談内容を扱うことになる。しかしながら親・家族のあり様が学生の心理的課題や学生生活上の課題に大きな作用を及ぼしている可能性は高く、〈A２〉の場合以上に、本人の適応・成長を支援するために避けることのできないテーマとして留意しておく必要がある。例えば、まさに進路選択が迫っている時期や心理的混乱が甚だしく休学や帰郷といったことも考慮しなくてはならない状態の際には、「こういう時は親・家族にも味方になってもらおうよ」「どういった伝え方ならば今の状況を理解してもらえそうか考えよう」といった提案をすることになる。

3）カテゴリー（B）［親・家族の存在が伺える事例］

i）手続き

学生の語る種々の話題の中で、本人が自発的に語り出したり、あるいはCoから促して、親・家族のあり様について面接で扱うことは極めてしばしば生じる。そもそも、学生の自己理解を促すために、あるいは、Coが学生本人並びに彼・彼女を取り巻く基礎的な環境について理解を深めていくためには、親・家族をめぐる話題に触れていくことが必須になってくるものであり、また自然な流れとも言える。またこの話題は、青年期の「自立」という発達課題に深く関わる内容であるとともに、その後の面接プロセスに大きく関わってくるテーマゆえ、Coとしては、その概要を把握しつつ面接に臨むことが望ましい。すなわち、

a）親・家族とのコンサルテーションの可能性・必要性を考慮するために
b）親・家族との関係性から、学生の対人関係様式における基本傾向を把握するために
c）ソーシャルサポート（友人や教職員等との関係性と相違を比較）検討のために
d）学生とCoのあいだに生じる転移・逆転移の問題を考慮するヒントとして

といった実際的な観点から、学生本人や親・家族にとっても分かりやすく、かつ他の対人関係の性質にも応用・比較しやすい枠組みで下位カテゴリーに分類することが有効であると考えられた。そこで、カテゴリーBでは学生本人と親・家族との関係性の質から「支持的・協力的〈B１〉」「中立的〈B２〉」「両価的〈B３〉」「否定的〈B４〉」という４つに分類することを試みている（表３-２-３）。

ただし、この作業はあくまでも学生が語った話の内容を通じて行なわれるものであり、学生の受けとめ方が実際の関係性と異なっている場合もありうることに留意する必要がある。

表３-２-３ ［親・家族の存在が伺える事例］の下位カテゴリー

カテゴリー	事例数
〈B１〉「本人に支持的・協力的に関わっている事例」	25事例
a)「適切な関わりになっている場合」	(22)
b)「過保護・過干渉・不適切な関わりになってしまっている場合」	(３)
〈B２〉「中立的に関わっている事例」	23事例
〈B３〉「両価的な関わり方を行なっている場合」	12事例
〈B４〉「否定的に関わっている場合」	４事例
a)「学生の被害感・反抗心が優位な場合」	(１)
b)「実際に本人に否定的に関わっている場合」	(３)
計	64事例

ii)「本人に支持的・協力的に関わっている事例」〈B１〉

多くの場合、親・家族は学生に対して心理的、経済的、環境的な支援を行なっている様子が伺えるが、その性質から以下の２種に分類された。

a)「適切な関わりになっている場合」

親・家族の支持的・協力的な関わりが、学生を支え、回復・成長への糧になっていることが伺える場合である。ひとたび学生の悩みや不適応状態を知れば、そのつらさに思いを致し、力になりたいと願う姿はもっとも自然なあり方と言えよう。「それとなく親も自分の状況に気がついているようだけど、見守ってくれている感じ」と学生が面接で語る場合もあれば、親・家族から本人に「学生時代に自分も同じようなことで悩んだよ」「うちの家族は他人の言葉を気にしすぎかも」「お前の持ち味から考えるとこうした方がいいと思うんだけど」等の言葉が表明され、自分を心配してくれているのだなと学生が肯定的に受けとめられる場合である。

b)「過保護・過干渉・不適切な関わりになってしまっている場合」

学生への配慮が感じられるものの、その関わり方が過度であったり、本人の希望や状態像から見て適切ではないと考えられる場合である。例えば、急を要する状態ではないのに本人の下宿に居座り「生活をきちんとしないと」と過度に身の回りの世話を焼く、本人が拒んでいるにも関わらず「大学の先生に善処するよう文句を言ってこようか」と性急な提案を繰り返す、等の場合が挙げられる。いかに学生本人と親・家族が適正な距離を取れるようになるか、そして自己決定に向かえるようになるかが課題となる。

iii）「中立的に関わっている事例」〈Ｂ２〉

親・家族に関する話題が語られるものの、本人への関わり方にあまり感情的なニュアンスが伺えず、支持的・協力的な関わりとも否定的な関わりとも言えない場合を便宜的に「中立的」と称した。「親・家族とはたまに食事を一緒にするけど世間話くらい」「父はエンジニアかな、でも自分が理工系に進学したのはたまたま」「大学院進学を一応報告したけど、親はうなづいていただけ」等の例が挙げられるが、感情的なニュアンスが伺えないのはむしろ学生の語り方に大きな要因がある場合も多い。今後の展開の中で、親・家族の存在や関わりに対して、どのように語り口や受けとめ方が変容していくかを見守っていくことになる。さらには親・家族の関わり方の実際について見定めていくこと、場合によっては家族間でより情緒的な交流がなされるよう促していくことが課題になる。

iv）「両価的な関わり方を行なっている場合」〈Ｂ３〉

好意と嫌悪、支持と否定が交錯し、相反する関わり方が同時あるいは並行的に行われている場合であり、学生によっては二重拘束的な作用がもたらされ、不適応の源泉となっていることがある。ある１人の家族の関わりに両価的な側面が伺える場合もあれば、例えば父親と母親の相対する関わり方ゆえに学生の葛藤が生じている場合も含まれる。「キャリアを積んで社会的に活躍してほしい」というメッセージと「大学院に行って何になる」というメッセージがほぼ同時に投げかけられる例や、親・家族の感情の起伏が激しく、「お前などいない方がいい」という一方で「側にいてほしい」という発言が怒りや哀願をもって交互に本人に示される例もあった。

多くの場合、学生への期待・愛情が根底にありつつも、親・家族自身の未整理な想いや経験が表出しており、それゆえ、Co からは「相反する考えや感情をぶつけられて、自分の本来的な気持ちが見えなくなっていたんだね」「親・家族に振り回されないように、しばらく自分本位で生きてみようよ」といった言葉を提示する等で、親・家族からの複雑なメッセージの性質を認識し、いかに整理していくかが課題となる。

v）「否定的に関わっている場合」〈B４〉

学生本人に対して、あるいは学生の抱える心理的問題に対して、親・家族が直接的・間接的に、否定的な言動を行なっていることが語られる場合がある。以下の２つの場合が見受けられた。

a)「学生の被害感・反抗心が優位な場合」

学生の認知や感じ方ゆえに親・家族への不満を訴える場合があり、Coからは親・家族の対応にさほど疑問を抱かず、むしろ学生本人の状態像の回復・変容に焦点を当てることが優先されると考えられる場合である。被害感の由来等に的確なアセスメントが肝要であり、学生が性急な言動に走りすぎないように配慮していくことが求められる。

基本的には「家族から理解されていないように感じられて、腹立たしいんだね」と心情を受けとめつつ、学生生活全般に及ぶ不適応感を丁寧に扱うとともに、状態像に応じて医療等へのリファーを考慮することになる。折りを見て「親御さんは君を心配しているからこそ受診を勧めたり行動にストップをかけているのかも」等の言葉で橋渡しを試みるが、「Coは自分よりも親・家族の味方なのか？」と学生に思われないよう伝え方に苦慮するため、学生サポートの基本的な姿勢と客観的な見立てに基づく必須の配慮との間でジレンマを感じることがある。そのうえで、ある段階で親・家族と連絡を取って、事実関係の確認と関係性の調整を計るべきかどうかを考慮することになる。

b)「実際に本人に否定的に関わっている場合」

攻撃的な言動や、無視、無理解等によって、明白に学生にとっての外傷体験を作りだし、学生の心理的回復・成長を援助するよりも、一層事態を複雑にしてしまっている場合がある。また幼少時からの虐待体験が今日まで遷延している事例も含まれる。Coは心理的に学生の側に理解を示しつつ、親・家族への対処方法をともに考えていくことになる。「親・家族から受けた仕打ちは、やはりひどいものだったんだ、怒ってもよかったんだ」と認識することで幾分か心理的負担が和らぐ場合もあれば、さらには家族状況や外傷体験の呪縛から少しでも解き放たれるために、「親・家族はすぐには変わらないから、出来るだけ交流する機会を少なくして自分本位の生活を作っていこう」と物理的に距離を置くことを指向する場合もある。Coとしては学生の傷つきや不満・反感に共感的理解を続け、苦労を重ねつつ生き抜いてきたことを支持し続けることが基本になるが、時に学生の勢いに押される形で、あるいは学生への同情から、一緒になって親・家族への非難を口にしているように感じられ、学生の不満・反感を強化してしまわないかと惑うことがある。学生と親・家族との和解のきっかけを見逃してしまわないよう、必要以上に親・家族を悪者の側に固定しすぎない配慮が必要である。

4）カテゴリー（C）［親・家族が相談プロセスに関与している事例］

i）手続き

何らかの形で親・家族とCoとの協力・連携が行なわれている場合であり、以下の手続きによって４種に分類される。

a）親・家族とCoが直接的に連絡・面談を行なっているか、行なっていないか（これを〈C１〉とする）

b）直接的に連絡・面談を行なっている場合、学生本位のものであるか（これを〈C２〉とする）、親・家族本位のものであるか（これを〈C３〉とする）

c）学生本位のもの〈C２〉である場合の中で、相互尊重に基づいた（あたかも専門家どうしの相互援助のような）継続的な連絡・面接が行われている場合は別に扱う（これを〈C４〉とする）

この手続きにより、**表３-２-４**のように分類されることとなった。

表３-２-４　［親・家族が相談プロセスに関与している事例］の下位カテゴリー

カテゴリー	事例数
〈C１〉「間接的コンサルテーション」	９事例
〈C２〉「直接的コンサルテーション①（学生本位）」	13事例
a）［未来談学生についての親・家族の相談］	（６）
b）「学生来談時の付き添い・連絡／継続面接学生への対応の相談」	（７）
c）「カウンセラー側から親・家族の援助を促す場合」	（０）
ｱ）「学生の状態像が心配される場合（危機状況等）」	
ｲ）「親・家族との関係性を調整する必要がある場合」	
〈C３〉［直接的コンサルテーション②（親・家族本位）］	９事例
a）「学生に内緒での相談を求める場合」	（３）
b）「親・家族自身のテーマが優位な場合」	（６）
〈C４〉［親・家族とカウンセラーの協働］	０事例
計	31事例

ⅱ)「間接的コンサルテーション」〈C１〉

直接的に親・家族とCoが連絡を取り合うことはないが、Coの存在を親・家族が認知しており、学生の言動や状態を心配して相談を勧めたり、あるいは親・家族の立場から来談学生を支えていく際の心理的なよすがとしている場合がある。

親・家族が学生相談を知るきっかけとしては、学生が「大学に相談機関があって」「実はカウンセリングに通っていて」と伝えている場合と、親・家族の側が広報媒体を通じて相談機関の存在を知って来談を勧める場合があるが、継続的に面接に来談している学生が「気配で相談に行っていることが分かっちゃったみたい」という例もあった。比較的長期にわたる継続事例が多く、本人のみならず親・家族が学生相談機関に対して暗黙のうちに信頼感を抱いている様子が、学生から語られることがしばしば見られた。

ⅲ)「直接的コンサルテーション①（学生本位)」〈C２〉

親・家族とCoが直接的にコンタクトを取る場合であり、学生本人の来談の有無、親・家族またはCoのいずれからコンタクトを求めたか、の２点から以下の３つに下位分類された。

a）[未来談学生についての親・家族の相談]

学生本人は相談に訪れていないが、学生の「ひきこもり系の諸問題」(不登校や無気力、留年等)、「いのちに関わる諸問題」(うつ状態、自殺関連のエピソード等)、「事件性のある諸問題」(なにがしかのトラブルに巻き込まれている) 等の心理的あるいは行動上の諸問題で、どのように対応すべきかを考えるために親・家族が相談に訪れる（または電話等のメディアを通じて相談する）場合である。親・家族の不安や心配をまず受けとめつつ、そのうえで学生本人の処遇について中心的に扱うとともに、親・家族に対して「大学の特徴や教職員・学生の気質」について伝え、今後の参考に資する場合もしばしばある。

さらに可能であれば、本人の来談を勧めてもらうことになるが、その際には「指導教員等とは異なり評価に関わらず、比較的自由な立場から相談にのってくれること」「自分（親・家族）も話してみて、ざっくばらんに話せてほっとしたこと」「ある程度の事情は理解してくれていて、その上で親・家族に対しても秘密は守るとのこと」といった諸点を本人に伝えるよう依頼し、かつ「本人の抵抗感が大きく、すぐには動けそうにないときは無理に来談を勧め過ぎないで」という点も確認しておくことが重要となる。必ずしも本人の相談に繋がらなくとも、例えば親・家族とのコンサルテーションを学期の節目ごとに行うことで不登校学生が数年がかりで卒業に至った事例があった。

b)「学生来談時の付き添い・連絡／継続面接学生への対応の相談」

学生が来談する時に付き添って来られたり、面接予約の連絡の際に概要を伝えてこられる場合や、継続面接の学生への対応ならびに求められる配慮について助言を求めて来られる場合である。本人と親・家族が同時に来所された場合には、同席面接を行なうか別室で待機してもらうか、個別に両者に面接する場合はどちらに先に話を伺うかを、両者の希望と様子をもとに決定することになる。また、守秘の問題が常に絡むので、とりわけ学生には「この内容は親御さんにこんな具合にお伝えしてもいいかな？」と大筋を確認しておき、信頼感を醸成していく必要がある。また、双方に「この点についてはご一緒に話し合ってみてはいかがでしょうか」と提案する等で、課題に対する取り組みへの協力と関係性の変容を促すべく、家族ダイナミクスに対してある程度の働きかけを行なうことがある。出来るだけ学生本人の継続面接を中心に据えつつ、親・家族からの日常的支援がうまくなされるよう、家族全体を見渡していくことになる。

c)「カウンセラー側から親・家族の援助を促す場合」

本人の強い希望に沿う形で、あるいはCo側の判断ゆえに、親・家族との連絡を試みる場合がある。当該年度は、このc）に分類される事例は皆無であったが、前年度までに該当する事例を数件経験しており、以下の２種に分けることが出来た。

ｱ)「学生の状態像が心配される場合（危機状況等）」

うつ状態、自殺念慮等のために、親・家族の理解と支援が必須と判断される場合である。学生が親・家族との連絡を望まず、Co側からの提案にも同意しない場合には、「しんどい時には頼っていいのだから」「いざという時には力になってくれるはず」等の言葉でその必要性を訴えていくことになる。あまりに危機的な状況に陥り、いわゆる“自傷他害の恐れ”があると判断される時には、苦渋の選択としてCo側の判断でコンサルテーションに向けた行動を起こす覚悟を有しておく必要がある。

ｲ)「親・家族との関係性を調整する必要がある場合」

家族関係が学生の抱える諸問題に強く影響を及ぼしており、関係の改善・調整のためにCoの立場から介入する場合である。例えば学生本人が「自分が話してもうまく伝わらないので、Coから話してほしい」という要望を出してくることがあり、学生の成長のためには、まず「自分から親・家族に考えや心情を伝えるよう試みてみよう」と促すことが望ましいが、事態が閉塞状況にありやむをえないと判断した時には、Co側から動きを起こすことになる。学生の主体性を損なわないためにも、役割を肩代わりしすぎないよう速やかに本人と親・家族との直接的な交流に移行させていくよう留意する必要がある。

b)、c）では、学生本人と親・家族を交えた家族合同面接になる場合があるが、その際には家族療法の立場から中釜（2001）が強調する“多方面に向けられた肩入れ技法”、すなわち“参加者全体から支持される面接の場の雰囲気”づくりが重要となる。それゆえ学生には事前に「Coは話し合いを促進するために、個別相談の時とは幾分異なる姿勢で臨む場面もあるかもしれない」と伝えておくことがある。

iv）［直接的コンサルテーション②（親・家族本位）］〈C３〉

〈C２〉同様に、親・家族とCoが直接的にコンタクトを取る場合であるが、その力点が、学生の希望や意思よりも、親・家族自身のそれに置かれていると考えられる場合である。

a)「学生に内緒での相談を求める場合」

「学生本人の問題解決のために」と言いつつも「自分が相談に来たことは伏せてほしい」と明言し、自身の不安の解消や、自分の思う方向に学生を誘導・操作するためにCoとのコンタクトを求めているように感じられる事例が存在する。“大人の側の裏取引”といったニュアンスを感じてしまい、Co側に違和感や反発心が生じがちであるが、まず親・家族の不安・戸惑いを軽減すべくひと通りの話を受けとめることを心がけようとする。来談学生にどのタイミングで親・家族から連絡・相談があったことを知らせるかに躊躇するが、徐々に本人了解のうえでのコンサルテーションに開かれていくべく冷静に対応することが求められる。いずれにしろ、親・家族がこれまでのスタイルでは学生に関われない、学生の抱えている諸問題の解決・軽減に力になれないと感じて困惑しているという、いわば危機の状況にあることは確かであり、Co が親・家族に対していねいに関わることで学生への対応が望ましいものになり、学生にとってのメリットにつながるよう工夫する必要がある。

b)「親・家族自身のテーマが優位な場合」

学生に関する問題がきっかけで来談されても、実際の相談内容は親・家族自身の抱えている諸問題や内的なテーマが中心的に扱われる場合がある。学生相談の場でどこまで受け入れるかは検討の余地があるが、学生本人にとってのメリットを勘案し、いったん区切りがつくところまで対応するとともに、本人来談に有効につながるか、外部機関を紹介するか等を考慮していくことになる。例えば、親・家族が数ヶ月に渡り継続的に来談し、家族内の問題が落ち着きを見せることでようやく本人相談に至った事例を経験することがある。

v）[親・家族とカウンセラーの協働]＜Ｃ４＞

コンサルテーションからさらに一歩踏み出し、双方の個性や持ち味を活かして支援のあり方を工夫していくパートナーシップを形成していると感じられ、かつその関わりが継続的に行なわれている場合である。主に、広汎性発達障害や身体的なハンディキャップを有する学生への協働的サポートが想定されるが、当該年度はここに分類される事例は見られなかった。

４．考察

１）親・家族が関与する相談事例を理解する枠組

本研究では、親・家族の相談事例への関わりという視点から検討を試みたが、その分類がやや込み入った複雑なものになっている。それは、以下のような複数の次元を含んでいるからである。

a）親・家族の学生への関わり―学生の認知―（支援的･中立的･両価的･否定的）

b）親・家族の学生への関わり―Co の見立て―（支援的･中立的･両価的･否定的）

c）親・学生とCo（相談機関）との関与の程度（なし・伺える・連携・協働）

各次元は面接プロセスの進展にともなって刻々と変化しうるものであり、かつ、相互に作用し合って変容することもある。例えば、学生本人の親・家族に対する否定的な発言に影響された認知をCoが抱いていたが、実際に親・家族と面談する機会を持ち、かつその支持的・協力的な姿に触れて、見立てを大きく修正する事態はしばしば生じる。そしてCoの見立ての変容が、本人面接を通じて徐々に学生の親・家族像に影響を及ぼしていくことも時に経験する。このような観点から、より状況を精緻に理解すべく、多次元的に整理・分類する方向性も考えられるが、本研究では臨床的かつ実践的な有用性を第一に考慮した分類を設定することとした。また調査研究では、例えば小高（1998）は「親和志向」「客観的独立志向」の2次元から「密着した関係」「矛盾・葛藤的な関係」「離反的な関係」「対等な関係」に分けて親子関係を類型化し、この順に発達的に変化していくとしており、このような知見との整合性を考慮していくことも今後の課題である。

本研究で明らかになったように、大多数の事例において、親・家族の存在または関与を考慮しつつ面接プロセスを吟味していくことは必須であると言って良い。このように学生に対してより有効な適応支援もしくは成長支援を果たしていくためにいっそう丁寧な検討を行なっていく必要があろう。

2）親・家族が関与する相談事例への留意点

学生相談における傾向として、あるいはCoの経験においても、これまで親・家族へのコンサルテーションにやや腰が引けがちであったのは、学生の心情に沿おうとするあまり「親・家族は学生とCoの面接関係に入り込んでくる異分子」であり、「心理療法の内的な作業を妨げる排除すべきもの」と感じられる側面があったことが影響していたと言わざるをえない。さらに「学生の自立を損なう」「問題の発生源としてマイナスに作用している」という位置づけをしてしまう場合や、Coが若手・中堅であった頃には「Coよりも年齢が高く、気を遣うとともに、要求が学生の現実に即していないため負担が大きい」と感じていた面もあったことは否めない。言うまでもないことであるが、学生相談においては、まず学生本人の希望・承諾に沿って親・家族との連携を考えていくことが前提である。すなわち本人面接におけるプロセスの進展をもとに、学生にとって最も適切な時期に、必要性に応じて、親・家族とのコンサルテーションが行なわれることが望ましい。しかしながら親・家族の考えや心情ゆえに、学生が望むのとはまったく異なるタイミングで関与が始まる場合があり、そのような時にはCo側の抵抗感もいっそう大きなものになっていた。このような感じ方がなにゆえCo側に生じるのか、親・家族との連携を難しくしている要因が何であるのかをしっかりと自省しておくことはきわめて重要であろう。

本研究において改めて明らかになったように、全体的に見て、親・家族の関わりを積極的に活用することが援助的に作用する事例は多い。学生相談に関わるスタッフが複数いる場合には、本人相談と親・家族面接の担当者を分けて面接構造を明確に区切ることが望ましい場合もあるが、実際にはひとりのCoが両者に対応せざるをえない場合が多く、その際にも本人への援助に及ぼす影響を適切にアセスメントしつつ、親・家族とのコンタクトを必要以上に避けることがないように留意する必要がある。

さらに言えば、個別支援における有用性という点のみならず、学生相談は大学教育の一翼を担うものであり、大学教職員の一員という立場から考えれば、親・家族の期待や要望に（可能な範囲で）応えていくという責務を負っているとも言える。その意味では、親・家族に対する啓発活動として、広報物や各種メディア、講演会等を通じて、現代青年・学生の特徴、親・家族からの関わり方、相談機関の利用のしかた等について、学生相談の立場から発信を展開していくことも、今後さらに求められるようになろう。

既述したように、近年、〈C３〉のa)「学生に内緒での相談を求める場合」に分類される事例に苦慮したことが本研究のきっかけの１つとなっているのだが、このような現象は、学生相談における親・家族への関わりが、青年期以前の発達段階にある児童・生徒への教育支援・教育相談に近い様相を示し始めている徴候と言えるかもしれない。ここでもまた、旧来の学生像や学生相談イメージに囚われない柔軟な構えが、Co及び各相談機関に求められることになる。「学生相談モデル」から言えば、教員・事務職員とともに現代の親・家族の様相と要望について共通理解を深めつつ、可能な学生相談的機能と具体的な企画・アプローチを模索していくことになろうし、またCoの「スタイル」としても「クリニック機能」に留まることなく「教育機能」の発現と「コミュニティ機能」への広がりが要求される由縁である。

3）学生の自立をめぐる協働へ―親・家族との多様な関係性―

実際に相談事例において〈C 4〉［親・家族とカウンセラーの協働］に分類されるものは極めて少ないと言って良いだろう。それは、親・家族は援助の専門家ではなく、学生とあまりに近い立場から関わる身内だからこそであるが、一方で、多くのコンサルテーション事例で「カウンセラーの側が助けられている」「親・家族への敬意を感じる」という、単なる連携以上の感覚を抱く事態をしばしば経験することも事実である。

この分類作業を通じて「親・家族が（息子・娘である）学生の不適応状態やコミュニケーション不全によって不安になるのは当然のこと」であり、「その際にどのような言動を取るかは親・家族の懸命な姿勢から生まれるものであり、様々な形態がありうること」という前提条件を再確認することが出来た。さらに「親・家族とCoは学生の自立を促し、励ますためにそれぞれの立場から機能し協力する存在」として位置づけることが可能であり、なにより「親・家族は学生に対して現実的な働きかけを日常的に提示できる立場にあって、その働きかけは学生の内的作業にも積極的に活用しうるもの」という認識を常に確認していくことが必要であろう。総じて言えば、学生相談に従事するCoは、親・家族の動向をいかに面接プロセスに活かしていくかを工夫すべく、柔軟な構えを保持していくことが望まれると考えられた。親・家族との「協働」という概念は一種の理念形ではあるが、双方の立場を尊重し合いながら、学生の自立のために適切なサポートを提供し続けるという、人間関係の本来的なあり方を示唆するものである。

一方で、不登校をはじめとする種々の不適応状態に学生が陥った場合や、ハラスメントや事件性のある諸問題に巻き込まれることになった学生の処遇をめぐって、親・家族が大学の教育責任を問うような事態が次第に増えている。このように大学に対して「不信感や敵意さえ抱いている」場合があり、カウンセラーに対しても同様の感情をぶつけてくる可能性のある親・家族に対してどのような構えで対処していくかも新たな課題になりつつある。敬意から敵意に至るまでの種々の感情に巻き込まれつつ、親・家族との多様な関係性に対処していくことが、今後の相談活動に必然的に生じてくると言ってよいだろう。

ここまで論を展開させた後に改めて強調しておきたいことであるが、既述のように近年、親・家族をはじめとする関係者とのコンサルテーションの重要性が強く主張されるようになっており、本研究もその一連の流れと符号しているが、学生本人の状態像とニーズ、そして心理的課題へのまなざしがおろそかにならないように留意しておきたい。ベースとなる「本人相談」を実り多いものにするために、あるいは学生の心理的成長に資することが第一であって、親・家族や大学の側の意思に沿って問題を無難に収めることではないという原点を常に呼び起こしておくこともまた重要であろう。その流れで考慮すれば、親・家族への集中的な心理療法の適用については、スクール・カウンセリングにおいてその有用性を主張する動きもあるものの（岡村, 2012; 丸山, 2013)、ひとまず慎重な構えを保持しておくことが基本になるだろう。

4）親・家族の関与する相談事例に見る「連働」

本研究では、学生相談における個別相談事例について、「親・家族」の関与という観点から多角的な検討を試みてきた。表3-2-4に示されたように、「学生本意」の「直接的コンサルテーション」を中核にしつつ、「間接的コンサルテーション」としてカウンセリングに来談する学生を見守っている場合から、学生への支援に深く関わり、かつCoとの相互尊重に基づく「協働」に近い性質を帯びる可能性がうかがえる場合まで幅広く、一方では、「親・家族本位」で学生本人の希望や状態像とそぐわないように感じられる場合も時に生じており、相談プロセスへの関与や影響には実に様々な形態があることが示された。

その多くは、これまでの「連携・協働」という概念には納まりきれないものであるが、いずれの事象も事例の理解と面接の展開に活かすべき重要な要素になっている。Coの基本姿勢としては、親・家族の意向を汲み取りつつ、かつ、学生本人への望ましい支援に帰着するように留意しながら、学生と親・家族との関係性、あるいは、学生とCo、親・家族とCo、さらには様々な関係者との相互作用がどのように展開していくかを見定めようとするのである。このような多様な「関係性」のあり様と、刻々と変化していく「ネットワーク」を視野にいれて、学生相談の実践に活かしていくために、本研究で提唱する「連働」という概念を導入していくことが有用性を持つと考えられる。

親・家族は、当然ながら最も深く学生の現況と将来を気にかけ、可能な限りの関わりと支援を提供しようとする関係者である。それだからこそ、学生にとって最も身近で頼りになる存在でありつつ、同時に「自立」に向けて最も距離感の取り方に迷う存在にもなりうる場合がある。このような事態に鑑みるとき、Coもまた、親・家族との関わり方や距離の取り方に、すなわち「連働」の様相に対して、細心の配慮が必要になるのだと言って良いだろう。例えば、「親・家族本意」と感じられる関与に対してCoや他の関係者が過剰に反応することでネットワークに否定的な「連働」が広まってしまったり、あるいは親・家族とCoとの二者関係が過度に緊密に進展することでネットワーク内の「連働」を特定の方向へ片寄らせてしまうことが生じる場合もありえる。そのために来談学生が望ましい支援を享受しにくくなったり、親・家族との関係性が複雑化することがないように留意しなくてはならないだろう。このように、「連働」の視点から様々な人間関係のセットで構成されているネットワークを見渡していくことで、個別相談のマネジメントを考慮する際の課題が改めて浮かび上がってくることになる。

第３節（研究５）　友人・学生が関与する相談事例への構えと対処

１．目的

学生相談の重要な機能である「連携・協働」については、まず専門職間におけるあり方が実践・研究上の課題となり、次いで、「教職員」あるいは「親・家族」とのコンサルテーションについて論述されるようになっていった。しかし青年期にある学生の適応と成長のためには、同世代間の友人関係の諸相が極めて重要であり、その後の転機にも大きく影響する。一方で、多くの教職員から、学生たちの人間関係の希薄化が懸念されるようになり、実際、学生相談の現場でも友人のことを心配して相談に訪れる学生の減少が報告されるようになって久しい。そこで「研究５」では、日常の相談活動全般を見渡し、「友人・学生」（先輩・後輩・同輩等）の関わりがどのような形で見出され、カウンセラーはどのような構えを持ち、かつ対処しようとしてきたのかを、詳細に検討・考察することを目的とする。個別相談を通じて、来談学生の心理的成長や適応支援を推し進めていくために、彼・彼女を包む学生たちの対人関係様式やネットワークの様相を把握していくことは極めて重要である。いかに同世代集団の中に来談学生が溶け込んでいけるかをまず志向することになるのだが、同時に、学生間の相互支援的な土壌を整備して、その中で生じる「連働」を通して学生たちのさらなる成長をも促していくことが求められるからである。

２．方法

ある大学での学生相談活動において、主任カウンセラーとしてある年度に対応した全事例を点検し（計130事例／面接回数1,581回）、そこにどのような「友人・学生」の関わりが見られたか、その際のカウンセラー（以下Co）の構えと対処はいかようなものであったのかを、相談活動の実践的な観点から分類し、各カテゴリーの特徴と留意点を具体的に記述する。また、継続事例の場合は当該年度以前における「友人・学生」の関わりも考慮することとする。なお、ここで言う「友人・学生」とは、来談学生（コンサルテーションの場合には援助対象として焦点化された学生）と交友関係を保持している者を中心に据えつつ、同じクラス・学科や部・サークル活動、あるいは同一研究室等に所属している先輩・同輩・後輩等の学生たちも含むものとする。

3．結果

1）友人・学生の関わりから分類した3カテゴリー

個別相談事例を友人・学生の関わりという観点から分類すると、以下の手続きにより、大きく3つのカテゴリーに分類することが可能であると考えられた。

a）まず筆者が担当した事例から、教職員本人への相談（12事例）を除く118事例を対象とした。（なお、当該年度は、主たる援助を行う他Coがいるために補助的な役割に留まっている事例はなかった。）

b）友人・学生の存在や言動が来談の第1の契機であったり、友人・学生が本人の面接プロセスに直接または間接的に関わっている事例であるか（これをカテゴリー（C）とする）否か。

c）次いで、（C）以外の事例において、友人・学生の話題が本人面接の中で語られているか（これをカテゴリー（B）とする）語られていないか（これをカテゴリー（A）とする）

この手続きにより、**表3－3－1**のような結果が得られた。カテゴリー（C）に該当するものは全体の約1割であり、何らかの形で友人・学生の関与が見出せる事例は教職員、親・家族に比して極めて少数であることが分かる。一方、カテゴリー（B）に分類された6割弱の事例で友人・学生の存在を視野に入れて相談を進めてきたことになるが、カテゴリー（A）に属する約3割の事例では友人・学生の話題が扱われていないことに留意しておきたい。

さらに各カテゴリーは，それぞれが実践的見地から幾つかの下位カテゴリーに分けられることになった。以下に順に詳述していく。

表3－3－1　友人・学生が関与する事例のカテゴリー分類

（A）	友人・学生の話題がほとんど扱われない事例	38事例（32.2%）
（B）	友人・学生の存在が伺える事例	68事例（57.6%）
（C）	友人・学生が相談プロセスに関与している事例	12事例（10.2%）
	計	118事例

２）カテゴリー（A）［友人・学生の話題がほとんど扱われない事例］

ⅰ）手続き

学生生活においてほぼ必然的に生じるはずの友人・学生との交流や、その存在・関与についての話題がほとんど伺えない事例は本来かなり限られているはずであるが、実際には相当数の事例において扱われない事態が生じている。

ここでは、友人・学生の関与の必要性をCoが感じるか（これを〈A２〉とした）、不要と感じるか（これを〈A１〉とした）、という手続きにより、２つの場合に分類することができた（表３-３-２）。

表３-３-２　［友人・学生の話題がほとんど扱われない事例］の下位カテゴリー

〈A１〉「友人・学生の関与が不要」	２事例
〈A２〉「友人が不在・関与が希薄」	36事例
計	38事例

ⅱ）「友人・学生の関与が不要」〈A１〉

ごく稀に、修学や学位等の限定された相談内容が中心となるときには、あえて友人・学生の存在を意識したり、関与を考える必要がない場合がある。その場合には学生の希望に沿う形で学内外の状況を整理する作業を進めていくことになる。基本的には１～数回の短期間で集結する事例である。

学生相談におけるアセスメントでは、できるだけ周囲の学生たちの様子とそのネットワークに対する本人の適合性を押さえておくことが望ましいが、緊急性や事態の複雑さが伺えない場合には、その後の展開の中で、継続面接あるいは再来談した際に、必要に応じて確認するという構えでいる方が学生にとっても違和感を抱きにくいと考えられる。

ⅲ）「友人が不在・関係が希薄」〈A２〉

学部１～３年生の場合、比較的自由な枠組の中で大講義等が行なわれることが多いため、入学後まもなくの時期にクラス活動から距離を置いていたり、サークル・部活動に入るきっかけやタイミングを逸すると、そのまま交友関係をつくれないままに学生生活を送る一群が存在する。その中には「ひきこもり系の諸問題」（不登校、留年等）に陥っている学生たちも少なくない。また、大学院生でも、他大学から進学してきた学生では研究室内でほとんど関わりがない場合が見受けられた。このような学生たちが、多くは教職員や親・家族の関与によってカウンセリングに来談するに至っており、そのため、本研究で対象とした事例の3分の1近くもがここに分類されることとなった。

友人関係がほとんどない状況の中では、修学上の手続きや学業・研究に関する（学生間のインフォーマルな）情報に触れる機会が少なくなるため、単位取得や進路決定に際して苦労することが多く、また漠然とした不安を抱くことになりやすい。心理的な孤独や疎外感を抱いていないように見える場合でも、そのような環境に慣れてしまったがゆえの否認であることも多く、また友人を得ようとしては失敗してきた経験がいっそう本人を引っ込み思案にしていく。

それゆえ「必修の授業で同じグループになる学生とは話せそう？」「TA や研究室の先輩に質問してみるのは？」と柔らかく背中を押すタイミングを Co はいつも見計らっておく必要がある。また、アセスメントのためには、入学以前に（高校時代のみならず小・中学の頃も含めて）どのような友人関係を築いていたか、いま現在も交流可能であるかどうかを確認しておくことも重要になるが、現在の不適応感を募らせるような訊き方にならないよう留意しておくことが望ましい。

3）カテゴリー（B）［友人・学生の存在が伺える事例］

ⅰ）手続き

学生の語る種々の話題の中で、本人が自発的に語り出したり、あるいは Co から促して、自身の身の回りの友人・学生のあり様について扱われることはごく自然なこととして生じる。学生が自分の性格特性や対人関係様式に係る理解を深めるために、同時に、Co が来談学生を取り巻くネットワークやキャンパス環境について理解を深めていくためには、友人・学生をめぐる話題に触れていくことが必須になってくる。この話題は、青年期の適応状況に深く関わる内容であり、その後の転機にも大きく関わってくるテーマゆえ、Co としては、その全体像を把握しつつ面接に臨むことが望ましい。すなわち、

a）まず、友人・学生との関係性から、来談学生の対人関係様式における基本傾向を把握し、現在あるいは今後に得られるソーシャルサポートを質的・量的に検討しておくことが重要になるという側面があり、

b）次いで、学生が今後に活用可能な授業や課外活動、種々の企画や心理教育プ

ログラムを想定しておくことを視野に入れつつ、

c）友人・学生との直接的なコンサルテーションに踏み込む可能性は決して高くはないのだが、学生の所属する集団（クラスや研究室等）に関与する教職員に学生間の関係構築または促進を依頼すべくコンサルテーションを行なう可能性・必要性を考慮することはありえる、

といった実際的な観点から、学生にとっても分かりやすく、かつ他の対人関係の性質にも応用・比較しやすい枠組みで下位カテゴリーに分類することが有効であると考えられた。そこで、カテゴリーBでは、「研究４（親・家族）」と同様に、学生本人と友人・学生との関係性の質から「支持的・協力的〈B１〉」「中立的〈B２〉」「両価的〈B３〉」「否定的〈B４〉」という４つに分類することを試みている（**表３-３-３**）。

ただし、この作業はあくまでも学生が語った話の内容を通じて行なわれるものであり、学生の受けとめ方が実際の関係性と異なっている場合もありうることに留意する必要がある。

表３-３-３　［友人・学生の存在が伺える事例］の下位カテゴリー

〈B１〉「本人と支持的・友好的に関わっている事例」	31事例
〈B２〉「中立的に関わっている事例」	14事例
〈B３〉「両価的な関わり方を行なっている場合」	16事例
〈B４〉「否定的に関わっている場合」	７事例
a）「学生の被害感・反抗心が優位な場合」	（６）
b）「実際に本人に否定的に関わっている場合」	（１）
計	68事例

ii）「本人と支持的・友好的に関わっている事例」〈B１〉

カテゴリー（B）において最も多いのは、友人・学生との関係性が良好と言って良く、来談学生に対して心理的な支援を行なっている／行ないうる様子が伺える場合である。来談学生の悩みや不適応状態に必ずしも気づいていなくとも、友人・学生の支持的・協力的な関わりが、来談学生を支え、回復・成長への糧になっていることが伺えることがある。「それとなく友人も状況を察して気遣ってくれている感じ」と学生が面接で語るときもあれば、たとえば先輩から本人に「研究テーマが決まらない頃がいちばんしんどいよね」「お前の持ち味から考える

とこうした方がいいと思うんだけど」等の言葉が表明され、自分を心配してくれているのだなと学生が肯定的に受けとめられる関わりも見られる。

iii）「中立的に関わっている事例」〈B２〉

学生・友人に関する話題が語られるものの、本人への関わり方にあまり感情的なニュアンスが伺えず、支持的・友好的な関わりとも否定的な関わりとも言えない場合を便宜的に「中立的」と称した。「実習の手順について確認の連絡をするくらいかな」「研究室のメンバーとは食事に一緒に行くけどどうと言った話もなく」等の例が挙げられるが、感情的なニュアンスが伺えないのはむしろ学生の語り方に大きな要因がある場合も多い。今後の展開の中で、友人・学生間でより情緒的な交流がなされていくことを期待しつつ、まずは個別相談において、感情表出とそれに基づく交流が体験できるようなコミュニケーションを志向していくことになる。

iv）「両価的な関わり方を行なっている場合」〈B３〉

好意と嫌悪、支持と否定が交錯し、相反する関わり方が同時あるいは並行的に行なわれている場合であり、居心地の悪さや心理的な混乱の要因となっていることがある。あるひとりの友人・学生の関わりに両価的な側面が伺える場合もあれば、サークルや研究室等の所属集団において、複数のメンバーの相反する関わりが学生の葛藤につながっている場合もある。「おまえ頑張ってるよね、と言われるけど、元々の実力を低く見ているからでは……」「妙に就職の推薦枠を勧めるのは、少しでも大学院の競争率を減らしたいと考えているゆえ」という評価や進路に関わる側面もあれば、「みんなで盛り上がっているのに、急に抜け駆けして腹立たしい」と異性関係が絡むようなエピソードもあった。また「こちらの状況を心配してくれているようでいて、気が向いた時に声をかけてくるだけで……」とどこまで頼っていいのか思案する場合もある。来談学生も、友人や周囲の学生も、双方ともに青年期の揺れ動きやすい心性ゆえに、一貫した安定的な関わりにならないところがあるが、Co からは、お互いの矛盾や変動を含めて受け入れられるような交友関係になることを志向することになる。

v)「否定的に関わっている場合」〈B４〉

来談学生の抱える心理的問題に関連して、友人・学生が直接的、間接的に、否定的な言動を行なっていることが語られる場合がある。以下の２つの場合が見受けられた。

a)「学生の被害感・反抗心が優位な場合」

来談学生の認知や感じ方ゆえに友人・学生への不満や憤りを訴える場合があり、Co からは友人・学生の応対は自然なもの、少なくとも攻撃的・嫌がらせ的には感じられず、むしろ学生本人の受けとめ方や認知のありかたを振り返ってもらうことや、さらにはその元になっている状態像の回復・変容に焦点を当てることが優先されると考えられる場合である。被害感の由来や生じやすい状況等に的確なアセスメントが肝要であり、学生が性急な言動に走りすぎないように配慮していくことが求められる。

基本的には「友人から理不尽に責められたように感じて、気持ちが落ち着かないんだね」と現在の心情を受けとめつつ、実際に生じていることへの理解とそこに至る経緯、そして対人ネットワークの様相をていねいに扱うことになる。また、状態像に応じて医療等へのリファーを考慮することになる。折りを見て「友人の発言の真意はこういうことだったんじゃないかな」「君の側の受けとめ方が過敏になっている可能性があるかも」等の言葉で、実状に適合した認知にもどしていくことを試みる場合もあるが、「理解してくれない」「こちらが悪いというのか」と学生に思われないよう認知の修正を急ぎ過ぎないことも重要である。学生の状態像によっては、あるいは対人トラブルに発展しそうな状況であれば、ある段階で教職員や親・家族と連絡を取り、学生本人へのケアや関係性の調整を計るべきかどうかを考慮することになる。

b)「実際に本人に否定的に関わっている場合」

攻撃的な言動や無関心あるいは無理解等によって、（後述するようないじめやハラスメント等の明確なトラブルには至っていないが）劣等感を刺激されたり、居心地の悪さが増幅されて、来談学生にとっての不適応状態の一因となり、事態を複雑にしてしまっている場合がある。Co は学生の戸惑いや釈然としない気持ちに理解を示しつつ、「苦手なタイプのひととのつき合い方を工夫していこう」と友人・学生への対処方法をともに考えていくことになる。「出来るだけ交流する機会を少なくして自分本位の学生生活に」と物理的に距離を置くことを指向する場合もあるが、サークル等であれば衝動的な退部につながらないよう留意する一方、授業の実習グループや研究室では常に同じ空間にいるため距離を置くこと自体が難しい。学生同士の交流改善のきっかけを見逃してしまわないよう配慮しつつ、教職員との連携・協働も視野に入れたマネジメントを考慮することになる。

4）カテゴリー（C）［友人・学生が相談プロセスに関与している事例］

i）手続き

友人・学生の存在や言動が来談の直接の契機であったり、相談プロセスにおいて本人に直接または間接に関わっている場合であり、以下の手続きによって3種に分類される。

a）友人・学生が援助的に関わって適応や回復へ向けたエージェントとして機能しているか、それとも攻撃的・対立的に関わってなんらかのトラブルになってしまっているか（これを〈C3〉とする)。

b）前者において、友人・学生とCoが直接的に連絡・面談を行なっているか（これを〈C2〉とする)、行なっていないか（これを〈C1〉とする)。この手続きにより、**表3-3-4**のように分類されることとなった。

ii）「間接的コンサルテーション」〈C1〉

直接的に友人・学生とCoが連絡を取り合うことはないが、Coの存在を友人・学生が認知しており、日常的な交流の中で当該学生の言動や状態を心配して相談を勧めたり、あるいは友人・学生の立場から来談学生を支えていく際の心理的なよすがとしている場合がある。当該年度はここに分類される事例はなかったが、年度によっては来談学生から「先輩にカウンセリングを勧められて。ご自身も相談して助けられたと仰ってました」「オレらには話しにくいこともあるだろうけど、Coにはなんでも話すんだぞ、と言われました」といった言葉を聞くことがある。

iii）「直接的コンサルテーション①（学生本位)」〈C2〉

友人・学生とCoが直接的にコンタクトを取る場合であり、心配な状態にある

表３-３-４　［友人・学生が相談プロセスに関与している事例］の下位カテゴリー

カテゴリー	事例数
〈C１〉「間接的コンサルテーション」	０事例
〈C２〉「直接的コンサルテーション①（学生本位）」	２事例
a）［未来談学生についての友人・学生の相談］	（０）
b）「学生来談時の付き添い・連絡／継続面接学生への対応の相談」	（２）
c）「カウンセラー側から友人・学生の援助を促す場合」	（０）
ｱ）「学生の状態像が心配される場合（危機状況等）」	
ｲ）「友人・学生との関係性を調整する必要がある場合」	
〈C３〉［直接的コンサルテーション②（トラブル収拾）］	10事例
a）「２者関係トラブル（同性間）」	（３）
ｱ）「被害を訴える側」	-（０）-
ｲ）「加害とされる側」	-（１）-
b）「２者関係トラブル（異性間）」	（６）
ｱ）「被害を訴える側」	-（５）-
ｲ）「加害とされる側」	-（１）-
c）「集団内トラブル」	（３）
ｱ）「被害を訴える側」	-（１）-
ｲ）「加害とされる側」	-（１）-
ｳ）「その他（カルト等）」	-（１）-
計	12事例

とされる学生本人の来談の有無、友人・学生またはCoのいずれからコンタクトを求めたか、の２点から以下の３つに下位分類された。

a）［未来談学生についての友人・学生の相談］

学生本人は相談に訪れていないが、友人・学生（先輩等）の立場からは心理的あるいは行動上の諸問題を抱えていると感じられて、どのように対応すべきかと相談に訪れる場合である。やはり当該年度はここに分類される事例はなかったが、年度によっては「サークルの後輩の思い詰めた様子が最近心配で」「友だちが下宿にひきこもってしまって。むりやりでも押しかけた方がいいでしょうか？」といった相談が持ち込まれている。その際には、友人・学生（先輩等）の不安や心配をまず受けとめ、思いやりをもって見守ってくれていることに感謝しながら、友人・学生の立場からの関わり方を一緒に考えていくことになる。さらには、教職員や親・家族に関与してもらう可能性や本人の来談を促す試みについて検討していく。このような相談事例がかなり少なくなっている状況から、学生の余裕のなさや相互援助力の低下という課題が浮かび上がってくる。

b)「学生来談時の付き添い・連絡／継続面接学生への対応の相談」

学生が来談する時に付き添って来たり、面接予約の連絡の際に概要を伝えてくる場合や、継続面接の学生への対応と望ましい配慮について助言を求めて来る場合である。「いのちに関わる諸問題」を心配しての関与ならびに「事件性のある諸問題」の被害学生を慮っての関与が見られ、同席面接の場合には、付き添ってくれた友人・学生に全体状況を話してもらいつつ、徐々に渦中にある学生本人の想いや希望に焦点をあてていくことになる。そのうえでより個別的・心理的な話題に深まっていく場合には、友人・学生にしばし席をはずしてもらい、ひと区切りついたところで再度同席してもらって、状況確認と今後の方針について可能な範囲で共有しておくこととなった。その後は、学生本人の継続面接を中心に据えつつ、友人・学生には日常的支援がうまくなされるように依頼し、過剰な負担にならないよういつでもCoを頼ってほしい旨と、必要に応じて教職員や親・家族に対してもサポートを呼びかける構えでいることを伝えておくことになった。

c)「Co側から友人・学生との関与を試みる場合」

本人の希望とCo側の状況判断ゆえに、周囲の友人・学生との関与を試みる場合がごく稀にある。当該年度は皆無であったが、他の年度ではここに該当する事例を数件経験しており、「親・家族（研究4）」に倣って以下の2種に分けることが出来た。

ｱ)「学生の状態像に起因する場合」

うつ状態、自殺企図等の「いのちに関わる諸問題」のために、友人・学生の状況理解と相互支援を促進することが望ましいと判断される場合である。当該学生の安定と再適応に資するためにという側面と、深刻な事態に接して心理的な動揺に苛まれていることが予想される周囲の友人・学生たちへのケアという側面も持つ（ポストベンションもここに含まれる）。

ｲ)「友人・学生との関係性を調整する必要がある場合」

友人・学生との関係が当該学生の抱える諸問題に強く影響を及ぼしており、関係の改善・調整のためにCoの立場から介入する場合である。周囲の友人・学生もまた当該学生との関係性に戸惑いを覚えていることが推測され、なんらかのトラブルや行き違い（「事件性のある諸問題」に類する事例）に発展しないように相互配慮を呼びかけていくことになる（発達障害的な特性を持つ学生へのサポートに際しても行なわれることがある）。

ｱ）およびｲ）ともに、直接にCoから友人・学生に最初のコンタクトをとることは稀であり、ほとんどの場合、教職員（クラス担任や指導教員、あるいはサークル顧問等）を通して、時には親・家族を通じて、友人・学生に連絡してもらい、面談を設定することになっていた。その際には、クライエント学生に係る情報をどのように伝えるか等、守秘に係る側面に十分な配慮が求められた。

iv）［直接的コンサルテーション②（トラブル収拾）］〈C３〉

友人・学生の存在や言動が来談の直接の契機になっており、反目・対立や行き違い、さらにはトラブル等の「事件性のある諸問題」が生じているため、その問題の解決や関係性の改善・調整がクライエント学生の主要な相談内容となって、「相手をなんとかしてほしい」「大学として責任をもって対処を」と訴えてくる場合である。ここでは「２者関係トラブル」であるか、それとも「集団トラブル」であるかで分類でき、さらに前者は「同性間」か「異性間」かで分けられた。また、主として被害を訴える側の学生がクライエントとして来談することが多いが、時には加害側とされる学生が来談に至る事例も見られた。

a)「２者関係トラブル（同性間）」

いじめや暴力事件、アカデミック・ハラスメント的な関係性が、友人・学生の間柄で生じてしまい、その事態収拾の方略と心理的支援を要望する場合である。当該年度には、前年度に生じた案件に対して、加害学生に対して心理的ケアを行なうために教職員の仲介を得て継続カウンセリングが展開していた。和解を模索しつつ、被害学生への支援とどのように連関させていくかが課題となっていたが、事件性の程度に応じて親・家族にも事態を把握してもらうことが必要であった。

b)「２者関係トラブル（異性間）」

恋愛関係のこじれ、ストーカー問題、セクシュアル・ハラスメント等が異性の学生間で生じた際に、その当事者に対して事態収拾の方略を提示しつつ、心理的ケアも並行して行なった場合である。主として女子学生が被害を訴えて混乱しつつ来談する場合が多く、まず被害の程度や全体状況を把握して安全の確保にあたることとなり、恐怖心を軽減して落ち着いた学生生活に復帰できるように支援している。さらに被害学生の要求や状況によっては、加害側とされる学生に謝罪と今後の接触禁止を求めるべく、教職員と連携・協働しつつ、働きかける場合もあった。被害側・加害側の両者に関与する場合、双方の主張や認識には大きな相違が生じており、被害学生の怒りや叱責を加害学生がそのままに受けとめることは（特に当初は）困難であったため、時間をかけて事態の理解と被害側の心情への配慮を進めていくことになった。また、ハラスメント申立がなされる場合は、大学としての判断や処遇を当事者がどのように受け入れていくかも大きな課題となった。

c)「集団内トラブル」

サークルや研究室内での同輩関係、先輩－後輩関係が集団として好ましくない状態に陥っており、被害を被っている／あるいは問題を強く認識している学生または関係者が来談して、心理的な混乱を納めつつ、改善策をともに検討していく場合である。Coとしての構えは「2者関係トラブル」の際と同様であるが、関与する友人・学生の人数が多く、学生間のネットワークの様相とそのダイナミクスを把握することに困難が生じるため、他の学生メンバーへの関与や集団への介入は慎重におこなう必要があった。また、「その他」としての1事例はカルト集団の疑いが強い団体に関するものである。

4．考察

1）友人・学生が関与する相談事例を理解する枠組

本研究では、友人・学生の相談事例への関わりという視点から検討を試みたが、「親・家族（研究4）」以上に分類が込み入った複雑なものになっている。それは、

a）クライエント学生の認知

b）Coの見立て

c）Coや相談機関との実際の関与の程度

d）ひとりの学生が有する友人・学生の多様さ

という異なる次元・要素が影響するからでもある。

各次元は面接プロセスの進展にともなって刻々と変化するが、特にd）においては、「教職員」や「親・家族」に比して、関与しうるメンバーが多く、学生の所属する集団の中では当然“うまの合う”学生もいれば、“そりの合わない”学生も存在する。また、そこに同性関係のみならず、異性関係が混入してくるため、学生集団のダイナミクスはいっそう複雑になり、全体状況を理解することにはかなりの困難がつきまとう。しかし、それでも来談学生の有している「友人・学生」とのネットワークの全体像を把握し、そこで展開する交流の内容や関係性の質を吟味することは、学生への援助に際して必須の事項であると言ってよい。本研究でも検討してきたように、それは学生の状態像や対人関係の様式に係るアセスメントに役立つとともに、現在の危機状況において本人を支え、今後の展開や転機を見渡す際の重要な資料となるからである。そして、同性代の友人・学生と支え合い、かつ刺激し合って、時に生じる葛藤をも糧にして青年期の発達課題を乗り越えていくことを援助することになる。

２）友人・学生が関与する相談事例への留意点
—関係の「希薄化」と「事件化」の中で—

本研究から明らかになった「友人・学生」の関与に係る特徴的な諸点を整理していくと、まず、(A)「友人・学生の話題がほとんど扱われない事例」、中でも〈A２〉「友人が不在・関係が希薄」に分類される学生の多さがあげられる。これは１つには「ひきこもり系の諸問題」として括られる不登校あるいはこれに近い状態にある学生たちの事例の多さゆえであり、いま１つは、学業・研究はある程度こなしていても交友関係には深く関わることのない一群の学生たちが存在するからこそでもある。これらの学生たちの大多数は、相談面接の場でも何を話してよいか分からず、居心地がわるそうだったり、すぐに会話が途切れてしまうことになりやすい。それゆえ、個別相談における最初の留意点として、Coとの二者関係におけるコミュニケーションを通じて、他者と交流することへのためらいや恐れを減じさせ、少しづつソーシャル・スキルを身につけていくことを支援することになる。さらに、自分の好きなことややりたいことを自由に語り、また新たに興味・関心を見出していくことで、“語るべき自分／交流に耐えられる自分”が確かにあることを実感してもらうことを目指す。そこから、徐々に交流可能な学生集団やネットワークを確認し合い、どのタイミングで、どの成員に、どのように関わっていこうとするかを検討し合っていくことになる。ある程度の作戦やシナリオを事前に作成することもあるが、実際には「気がついたら声をかけていた（声をかけられて、それに応じていた）」という展開に結びついていくことがしばしば生じている。このように「関係の希薄化」を越えて、いかに学生たちのネットワークの中に来談学生を溶け込ませていくか、ということが大きなテーマになると言って良い。

一方、本研究では「トラブル収拾」が主要テーマとなる「直接的コンサルテーション②〈C３〉」が設定されていることも大きな特徴である。同世代の人間関係における葛藤や競合が生じた際に、当事者間での率直な対話によって問題解決を図ることが難しかったり、両者の間に入って事態を調整しうる学生が存在しない等の状況とも相まって、学生たちのみでは解決が困難な案件となって「事件性」を帯びてくることになっていた。「２者関係トラブル（同性間）」や「集団トラブル」では、初等・中等教育における「いじめ」の構造と共通する側面もあるが、学生間の関与が薄いために生じている問題に気づかなかったり、歯止めとなる介入を行なえる者がおらず、問題がエスカレートしていく側面が伺えた。一方「２者関係トラブル（異性間）」では、恋愛関係のこじれやストーカー的な様相を呈する事例の存在は、マスコミ報道の影響もあって、被害を訴える側が早い段階で恐怖心や嫌悪感を抱いてすくんで動けなくなる場合もあれば、逆に強力な反撃に出ようとする場合もあるが、いずれにしろ Co の対応においては、安全と安心が保証されるべく周囲の「友人・学生」や時には「教職員」とも連携しながら「事件性」の度合いを大きくしないような配慮が必要であった。また、加害とされた側への対応については、新たな加害行為に至らないように留意しながら、自己を正当化したい気持ちや周囲の非難・批判への脅えと反発を受けとめつつの関わりになる。元の友人・学生ネットワークに戻すことが難しい場合には、別個の／時に新たな所属集団で居場所を確保できるように配慮していくことが求められた。このような「関係の事件化」とも言うべき事態においては、最終的には当事者が和解と相互尊重に向けていくことを理想としつつも、ひとまずはトラブルを沈静化させるために適性な距離を置くことが重要になった。

「関係の希薄化」からは、現在の学生たちがほどよい友人関係を築けずに回避してしまう傾向が強いという課題が浮かび上がり、「関係の事件化」からは、学生たちがお互いの相違を認め合い、行き違いを越えて関係を維持していくことが困難になっているという課題が指摘されることになる。個別相談の中で直接的に学生同士の人間関係に介入していく事例は決して多くはないが、常に来談学生と「友人・学生」との関係性の質やネットワークの様相について把握するように務め、同世代の中で成長と相互支援の契機が得られるように留意していくことが重要になっていると言えよう。

3）友人・学生によるピア・サポート・ネットワークの形成に向けて

本研究で明らかになったように、青年期における友人関係の諸相は「関係の希薄化」や「関係の事件化」といった側面に象徴される質的・量的な変容を内包している。個別相談においては、まず、来談学生が所属集団の中で居場所を見つけていけるよう支援し、いかに友人関係の輪の中に返していくかを志向することになるのだが、もし来談学生を迎え入れる素地が周囲の学生や集団・ネットワークの中に準備されていない場合には、クラス担任や研究室の指導教員、部・サークルの顧問等の「教職員」との連携・協働を通じて、学生たちの構えや集団力動への働きかけを依頼することも勘案していく。

しかしながら、実際には来談学生が友人関係を再構築したり、新たな関係に踏み出していくには相当な時間がかかる場合が多く、また、そのような場や機会がキャンパス内に見当たらないこともしばしば生じる。それゆえ、Co の立場からは、大きく言って以下の３種の活動を大学に対して提案し、また実施していくことになる。

a）教職員対象の FD 研修等を通じて、授業やゼミにおいて、あるいはクラスや研究室運営において、できるだけグループワーク的な作業を取り入れて学生間の交流を促進するよう依頼すること

b）学生対象の種々のプログラムを実施して、学生の友人づくりの機会を提供したり、ソーシャル・スキルの向上に寄与すること（講義担当の中で行なう場合、学生相談機関の主催で正課外で行なう場合、学生担当の諸部門と共催する場合等、多様な実施形態がありうる）

c）ピア・サポート・システムの整備を行ない、学生が主として新入生や下級生の相談にのることで、相互支援の風土を醸成していくこと

かつては、学生たちの自主的な交流は自然に始まり深まっていくものとみなさ

れ、大学側はこれを見守ることが基本スタンスであって、あまり介入しない・準備し過ぎないことが望ましいと考えられていた。しかるに、いまや、大学側から働きかけて、学生間の相互交流を促し、相互援助力を喚起する種々の試みが求められる状況にあることが共通理解になりつつあると言って良いだろう。

しかし、このような潮流にあっても、どのような仕掛けや関わり方がほどよい働きかけであるかについて、大学としても、学生相談機関やCoとしても、常に吟味し、自己点検していく必要がある。そして、どのようなプログラムを企画・実施する場合でも、当初は教職員やCo主導であっても徐々に学生の自主性によって運営・運用されていく部分が大きくなっていくように、工夫と配慮を刻々と行なっていくことが必須となる。友人・学生によるピア・サポート・ネットワークが形成されていく流れの中で、不適応感を抱いている「友人・学生」の存在に気がついて、相談機関を勧めてくれたり（間接的コンサルテーション〈C１〉）、付き添ってくれたりする（直接的コンサルテーション①〈C２〉）動きが出てくることも期待されよう。言うなれば、そこから、近未来の連携・協働のパートナーが育ってくることを願っての活動群ということができるだろう。

４）友人・学生の関与する相談事例に見る「連働」

相談事例への「友人・学生」の関与は、対象となる人数が多く、異なる個性を持つ学生同士の交流が生じているため、その全体像を捉えることは容易ではないのだが、青年期においては友人との関係が大きく適応状況に影響するため、学生間のネットワークの中で、来談学生がどのような位置を占め、どのような交流を行なっているかを把握することはきわめて重要である。例えば、四六時中メディアを通じて発信し合うような友人や、研究室にこもって直接に指導を受ける先輩との交流等、非常に濃密な関係性の中で息苦しい思いを抱いている場合もあれば、多人数からなるネットワークの中で常に自分の評価や立ち位置を気にしてびくびくして過ごしている場合も見られるだろう。

本研究の結果からは、「関係の希薄化」と「関係の事件化」という課題が浮かび上がったが、前者であれば、周囲との間に望ましい「連働」がほとんど生じていない状況であり、対人関係に怯えるあまり外界に踏み出して「連働」の中に身を置くことを避けてしまっている状態と説明できるだろう。それゆえ、Coは個別相談の中でも、一足飛びに交流を深め過ぎないよう慎重な構えで臨み、徐々に相談関係の中でコミュニケーションを同調させていきながら、学生生活の中でもおずおずと「友人・学生」の輪の中に入って相互交渉が開始されていく様を見守ることになる。言わば、「連働」がさざ波のように広がっていくことに恐怖よりも心地よさを覚えるように支援していくことと表現することができようか。一方、後者では、特定のこじれた関係性が複雑かつ強力な「連働」の波を引き起こし、Coもまたそこに否応なしに巻き込まれることになる。それゆえ、その影響が次のトラブルにつながらないように「連働」の様相を慎重に見定めながら、自らも冷静さを保ち、かつ来談学生と周囲の「友人・学生」たちが落ち着きを取り戻すことで、ネットワークの沈静化を図っていくことになる。このように、今後の関わり方や施策を検討していく際には、従来の「連携・協働」とは性質の異なる相互作用を含む学生間の関係性を把握し、さらには、そのような関係性の集合体であるネットワーク内にどのような「連働」が生じているかを見定めていく視座が有用になってくるだろう。

第4章
現代的な諸問題への個別対応と関係者との連携・協働

第１節（研究６） 現代的な諸問題における教職員との連携・協働

１．目的

前章では、個別相談の実践を年間を通して振り返り、関係者別に連携・協働の諸相を検討・考察してきた。そこで改めて明らかになったように、「教職員」は教育目標と心理的成長に向けたパートナーであり、「親・家族」は学生の自立を支える最大の拠り所となり、「友人・学生」は学生生活に適応していくためのエージェントとして機能することが示された。しかしながら、時にその機能の過不足や偏りが心理的混乱の契機となったり、面接の展開を複雑なものにすることがある。学生相談に従事するカウンセラー（以下 Co）は、来談学生を取り巻くネットワークを見渡し、適宜、有効な連携・協働への道を拓いていくことを意識しながら、毎回の面接を進めていくことが求められるのである。

そこで、より適切かつ実際的な連携・協働の有り様を探索していくべく、われわれは次のステップに進んでいくことになる。言うまでもなく、学生たちは日々の学生生活の中でなにがしかの問題に直面して、あるいは自覚された課題を克服すべく、学生相談の場に来談することになる。Co は、来談のきっかけとなった主訴にていねいに耳を傾けつつ、経緯と状況を考慮して総合的なアセスメントを進めていくことになる。その際の Co のスタイルは、学生を取り巻く関係者が学生本人より先に相談に訪れた場合でも、基本的に同様であると言って良い。本章では、学生相談の実践にとって役立つのみならず、連携・協働の対象である関係者にとっても理解・共有しやすいよう、多様な主訴や相談内容を今日的な課題に集約し直して、いっそう詳細に検討して指針を提示していくことを目指す。ここで用いる現代的な諸問題は、第１章第２節で集約・提示したように、以下の３種となる。

「A. いのちに関わる諸問題」―うつ状態や自殺関連、困窮状況ゆえに、本人も関係者も“引き裂かれる”ような想いを抱くケース群―

「B. 事件性のある諸問題」―ハラスメントや暴力事件等で関係者が右往左往して、落ち着いて学業や研究に取り組めなくなる“騒々しい”ケース群―

「C. ひきこもり系の諸問題」―不登校や孤立、無気力状態等で教職員が気がつかないうちにキャンパスから離れていく“静かに潜伏する”ケース群―

本節（研究６）では、これら３種の諸問題に分類された相談事例について、教職員がいかに関与していたかという観点から検討して、より的確な連携・協働へと展開していくための知見と留意点を考察するとともに、各諸問題に特有の「連働」の様相についても考察することを目的とする。

２．方法

所属大学における主任カウンセラーとして、ある年度の１年間に対応した個別相談事例（計105事例／述べ件数1,285件、うちコンサルテーション195件）を３種の現代的な諸問題に基づいて分類したうえで、各問題ごとにどのような教職員の関わりが見られたか、そしてどのように教職員の関わりを導こうとしたかを質的に分析し、その特徴や実践にあたっての留意点を記述する。

なお、３種の現代的な諸問題における分類は、以下の記述に基づいて行なう。

「A. いのちに関わる諸問題」：本研究では広く定義付けを行ない、「消えてしまいたい」「このまま生きていてもしかたない」といった漠然とした希死念慮やうつ状態等、学生の実存が心理的に脅かされている状況にある場合、ここに分類することとする。時には、実際に自殺企図・未遂といった事態に及んだうえでの来談への対応や危機介入、あるいは最も避けたい既遂事例が生じてしまった場合の事後対応・事態の沈静化が含まれることになる。また、家族や近親者、あるいは友人・知人に生死や自殺にまつわるエピソードが生じて学生が来談に至る事例もここに含むものとする。

「B. 事件性のある諸問題」：学生がキャンパスの内外で種々のトラブルに遭遇した場合であり、ハラスメント問題や暴力行為、ストーカー行為といった重大な事態のみならず、ちょっとした学生間の行き違いや教職員と学生の教育指導上のミスマッチであっても、学生あるいは周囲の関係者がトラブルと認識して何らかの解決・改善を求めて来談する場合はここに分類される。そのほか、思いもかけない事件・事故に巻き込まれたり、カルト問題や悪徳商法といった社会問題に関わってしまった事例も含む。被害学生を支援するために事態の収束と心理的回復をいかに図るかを主軸としつつ、加害者（とされる）側への関わりや、トラブルの仲裁・調整という機能も考慮する事例群である。

「C. ひきこもり系の諸問題」：ひきこもりの要因・原因は様々であり、ある特定の疾患単位を指す訳ではないことは言うまでもないが、大学等の教育機関においては、その不適応状態が最も端的に現われるのが修学状況であり、多くの場合、これは不登校あるいはひきこもり傾向として認識される。本研究では、例えば何ヶ月以上の不登校であればこの問題に含めるといった操作的な手順は行なわず、本人もしくは関係者にとって「大学に行っていないこと」「授業を休んでいること」が主要な課題として語られている場合に、「ひきこもり系の諸問題」として総括することとする。

分類に際して、この３種の課題を学生が複合して有している場合には、「いのちに関わる諸問題」＞「事件性のある諸問題」＞「ひきこもり系の諸問題」の優先順位に沿って分類することとする。また、継続事例の場合は当該年度以前における教職員の関わりも考慮する。さらに、教職員研修等において、３種の諸問題それぞれについてどのような働きかけを行なったかも提示して、Co の立場を整理する。分類および検討に際しては、各事例の相談記録が基礎資料であり、加えて所属機関で毎年刊行している「年報」での集計作業およびこれをもとにしての考察が下地となる。

３．結果

１）現代的な３種の諸問題の分類

本研究の対象とした年度における筆者の担当事例（計105事例）を３種の諸問題に分類すると、該当する事例数は**表４－１－１**の通りであった。

表４－１－１　現代的な３種の諸問題

	（学生）	（教職員）
「A. いのちに関わる諸問題」	35事例	４事例
「B. 事件性のある諸問題」	26事例	５事例
「C. ひきこもり系の諸問題」	22事例	１事例
（その他）	７事例	５事例
計	90事例	15事例

学生が来談した事例（もしくは学生に焦点があるコンサルテーション事例）計90事例のうち、現代的な３種の諸問題のいずれにも該当しない７事例を除いた計83事例を本研究の分析対象とする。

次いで、３種の諸問題ごとに、最初の来談者もしくは働きかけの主体に沿って分類すると個別相談においては「学生の自主来談（学生への対応①）」「教職員からの相談」「周囲からの相談（親・家族への対応／学生への対応②）」の3つの観点から、Coと教職員との連携・協働の様相について整理することができた。そのうえで「コミュニティへの働きかけ」という4番目の観点を加えて、以下に順次、詳述していくこととするが、その際には、Coからの具体的な言葉かけの例を適宜示しておくこととする。

2）「A. いのちに関わる諸問題」における連携・協働

i）手続き

カウンセリングに来談した学生の状態像をみると「神経症・反応性」に分類される事例が約半数を占めて（47.3%）最も多く、その大部分は「うつ状態」であったと言ってよい。また「躁うつ病圏」も約1割を占めている（9.3%）。必ずしもそのすべてが“いのちに関わる”状態に至る訳ではないが、学内外の諸状況に応じて容易に状態像が変容するため、対応に際しては慎重な構えが必要になる。また、特定の診断名や状態像がそのまま「いのちに関わる諸問題」につながる訳ではないことに、Coは常に留意しておく必要がある。

「いのちに関わる諸問題」に分類される事例群に対して、最初の来談者もしくは働きかけの主体に沿って分類を行なうと**表4-1-2**のようにまとめられた。［A1］～［A3］それぞれについて、教職員との連携・協働という観点に主眼を起きつつ、具体的な様相を記述していくことにしよう。

表4-1-2　「いのちに関わる諸問題」への対応分類

分類	事例数
［A1］「学生への対応①（自主来談：本人が危機）」	16事例
	［教職員相談開始：5事例］
［A2］「教職員からの相談（学生の状態を心配して）」	17事例
	［本人相談開始：11事例］
	［親・家族相談開始：4事例］
［A3］「親・家族／学生への対応②（周囲が危機）」	2事例（2事例／0事例）
〈親・家族の場合〉	［本人相談開始：1事例］
	［教職員相談開始：1事例］
（計）	35事例

ⅱ）「学生への対応①（自主来談：本人が危機）」［A１］

学生本人が心身のコンデション不良や学業・研究の行き詰まり等で将来への希望を見失い、自己否定的な心理状態に入り込んで身動きがとれなくなって自主来談した場合である。本人の状態や衝動的な行動が心配される、あるいは卒業論文・修士論文等の〆切が迫っていて卒業・修了や進学・就職に影響が及びそうな場合では教職員との連携・協働を考慮していくことになる。

［前段階（本人相談の中で）］

１）〈学生の状態像の見定め／環境のサポート力の見定め〉を行なうことを出発点にする。ex.“周りの人たちは自分の状態について分かってくれているみたいですか？”

２）〈基本姿勢〉としては、本人は“心配をかけたくないです”“先生方はお忙しいですし……”と教職員の援助をためらうことが多いが、本人の同意を得ることを最重要視してじっくりと臨む。ex.“しんどい時には周囲に頼っていいんだよ”

３）〈火急の際〉には速やかに発動する構えを保持する。ex.“君の今の状態はとても心配、何かの時には教職員との連携に動くから”

［教職員とのコンサルテーション］

このような手順で、３分の１弱の事例で主として指導教員等とのコンサルテーションが開始されることとなった。しかしながら、本人が教職員の関与に尻込みする、あるいは強く拒む場合も少なくなく、カウンセリングのみで持ちこたえられるかどうか、Coはぎりぎりの判断を迫られることもあった。なお、コンサルテーションが開始される場合は、以下のような交流がなされていた。

４）〈伝え方〉状態像をコンパクトかつニュートラルに伝えていく。“本人はかなりの心理的落ち込み、いわゆるうつ状態ゆえ、今は無理せずひとまず休養したほうが良いだろうと思います”

５）〈反応〉支持的、援助的な構えが形成・保持されることがほとんどであり、来談学生を支えるネットワークが強化され、同時に信頼感が醸成されていくことになった。

ⅲ）「教職員からの相談（学生の状態を心配して）」［A２］

学生の落ち込んだ状態あるいは自殺をほのめかす言動などに教職員が気づき、Coの助言やサポートを求めてくる場合であり、教職員の日常的な関わりによって学生がより過ごしやすい環境を作っていくことを支援するとともに、将来的な学生の来談につなげていくことをめざす。

［前段階（教職員との打ち合わせ）］

1）〈学生の状態像把握〉のために、できるだけ丁寧に情報を収集することは言うまでもない。ex.“学生本人の状況や周囲のサポートの様相をごいっしょに検討していきましょう”

2）〈教職員の不安軽減〉を図り、落ちついて事態に対処できる素地をつくっていく。ex.“先生が関わり、見守ってくださっていることはとても大きな支えになっていると思います”

3）〈本人相談につながる働きかけ〉へと展開する。さらに、学生の状態像が危急な状況にあると判断される場合には、親・家族との協力も考慮しつつ、本人をサポートする態勢を整えていく。ex.“教員とは別の立場から相談にのってもらえるCoがいるから……と学生相談を紹介して頂ければ”

［本人来談後のコンサルテーション］

過半数の事例で本人の来談が、約4分の1の事例で親・家族との面接が開始されており、身近な教職員の働きかけと紹介が大きな影響を持つことが分かる。

4）〈伝え方〉学生の希望に沿うかたちで、本人の状態像や求められる配慮について伝えていくことが原則であるが、学生本人はひとたび教職員の関与を受け入れている状況では“そのまま伝えてくださってかまわないです”という場合も多い。

5）〈反応〉教職員からは自然なかたちで学生を心配する気持ちが表出され、継続的に見守る構えが形成されていく。しかし事例によっては回復のメドがたちにくいがゆえの苛立ちが教職員の側に生じる場合もあった。ex.“将来ある大切な学生のためにできるだけのことはしたい……”“時間がかかると分かってはいても、卒業の判断をする期限まであまり猶予がないんです……”

ⅳ)「親・家族への対応／学生（自主来談）への構え②（周囲が危機）」［A3］

親・家族が学生本人の様子や状態像を心配してCoに援助を求めてくる場合や、サークルや研究室の友人・仲間の状態を心配して学生が来談してくれる場合がある。その際には、本人の来談可能性を考慮しつつ、同時にいかに教職員の関与に結びつけるかを考慮することになる。当該年度は、親・家族から持ち込まれた相談が2事例あったが、友人・学生からは該当事例がなかった。

〈親・家族の場合〉

1）〈緊急性の査定・周囲の方のケア〉として、親・家族の心配で落ち着かない気持ちをそのままに受けとめつつ、学生の状態像の把握のために必要な情報を収集していく。ex.“ご心配なさるのはむりもない状況……。今後の対応を考えていくためにも経緯や様子を具体的におうかがいしてよろしいでしょうか”

2）〈本人相談・教職員関与につながる働きかけ〉へと展開する。親・家族から学生本人に来談を勧めてもらうと同時に、指導教員・クラス担任等の協力を得られるか検討していく。ex.“自分も相談に行ってみて、話しやすかったよ……と紹介して頂ければ”“いまのしんどい状況を指導教員の先生にも分かってもらおうよ、という助言がCoからあったんだけど、どうかな……と伝えてみて下さいますか”

＜友人・学生の場合＞

当該年度はここに分類される事例が存在しなかったが、前年度までに経験した際には以下のような対応を行なっていた。

1）〈仲間としての配慮をねぎらい〉つつ、対象者から適度な距離感を保つよう示唆する。ex.“心配してくれるのはとても有り難い。一方で君だけで抱え込まないで”

2）〈本人相談・ネットワーク対応を促す働きかけ〉へと展開する。本人に来談を勧めてみるよう依頼するとともに、教職員や親・家族を含むネットワークでの対応へ結びつけることを提案する。ex.“いっしょに付き添ってくれると来やすいかなあ”“教職員が大きなちからになってくれる場合もあるから”

ⅴ）「コミュニティへの働きかけ」

いのちに関わる諸問題はキャンパス全体を揺るがしかねない問題であり、関連する重大事案が生じた際には相談機関の側から教職員に働きかけていくことが求められる。個別のポストベンションへの構えを常に有しておくとともに、部局や学科、あるいは研究室、サークル等の集団単位でのアプローチも考慮していくことになる。

［前段階（システムづくり）］

1）〈風聞への対応（より正確な情報を収集）に留意〉して、キャンパス内に事実とは異なる情報や本人ならびに関係者の意に沿わない情報が広まらないようにする。ex.“教職員が事実関係を把握していない一方で、学生たちはネットなどの裏情報で肥大した情報に不安になっている場合が……”

2）〈レクチャーや各種研修への協力・参画〉を心がけ、全学のFD研修や各部局の教授会にCoが出向いたり、必要な企画を順次開催する。

ex.“学生のいのちを守ること、その第一歩は日頃からまなざしを学生に向けて関わっていくこと……”

［グループでのコンサルテーション］

3）〈伝え方〉研修会や教授会でCoが話をする際には、事実に基づきつつも守秘を配慮し、かつ教職員を脅かさないよう情報をある程度加工する必要がある。ex.“状況を共有するに際しては概要に留めさせて頂いて、数字や断片的な情報がひとり歩きしないようにお互いに配慮しながら”

4）〈反応〉教職員からは、把握していなかった事態への驚きとともに、時に“こわい”といった怯えや、関連する案件が生じた部局では“そっとしておいてほしい”という抵抗感も生じることがあった。

3）「B：事件性のある諸問題」における連携・協働

ⅰ）手続き

「事件性のある諸問題」に分類される事例群に対して、最初の来談者もしくは働きかけの主体に沿って分類を行なうと**表4－1－3**のようにまとめられた。ハ

表4－1－3　「事件性のある諸問題」への対応分類

［B１］「学生への対応①（自主来談：本人がトラブルに遭遇）」	13事例
	［教職員相談開始：５事例］
［B２］「教職員からの相談（トラブルに巻き込まれた学生に関して）」	９事例
	［本人相談開始：５事例］
	［親・家族相談開始：２事例］
［B３］「親・家族／学生への対応②（周囲の者が巻き込まれて）」	４事例（１事例／３事例）
〈親・家族の場合〉	［本人相談開始：０事例］
	［教職員相談開始：１事例］
〈友人・学生の場合〉	［本人相談開始：３事例］
	［教職員相談開始：１事例］
（計）	26事例

ラスメントや暴力事件、各種トラブル等に学生たちが巻き込まれた際には、各当事者のケアならびに事態の収拾に向けて教職員との連携・協働をいかに進めていくかが重要になってくるが、一方で表に出しにくい性質の問題であり、１事例あたりに必要とされる労力が極めて大きく、各方面からの期待・要望の大きさにCoのあり方が揺さぶられる場合もあった。［B１］〜［B３］それぞれについて順次、教職員との連携・協働という観点に主眼を起きつつ、具体的な様相を記述していくことにしよう。

ⅱ)「学生への対応①（自主来談：本人がトラブルに遭遇)」［B１］

来談学生が、より権威のある立場の者（教職員や先輩等）から嫌がらせを受けたとするアカデミック・ハラスメントに係る場合が最も多くなっていたが、そのほか、学生間のトラブルや学外での事件に巻き込まれて身動きがとれなくなっている事例もあった。

［前段階（本人相談の中で)］

１）〈生じている事態／本人の状態像と環境のサポート力の見定め〉が出発点である。ex.“それぞれの人たちに対して、どのような想いがありますか。頼れる人といまは関わりたくない人がいるかな……”

２）〈問題解決のシステムを説明〉して、学内外のハラスメント相談や安全管理・処分に係る規定等を共有する。ex.”申立を行なってより上位の組織からの調査と処遇を求めることはもちろん可能ですよ”

３）〈システムや担当教職員の検討〉を行ない、本人にとって信頼に足ると位置づけられるか、ともに検討していく。とりわけ調整役割を担ってもらえる教職員の存在は事態の改善に向けた鍵となる。ex.“授業等でお世話になったことがあって、間に入って頂けそうな教職員がいるでしょうか……”

［教職員とのコンサルテーション］

教職員とのコンサルテーションが行なわれた事例は３分の１をすこし越える程度に留まっていた。教職員に協力を求めるかどうかは学生がどのような対処様式を選択するかにもよるのだが、“つきあいづらい人ともなんとか一緒にやっていけるように”と積極的な意味合いで教職員の関与を望まない場合もあれば、“自分でなんとかするしかない”という半ばあきらめの感情や“教職員は大学側の利益を第一に考えるでしょうから……”と信頼できるところまで至らない場合もあった。

コンサルテーションが進められた事例では、以下のような交流が行なわれていた。

４）〈伝え方〉事態を整理して、感情的な齟齬が新たに生じないよう配慮する。ex. “学生はかなり混乱している状態で、指導教員のことばがきつく感じられているよう。専攻長のお立場から仲介に入って頂くことはできますでしょうか……”

５）〈反応〉多くの事例では教職員はまず驚きを示し、次いで戸惑いや関わることへのためらいが生じることがある。しかし事態への理解が進むに連れて、徐々に学生本位の姿勢へ移行していく場合がほとんどであった　ex. “トラブルを納めるなんて、とても自分にはできない気がするが、学生のためになるなら動いてみます”。

ⅲ）「教職員からの相談（トラブルに巻き込まれた学生に関して）」［Ｂ２］

部・サークル活動でのトラブルや他研究室のハラスメント的な状況を心配したり、何らかの事件において被害側あるいは加害側にあるとされる学生へのケアや処遇をめぐって、教職員が相談に訪れる場合がある。

［前段階（教職員との打ち合わせ）］

１）〈丁寧な情報収集〉をベースにして、錯綜した事態を整理していき、事件性の全体像／各当事者の状態像を判断する。ex. “それはさぞかしおどろかれたことと思います。ごいっしょに状況を整理していきましょう”

２）〈可能な方策の検討〉のために、教職員の依頼内容に応えつつ、選択肢を整理して示す。ex. “当面の処置としては……、一方、将来的な改善のためには……”

３）〈本人相談につなげる働きかけ〉をじっくり検討するとともに、状況によっては親・家族の関与も考慮する。ex. “このような問題への対応経験が多いCoがいるから……と紹介して頂ければ” “加害側になった学生も思わぬ事態に困惑していると思うので……”

［本人来談後のコンサルテーション］

過半数の事例で、教職員の勧めによって学生本人が来談するに至っている。それだけ事態が複雑で学生が困惑・苦悩していたということでもあり、心理面・修学面でのケアとともに、問題解決の方略をそれぞれの立場から持ち寄って道筋をつけていく作業が行なわれることになった。その中での教職員との交流はまとめると下記のようになる。

4）〈伝え方〉学生の意思（伝えてほしいこと／避けてほしいこと）を尊重しつつ、教職員に引き続きの配慮を依頼する。ex. “当該学生はなかなかことばにできない想いもあった様子で、先生もさぞ気をもまれたのでは。Co の立場から要約しますと……”

5）〈反応〉処遇（もしくは処罰）と絡む戸惑いが生じたり、事態収拾に時間がかかるいらだちを示す教職員もあった。ex. “かえって腫れ物にさわるような対応になっていて、加害学生もあまり反省の色が見られない気がする”

ⅳ）「親・家族への対応／学生（自主来談）への対応②（周囲の者がトラブルに巻き込まれて）」［B３］

「A. いのちに関わる諸問題」同様に必ずしも多くはないが、親・家族が学生本人の通常とは異なる様子を心配して Co に援助を求めてくる場合や、サークルや研究室の友人・仲間がトラブルに関与していることを見聞きして学生が来談してくれる場合がある。当該年度は、親・家族からの相談が１事例、友人・学生からの相談は３事例見られた。

＜親・家族の場合＞

1）〈事態の把握・必要な情報の収集〉を行ないつつ、親・家族として学生を心配する気持ちとトラブルの相手側を牽制したい等の様々な思いを受けとめる。ex. “気が動転なさるのはむりもなく……。今後の対応を考えていくために経緯や様子を……”

2）〈本人相談・教職員関与につながる働きかけ〉へと展開する。親・家族から学生本人に来談を勧めてもらうと同時に、指導教員・クラス担任等の協力を得られるか検討していく。ex. “違う立場の意見を聴くことも打開のきっかけ……と紹介して頂ければ”“大学の教職員に判断や処遇をお願いすることもあっていいよ、という助言が Co から……とお伝え下さいますか”

＜友人・学生の場合＞

1）〈仲間としての配慮をねぎらい〉つつ、義憤で本人以上に混乱している側面や、自分も巻き込まれるのではという不安等の種々の感情状態がありえるので、事態を冷静に見られるよう援助する。ex.“心配してくれて有り難う。そばから見ていて居たたまれなかったんだね”
２）〈本人相談・ネットワーク対応を促す働きかけ〉へと展開する。本人の来談を勧めるよう依頼しつつ、教職員に解決や調整に入ってもらって、ネットワークでの対応へ結びつけることを提案する。ex.“次回はいっしょに来るように声をかけてもらうことは可能かしら”“教職員が仲介役としてちからになってくれる場合もあるから”

ⅴ）コミュニティへの働きかけ

事件性のある諸問題は、労力に見合った成果や解決がなかなか得にくく、各当事者が徒労感に苛まされることも多い。またキャンパス構成員の人権に関わる問題であり、なにより防止と早期対応のシステムを整備していくことが望まれる。そのためにも、継続的な啓発活動がなにより重要であり、例年、ちからを注いでいる側面である。

［前段階（システムづくり）］

１）〈対応システムの整備〉が個別性・迅速性・公平性を保持しつつ進められるよう発信・貢献しながら、Co の立場を明示していく。ex.“きちんとした対応システムが存在することは構成員にとって安心感になっている。Co は判断や調整に関わって表に出るのではなく、学生の心情に沿うかたちで動きますので……”
２）〈各種研修の講師〉として、全学的な FD 研修や各部局における教授会 FD、事務職員研修等に参加している。ex.“ハラスメントをいかに防止するか、事態をこじれさせないかが大切”

［グループでのコンサルテーション］

３）〈伝え方〉教育コミュニティにおいてやむなく不可避的に生じるものでもあるという趣旨を踏まえて説明する。ex.“100％なくすことはできないかもしれないが、学生に柔らかいまなざしを向けることですこしでも減らしていけるよう”
４）〈反応〉“学生の個別性を尊重することが重要と分かった”等、教育に携わる際の基本姿勢という理解が得られる場合もあれば、“どこまできつく対応したらハラスメントになるのか。学生を甘やかすだけではないか？　基準を示してほしい”という要望も聞かれた。

4）「C：ひきこもり系の諸問題」における連携・協働

i）手続き

「ひきこもり系の諸問題」に分類される事例群に対して、最初の来談者もしくは働きかけの主体に沿ってさらに分類を行なうと**表４−１−４**のようにまとめられた。不登校傾向にある学生たちは、本人が自ら来談することが少ないため（当該年度は１事例のみ）、教職員もしくは親・家族に連れられてようやく相談機関の関与が始まる場合が多い。学業復帰もしくは進路再選択に至るまでに時間がかかり、数年がかりのケースも少なくなかった。また、いまだ相談機関の関与が得られないままに、留年・休学・退学に至る学生も存在することは否めない状況にあった。以下、［C１］〜［C３］それぞれについて順次、教職員との連携・協働という観点に主眼を起きつつ、具体的な様相を記述していくことにしよう。

表４−１−４　「ひきこもり系の諸問題」の対応分類

［C１］「学生への対応①（自主来談：本人不登校）」	１事例
	［教職員面接開始：０事例］
［C２］「教職員からの相談（学生の状態を心配して）」	16事例
	［本人相談開始：11事例］
	［親・家族相談開始：６事例］
［C３］「親・家族／学生への対応②（周囲が心配して来談）」	５事例（５事例／０事例）
〈親・家族の場合〉	［本人相談開始：４事例］
	［教職員相談開始：１事例］
（計）	22事例

ii）「学生（自主来談）への対応①（本人不登校）」［C１］

本人から来談した場合であるが、多くはまだ不登校になってから日が浅く“なんとかしたい”という前向きな（あるいは焦りの）気持ちが表面に出やすい状況にあった。

［前段階（本人相談の中で）］

1）〈本人の状態像／環境のサポート力の見定め〉を前提に、今後の対応について話し合う。ex.“休んでいる間のノートを見せてくれそうな知人はいそうかい？”

2）〈学務手続きや在学年限等の実際について確認〉する。ex.“あまり考えたくないと思うけど、あとどれだけ時間を使えるか、事実関係はおさえておこう”

３）〈教職員（クラス担任等）の構えを伺う〉とともに、本人のためらい、動きがたさを尊重して方針を考えていく。ex.“来談してくれたことをきっかけに、先生にも助言をもらえるよう、もうひとつステップを踏めそうかな”

［教職員とのコンサルテーション］

当該年度の１事例については、教職員との連携に至ることはなかったが、過去には以下のような伝え方と反応が得られている。

４）〈伝え方〉学生へのほどよい理解と脅かさない距離感での関わりを促す。ex.“決してさぼりや怠けという訳ではなく、ひととの関わりを避けるうちに動きがたくなってしまった様子で……”

５）〈反応〉“遠慮なく訪ねてくるように伝えてくださいますか”という言葉が返ってくることがほとんどであったが、時に“そうは言ってもやはり本人の責任では。どこまで面倒をみればいいのか”という疑問が出されることもあった。

ⅲ）「教職員からの相談（本人の状態を心配して）」［Ｃ２］

当該校では欠席がちな学生に対して、大学としてアプローチする統一したシステムにはなっていないことから、学科・専攻ごとに、学生支援を担う気持ちが強い教職員が個別にCoに相談を持ちかけてくることがしばしば生じていた。

［前段階（教職員との打ち合わせ）］

１）〈学生の状態像判断〉のために、できるだけ丁寧に情報を収集していく。ex.“おおよそいつ頃から休みがちに……。単位取得状況はどのくらい……、また、親しい友人などはいそうですか”

２）〈教職員のためらいを受け止める〉ことで、どこまで関わるべきなのかという迷いを共有しつつ、方針を考慮する。ex.“折りをみての学生への連絡や関わりはとても有り難いです。いまは適度なお節介がたいせつと思いますので”

３）〈本人相談につなげる働きかけ〉を検討することになるが、来談に至るまでに長期戦になる場合もあることを確認しておく。また、親・家族の関与が望ましい場合も多く、日常的に接する教職員の立場から親・家族に連絡をとることはむしろ自然なことという認識で臨む。ex.“本人に、カウンセリングでゆっくりとこれからのことを考えてみると同時に、生活のリズムをつくることにもつながるから、と伝えて頂ければ”“親御さんも驚かれるかもしれないですが、学校と家族の双方からサポートできるよう……”

［本人来談後のコンサルテーション］

約３分の２の事例で本人の来談に至っていることは特筆されよう。教職員が学生の状況に気づき、アプローチしていくことの意義は特にこの問題の場合には極めて大きく、また、欠席状況や単位未取得、手続きの未提出等の要因から教職員が働きかけることは、学生にとっても受け入れやすい側面があると考えられる。

４）〈伝え方〉その後の状況と見込みについて相互に定期的な連絡を心がける一方で、守秘義務の観点と併せ、学生の希望を尊重し、特にやがて語り出す内的世界の伝達については慎重を期す。ex.“毎週通ってきてくれていますよ。ようやく自分の進んできた道のりを振り返り始めていて……”

５）〈反応〉学生を心配し、“カウンセリングに通っているのならば安心”と見守る構えが形成されることになったが、時に“いつになったら大学へ来れるようになるのか”等、学生の動きがたさへの焦りや苛立ちが生じることもあった。

iv）「親・家族への対応／学生（自主来談）への対応②（周囲が心配して来談）」［Ｃ３］

ひきこもり等に対しては、親・家族が自室にこもりきりの学生にどう関わってよいか困惑して、あるいは下宿している学生が単位取得や進級不可の状況に陥っていることにようやく気がついて、来談する事例が毎年一定数ある。特に下宿の場合には、学生の状態に気づく契機が教職員からの連絡や問い合わせであったこともしばしば見られた。一方、周りの学生たちが気づいて本人との連絡を試みたり、下宿を訪問してくれたりする場合は、当該年度には存在しなかった。

〈親・家族の場合〉

１）〈事態の把握・必要な情報の収集〉を進めつつ、学生を心配する気持ちと大学や周囲の関与への期待や不満を受けとめていく。ex.“充実した学生生活を送ってほしいと願っておられたのに、この状況をどう理解してよいか戸惑われるのはむりもない……。今後の対応を考えていくために経緯や様子を……”

２）〈本人相談・教職員関与につながる働きかけ〉へと展開していくが、本人に相談を勧めてもすぐに来談に至るとは限らないゆえ、じっくりと本人と向き合っていくことを確認しておく。同時に、指導教員・クラス担任等の協力を得られるか、また修学上の手続きに関する事務窓口への連絡・協議についても、適宜検討していく。ex.“カウンセリング室は教室や研究室とはずいぶん違う雰囲気、安心して話せる場所と感じたよ……と紹介して頂ければ”“敷居が高いように思える大学の先生も思いのほかちからになってくださるもの、という助言がCoから……とお伝え下されば”

〈友人・学生の場合〉

当該年度は該当する事例は見当たらなかったが、前年度までの経験では以下のような対応を行なっていた。

1）〈相互援助の姿勢に感謝〉しつつ、すぐには動かない学生の状態に何か重大なことが起きているのではという不安を受けとめる。ex.“留守電にして身を守っているけど、友だちが心配してくれているのはこころのどこかでうれしく思っている可能性があると思うよ”

2）〈本人相談・ネットワーク対応を促す働きかけ〉を考慮していく。本人の来談を促すよう依頼するとともに、教職員からの働きかけも提案する。ex.“しつこくならないように、そして負担にならない範囲でコンタクトしてみて。その中でカウンセリングのことも話題に……”“指導教員の先生から親御さんに連絡をとってもらうことも一案と思っているのだけど……”

v）「コミュニティへの働きかけ」

当該校では学生の自主性にまかせる気風が強かったため、Coの立場から、現在の学生気質に応じたより積極的な関わりを提唱する機会が増えていった。このような流れは「学生支援GP（新たな社会的ニーズに対応した学生支援プログラム）」の申請・採択にもつながっている。

［前段階（システムづくり）］

1）〈教職員からの積極的な働きかけを喚起〉することで、不適応学生の把握や早期の関与等を推し進める。ex.“欠席がちな状態は修学上または心理的な危機のサイン。自分から動き出しにくいので、ぜひ教職員の側からアプローチを……”

2）〈学生の相互援助力を賦活する試み〉として、TA・ピア・サポート・サークル活性化等を提案していくことになった。ex.“学生たちがお互いに支援し合えるような仕組みづくりが重要になってきている現状……”

［グループでのコンサルテーション］

3）〈伝え方〉青年期特有の心性や近年の学生気質に基づいて、対応に際しての留意点を整理して伝えていく。ex.“いまの学生たちにはすこしお節介な関わりもあって良いし、そのことが近年の親・家族の希望にも沿うことになるよう”

4）〈反応〉“人間味ある学生を育てたい。だからこそしっかり関わりたい。教育責任と思う”と同意される方が増加している一方で、“大学がそこまでする必要があるのか”という疑問も折りにふれて提示された。それゆえCoとしては、双方の意見を受けとめ集約しつつ、各部局や学科・専攻ごとの方針、あるいは各教職員の構えをそれぞれで検討してもらうことになっていた。

4．考 察

1）本人相談における留意点―教職員との連携・協働に向けて―

学生本人がまず来談して、個別相談を通じて今後のより適応的な学生生活を送れるよう支援する営みは、言うまでもなく学生相談の中核的なあり方である。そのうえで、来談学生の状態像や事態の緊急性を考慮しつつ、教職員との連携・協働に了解が得られるよう根気強く対応することが重要であった。ここで考慮しておくべきことをまとめておこう。

ⅰ）コンサルテーションへの展開

「A. いのちに関わる諸問題」および「B. 事件性のある諸問題」では、3分の1前後の事例で教職員とのコンサルテーションに導くかたちとなっている。もちろん、すべての事例でコンサルテーションが必須ということではなく、また本人とのカウンセリング関係の中で持ちこたえていくことがその後の望ましい転機につながることも少なくないのだが、問題の性質と重篤さを考慮すれば、この割合は決して十分とは言えないだろう。学生が“先生方はお忙しいでしょうから……”と遠慮したり、“結局学生よりも大学の利益を考えるのでは？”と信用しきれずためらう状況をさらに打開していく努力は継続的に必要である。一方「C. ひきこもり系の諸問題」においては本人の来談から始まる事例自体が最少件数に留まっており、相談機関あるいは大学からのなんらかの働きかけが必要な状況が端的に現われている。

ⅱ）学生本意の姿勢

教職員とのコンサルテーションが開始された事例では、Coの「学生本位」の姿勢が本人に伝わるにつれ、教職員と連絡をとることについても同意に向かうこととなっていた。言うまでもないことだが、まずCoが本人の話をしっかりと受けとめていくことが重要かつ前提であり、その延長線上に教職員との連携・協働があることを納得してもらえるかどうかが分岐点となる。安易な紹介と感じられることがあっては、学生相談の基本姿勢が問われることになる。

iii）安全基地としての教職員ネットワーク

Co 個人ならびにカウンセリングチームがこれまでの相談活動やコミュニティ活動を通じて日頃から形成してきた教職員ネットワークが安全基地となって、新たな事例に対する連携・協働においても効果的に作用していたと言って良い。各部局・学科等の風土と学生本位で動ける教職員の存在を Co 側が把握していることと、教職員の側も Co への一定の安心感・信頼感を有していることが、学生のスムーズな紹介につながっていた。

2）教職員からの相談における留意点―学生本人の来談・回復に向けて―

教職員からの相談で始まる相談事例の割合は、おそらく全国的に見ても相当に高いと言ってよいだろう。「A. いのちに関わる諸問題」で約３分の１、「B. 事件性のある諸問題」で約４分の１、「C. ひきこもり系の諸問題」においては約４分の３もの事例が、まず教職員が Co にコンタクトをとってくるかたちで開始されており、さらに、いずれの場合にも過半数の事例で本人相談に結びついている。ここで考慮すべき点として、以下のような事項があげられる。

i）異なる立場ゆえの有効性の確認

まず教職員の相談を受ける際の構えと、学生本人の来談が開始された後の構えとでは、幾分異なる側面が生じてくる。１つには、教職員と Co で共有できる情報と守秘義務や学生本人の希望に沿うべき内容との両者の区分けに留意する必要が生じてくるからであり、もう１つには、学生を交えた３者関係になることで、教職員と Co との間の関係性が変容してくる可能性があるからである。学生が Co ばかりを頼りにしているように感じたり、“期待に沿った応答をしてくれない”と不満を感じたりすることも時に生じる。それゆえ、

a）教職員の不安や戸惑いを受けとめつつ、異なる立場からサポートを行う意義、

b）ともに学生を支え、育てる“協働者”としての意識を作っていくこと、

という２点を押さえていくことが肝要であった。

ⅱ）教職員ネットワークの中でのバランス

積極的に学生相談を活用する教職員が多数存在することはサポート・ネットワークの形成が順調に進んでいる証でもあるが、いわゆる“ヘビーユーザー”として多数の学生について相談を持ちかけてくる教職員と、いまだ“学生相談を教職員が利用してもいいのだろうか”と逡巡する教職員に分化してしまうことはできるだけ避けなくてはならない。その意味でもバランスのよい広報と研修、交流が望まれる。また、相談活動のみならず各種のコミュニティ活動を通じて、必然的にCoは学生支援に関心の深い教職員との協働作業が多くなっていくが、そのことが学生たちから相談に関する守秘や教育に係る価値観についてある種の不安・疑問を与えないように留意する必要がある。

ⅲ）教職員相談への構え

一方で、教職員本人が焦点化された相談事例として、学生と同様に「A. いのちに関わる諸問題」（５事例)、「B. 事件性のある諸問題」（５事例)、「C. ひきこもり系の諸問題」（１事例）それぞれに分類が可能であった。そして、そのいずれの場合にも、同僚・上司・部下もしくは管理職といった他の教職員との連携・協働を行なった事例が含まれている。その際のCoの対応は、学生の事例とほぼ同様と言って良く、その一貫したあり方が各事例に関与した教職員にとってカウンセリングの意義と基本姿勢を理解する貴重な機会となり、その後の学生への対応に活かされ、心配な学生を紹介しやすくなるという循環につながる場合がある。

３）親・家族／友人・学生からの相談における留意点
―教職員の関与を視野に入れて―

学生を取り巻く重要な関係者である親・家族ならびに友人・学生であるが、学生本人の来談、あるいは教職員の来談から始まる事例に比べて、相談開始のきっかけとなることは相対的に少なかった。「A. いのちに関わる諸問題」ならびに「C. ひきこもり系の諸問題」では親・家族の来談から始まったものがそれぞれ２事例、５事例見られたものの、友人・学生の来談から始まったものは皆無であった。その一方で、「B. 事件性のある諸問題」においては友人・学生の来談から始まったものが３事例見られた。ここでは以下の点について配慮しておくことにしよう。

ⅰ）親・家族と高等教育との距離感

親・家族の関わりについては、学生が下宿や寮生活で離れて暮らしている場合のみならず、高校時代から引き続き同居している場合でも、学生の不適応状況に気がつくことは教職員に比べれば遅れがちになる。“もう大学生なのだから”と本人に任せてよいという安心感、あるいは任せたいという希望が作用している場合が多いのだが、一方で“大学の先生方に相談を持ちかけるのは敷居が高い”という意識が積極的な動きをためらわせている場合もないとは言えない。一方で、従来に比してより密に学生に関わろうとし、大学に多くの支援を期待する親・家族が増えている状況もあり、親・家族と高等教育との距離感をどのように定め直すかは大きな課題と言えるだろう（次節（研究７）においてより詳細に検討することになる）。

ⅱ）友人・学生と「関係の希薄化・事件化」

現在の学生が友人や仲間の心理的・内面的な側面（「A.　いのちに関わる諸問題」の素地）や修学上・適応上の側面（「C.　ひきこもり系の諸問題」の素地）においては、なかなか踏み込んだ理解と関わりに至りにくい状況となっていることが推測される。一方で、友人や周囲の学生がなんらかのトラブルに巻き込まれた場合には（「B.　事件性のある諸問題」に類する事態)、それが可視的な案件であれば自らの問題でもあると感じて相談や援助を希求しやすくなる。この点でも、「研究５」において考察されたように「関係の希薄化」と「関係の事件化」が進展している様子がうかがえると言ってよいだろう。

４）教職員研修における留意点―連携・協働の土台を共有するために―

学生相談に従事するCoに対して“どんな相談事例があるのか”“学生はどんなことに困っているのか”という問いかけがなされたり、“具体的にどう関われば良いのか教えてほしい”といった学生支援に係るニーズについても年々期待が高まる傾向にあり、多様な研修の機会を提供する、もしくは既存の会合に出向いて交流を計ることは必須であると言って良いだろう。

ⅰ）教職員研修の基本方針

本研究で用いた３種の現代的な諸問題は、もともと教職員に学生対応の方向性を提示して共有していくために設定されたものであり、学内外の各種研修はまさにこれを活用しうる貴重な機会である。それゆえ、教職員研修で語られる内容は、基本的に相談活動で行なわれている方策や使われている文言と齟齬がないことが望ましい。Co 側が心理学の概念と用語に頼り過ぎないよう、常に留意しておく必要があるだろう。

ii）研修における質疑応答

質疑応答に際しては、普段の学生対応の有り様をそのまま体現することによって、相談活動に従事する役割と機能を担った Co の姿を実感してもらうこともまた、重要な側面である。また、学生に関する事例について具体的な意見交換が求められる場合には、その場に応じた守秘と共有のあり方を考慮する必要があることを、実際に確認し合う場にもなる。

iii）研修の前後における交流

このような研修会の前後に、個別の相談を持ち込まれることはしばしば生じる。その際には、コンパクトなやりとりで留めることはもちろんだが、ひとまずの意見交換で区切りとするか、改めて時間を定めて面接の機会を設けるかを即時に判断する必要がある。このようなひとときもまた、連携・協働によって学生相談事例を展開するためのアセスメントと関わり方の資質を磨く機会とも言える。

iv）研修への積極的参加を促す工夫

学生支援・学生相談に係る教職員研修を実施するに際しては、a）参加人数、b）参加者の属性、c）テーマ、d）時間、e）形態の 5 つの軸をもとに、興味関心を抱き、共感してもらいやすい研修会となるよう心がけているが（齋藤, 2007)、変革の時代ゆえ教職員に余裕がなく、研修会に出席しがたい、評価を恐れる等の状況があるため、さらなる工夫が求められている。例えば、カウンセリングのエッセンスをまとめた模擬相談事例の提示等による工夫、学生支援の実際を体験的に学ぶ参加型の実習的内容、研修会を教職員ネットワーク形成の基盤づくりの場と位置づけて新たな仲間関係を築いていくこと、といった要素が重要になってこよう。

5）教職員との連携・協働を促進するもの

ここまで論じてきたように、学生相談において教職員との「連携・協働」を推し進めていくことは、現代的な諸問題への対処を考慮すれば、ますます必須になりつつあることが明らかになっている。ただし、無条件に推進できるものではもちろんなく、各課題に即した特性と効用、そして困難さが見出されてもいる。**表4-1-5**はこのような状況を、本研究の結果をもとに概念的に総合して標記したものである。例えば「A. いのちに関わる諸問題」において「学生本人の来談から」相談が開始された場合、教職員とのコンサルテーションに動こうとしても（介入前）「本人のためらい」が拭いがたく想起され、ここをいかに乗り越えるかという困難さが現出する。しかしこの分岐点を乗り越えて、ひとたびコンサルテーションが開始され（介入後）、教職員の関与が学生を安心・安定させる方向に機能すれば、「信頼感の醸成」がさらに進み、ひいては、自分と周囲と将来に対して肯定的な想いを抱けるように進展し始め、いっそうCoと教職員の連携・協働を好意的に位置づけることができるようになる。このようなシナリオは1つの理念形であり、当然ながら事例ごとに様相は異なるのだが、原則的な「型」を参考資料として携えておくことは、われわれの実践を教職員にとっても理解しやすい、より公共性のあるものにしてくれることが期待されるだろう。これはカウンセリングのプロセスを紹介する試み・営みとも共通すると言って良い。

なお、ここでは、主としてひとりのCoとしての援助的介入という側面から論

表4-1-5　教職員との連携・協働（困難さの推移）

		A. いのちに関わる諸問題	B. 事件性のある諸問題	C. ひきこもり系の諸問題
学生本人の来談から	介入前	×（本人のためらい）	×（本人の抵抗感）	△（緩やかな抵抗）
		⇩	⇩	⇩
	介入後	○（信頼感の醸成）	○ or ×（関わり次第）	△（変化ゆるやか）
教職員の来談から	介入前	◎（切迫感）	○（穏当な解決へ期待）	◎（心配・役割）
		⇩	⇩	⇩
	介入後	◎（継続的な見守り）	○ or ×（安心／怒り・怯え）	○（報告／内省）
コミュニティへの働きかけ	介入前	△（触れたくない）	○ or △×（当事者意識の差）	△（本人の責任！）
		⇩	⇩	⇩
	介入後	○ or △×（問題意識）	◎ or △×（教育／抵抗感）	○ or △（教育責任！）

凡例：×（抵抗大）　△（可もなく）　○（好意的）　◎（ニーズ大）

じてきたが、相談機関としてスタッフ側の役割分担についても考慮していくならば、本人対応／教職員対応／部局との橋渡し機能（所長等）という分化がなされ、より重層的に連携・協働を展開していくことが可能になる。もちろん関与するメンバーが増えるほどに、情報の共有や方針の擦り合わせは複雑になっていく面があるのだが、各メンバーが根本のところで、「学生相談モデル」の共有に基づいて、教職員は教育目標をめぐる協働をおこなうパートナーであることを認識し、さらには、そのモデルを体現するために各Coが築いてきた「スタイル」を相互に理解しようとすることで、スムーズな役割分担が果たされることになる。

6）「現代的な諸問題」から見る「教職員」との「連働」

本研究では、学生相談活動にとって喫緊の課題になっている3種の「現代的な諸問題」について、「教職員」との「連携・協働」という観点から検討・考察を展開してきた。そして3種の課題すべてにおいて、教職員の適切な関与は学生本人への支援にとって大きなちからとなることが示される一方で、実際に関与している事例の割合やその内容は3種の諸問題ごとにかなり異なっており、また、教職員との連携・協働に向けていかに学生本人と教職員に働きかけていくかについても、それぞれの問題に相応した工夫が必要となっていた。

表4-1-5にも示されているように、学生本人のためらいや抵抗感を尊重しつつ、教職員の切迫感や怯えにも配慮して、刻々と揺れ動く両者の心理状態や関係性を注視しつつ、Coとしての対応を調整していくことが求められることになる。すなわち、時に状況を静観して繊細に感知しつつ臨み、時に新たな展開に向けて思い切った働きかけに踏み出すのであり、このような多彩な関係性のあり様を「連働」と総称することができるだろう。必ずしも直接的なコンサルテーションに至らなくとも、来談学生と教職員との好ましい相互作用に寄与することは可能であり、それは教育機関に内在する学生相談の重要な機能であると言って良い。本節（研究6）で示されたように、学生本人が直面する諸問題の特性に応じて、学生と「教職員」、さらには「親・家族」「友人・学生」を含む各関係者が織り成す様々な相互作用の全体像を「連働」という視座から統括的に捉え、Coとしていかにその一翼を担うかを考慮することが重要になってくるのである。

第2節（研究7）　現代的な諸問題における親・家族との連携・協働

1．目的

近年、親・家族とのコンサルテーション事例が増加しつつあり、相談過程への関与のしかたも様々な様相を呈している。「研究4」で示したとおり、多くの場合に親・家族の関わりを積極的に活用することが援助的に作用すると言って良いのだが、一方で、学生の希望とは別個の次元から要望を投げかけてくる場合等、対応に苦慮する事態も生じている。高等教育においても、親・家族を重要なステークホルダーと位置づけ、連絡や支援を強める動きが活発化しており、これからの学生相談の実践にとって、連携・協働の対象である親・家族との関わりがどのような様相を呈することになるかを見渡していくことはきわめて重要である。

そこで、本節（研究7）では、学生相談で対応する多様な主訴や相談内容を今日的な課題に集約し直したうえで、親・家族の関与についてさらに詳細かつ具体的に検討していくことを試みる。ここで用いる今日的な諸問題は、教職員との連携・協働の詳細を検討した前節（研究6）と同様に、以下の3種である。

A. いのちに関わる諸問題（うつ状態や自殺関連、困窮状況ゆえに、本人も関係者も“引き裂かれる”ような想いを抱くケース群

B. 事件性のある諸問題（ハラスメントや暴力事件等で関係者が右往左往して、落ち着いて学業や研究に取り組めなくなる“騒々しい”ケース群）

C. ひきこもり系の諸問題（不登校や孤立、無気力状態等で教職員が気がつかないうちにキャンパスから離れていく“静かに潜伏する”ケース群）

「研究7」は、これら3種の諸問題に分類された相談事例について、親・家族がいかに関与していたかという観点から検討して、より的確な連携・協働へと展開していくための知見と留意点を考察するとともに、各諸問題に特有の「連働」の様相についても考察することを目的とする。

2．方法

所属大学における主任カウンセラー（以下Co）として、ある年度の1年間に対応した個別相談事例（計110事例／のべ件数1,407回、うちコンサルテーション242

回）を３種の現代的な諸問題に基づいて分類したうえで、諸問題ごとにどのような親・家族の関わりが見られたか、そして親・家族の関わりをいかに導こうとしたかを質的に分析し、その特徴や実践にあたっての留意点を記述する。

なお、３種の現代的な諸問題における分類は、「研究６」と同様に、以下の記述に基づいて行なう。

「A. いのちに関わる諸問題」：本研究では広く定義付けを行ない、「消えてしまいたい」「このまま生きていてもしかたない」といった漠然とした希死念慮やうつ状態等、学生の実存が心理的に脅かされている状況にある場合、ここに分類することとする。時には、実際に自殺企図・未遂といった事態に及んだうえでの来談への対応や危機介入、あるいは最も避けたい既遂事例が生じてしまった場合の事後対応・事態の沈静化が含まれることになる。また、家族や近親者、あるいは友人・知人に生死や自殺にまつわるエピソードが生じて学生が来談に至る事例もここに含むものとする。

「B. 事件性のある諸問題」：学生がキャンパスの内外で種々のトラブルに遭遇した場合であり、ハラスメント問題や暴力行為、ストーカー行為といった重大な事態のみならず、ちょっとした学生間の行き違いや教職員と学生の教育指導上のミスマッチであっても、学生あるいは周囲の関係者がトラブルと認識して何らかの解決・改善を求めて来談する場合はここに分類される。そのほか、思いもかけない事件・事故に巻き込まれたり、カルト問題や悪徳商法といった社会問題に関わってしまった事例も含む。被害学生を支援するために事態の収束と心理的回復をいかに図るかを主軸としつつ、加害者（とされる）側への関わりや、トラブルの仲裁・調整という役割が入ってくる場合である。

「C. ひきこもり系の諸問題」：ひきこもりの要因・原因はさまざまであり、ある特定の疾患単位を指す訳ではないことは言うまでもないが、大学等の教育機関においては、その不適応状態が最も端的に現われるのが修学状況であり，多くの場合、これは不登校あるいはひきこもり傾向として認識される。本研究では、例えば何ヶ月以上の不登校であればこの問題に含めるといった操作的な手順は行なわず、本人もしくは関係者にとって「大学に行っていないこと」「授業を休んでいること」が主要な課題として語られている場合に、「ひきこもり系の諸問題」として総括することとする。

分類に際して、この３種の課題を学生が複合して有している場合には、「いのちに関わる諸問題」＞「事件性のある諸問題」＞「ひきこもり系の諸問題」の優先順位に沿って分類することとする。また、継続事例の場合は当該年度以前における親・家族の関わりも考慮する。その際には、各事例の相談記録が基礎資料となり、さらに所属機関で毎年刊行している「年報」での集計作業およびこれをもとにしての考察が下地となる。

３．結果

１）現代的な３種の諸問題の分類

本研究の対象年度において筆者が担当した計110事例から、教職員の本人相談（７事例）を除いた計113事例を３種の諸問題に分類すると、該当する事例数は**表４－２－１**の通りであった。

表４－２－１　現代的な３種の諸問題

（学生）

「A. いのちに関わる諸問題」	28事例
「B. 事件性のある諸問題」	30事例
「C. ひきこもり系の諸問題」	31事例
（その他）	14事例
計	103事例

学生が来談した事例（もしくは学生に焦点があるコンサルテーション事例）計103事例のうち、現代的な３種の諸問題のいずれにも該当しない14事例を除いた計89事例を本研究の分析対象とする。

次いで、３種の諸問題ごとに、最初の来談者に沿って分類すると、「学生への対応①（自主来談：本人が渦中に）」「親・家族からの相談（学生の状態を心配して）」「教職員への対応／学生への対応②（周囲の者が渦中に）」という３つの観点から、Coと親・家族との連携・協働について整理していくことができた。以下に順次、詳述していくが、その際には、Coからの具体的な言葉かけの例を適宜示しておくこととする。

2）「A. いのちに関わる諸問題」における連携・協働

i）手続き

学内外の諸状況に応じて“いのちに関わる”状態に移行しかねない事例は、ここ数年の相談活動において最も留意すべき課題となっている。まず、学生の行動や状態像、発言内容等からこの分類に該当すると判断され、慎重に対応する必要性が伺えた28事例について、最初の来談者もしくは働きかけの主体に沿って分類を行なうと**表4－2－2**のようにまとめられた。［A1］～［A3］それぞれについて、親・家族との連携・協働という観点に主眼を起きつつ、具体的な様相を記述していくことにしよう。

表4－2－2　「いのちに関わる諸問題」への対応分類

分類	事例数
［A1］「学生への対応①（自主来談：本人が危機）」	15事例 ［親・家族相談開始：2事例］
［A2］「親・家族からの相談（学生の状態を心配して）」	3事例 ［本人相談開始：2事例］
［A3］「教職員への対応／学生への対応②（周囲が危機）」	10事例（8事例／1事例／1事例）〈＊〉 ［本人相談開始：4事例］ ［親・家族相談開始：2事例］
（計）	28事例

〈＊〉順に、教職員への対応／教職員と学生が一緒に来談した際の対応／学生への対応

ii）「学生への対応①（自主来談：本人が危機）」［A1］

学生本人が心身のコンディション不良や学業・研究の行き詰まり等で自主来談した場合であり、“もう生きていてもしかたがない”“いっそ消えてしまいたい……”といった発言が聞かれ、親・家族とのコンサルテーションの必要性について検討が必要となった事例群である。まず、本人相談のなかでその可能性を探り、本人の了解を得つつ総合的に勘案したうえで、親・家族との実際の関わりに移行していくことを志向することになる。

［前段階（本人相談のなかで）］

1）〈学生の状態像の見定め／環境のサポート力の見定め〉を行なうことを出発点にする。ex.“親御さんや家族は、いまのあなたのしんどい状態について分かってくれている様子ですか”

2）〈存在の肯定という基本姿勢〉として、まず自分を大切にすることを促し、休養の確保や関係者の支援を受けられるよう勧めていく。本人は“周囲に迷惑をかけるのでは”としばしばためらうことがあり、危機を脱するまでじっくりと対応する。ex.“しんどい時には休んでいいし、ひとを頼っていい。いざという時にはやっぱり家族はちからになってくれるもの……”

3）〈火急の際に備えて／親・家族の関与に向けて〉本人の意志と主体性を尊重しつつも、速やかにCoからも発動する心構えを同時に併せ持ちつつ臨む。ex.“なんとか自分から親御さんに伝えられそうかな”“君の今の状態はとても心配、このまま一人で過ごさない方がよいと思う”。

［親・家族とのコンサルテーション］

このようなやりとりの中で、実際に親・家族とのコンサルテーションが開始されたのは2事例のみであったが、親・家族の直接的な関与がなくとも、その存在をカウンセリング関係の中で来談学生とともに常に意識しておくことはその後の展開にとって重要であった。なお、コンサルテーションが開始された場合には、以下のような交流がなされていた。

4）〈伝え方〉コンパクトに、状態像を分かりやすく、柔らかく伝えていく。ex.“かなりの落ち込みゆえ、いまはひとまず休養されたほうが良いと考えています”

5）〈反応〉事態を知るに至って驚かれる場合が多いが（時に感知している場合もあるが）、支持的・援助的な構えが形成されることがほとんどである。ex.“ご家族の支えの大きさはかけがえのないもの。Coの立場からも継続的にサポートしますので、連絡をとりあっていきましょう”

ほとんどの事例で、学生本人とのていねいな継続面接で回復傾向につながっており、親・家族との面接が行なわれた事例は必ずしも多くはなかったが、そのような構えを相談担当者が保持しておくことは必須であると考えられた。なお、学生の希望や自主性を重視する側面と、危機管理や安全確保のはざまで、時に学生の同意が得られなくとも親・家族に連絡をとるかどうか等、ぎりぎりの判断を迫られる場合も生じており、当該年度は同意なしの連絡はなされずにのりきったが、学生相談にとって最も困難な局面となっていた。

iii）「親・家族からの相談（学生の状態を心配して）」［Ａ２］

まず親・家族から”息子と連絡がとれないのだが大丈夫だろうか”“ノートに気になる走り書きがあった”といった相談が入り、親・家族の動揺を受けとめつつ、本人の来談に向けて協力しつつコンサルテーションを行なっていく場合である。

［前段階（親・家族との打ち合わせ）］

１）〈学生の状態像判断〉の材料を得るために、一方で尋問調にならぬようできるだけていねいに、情報を収集していく。ex.“気になるご様子はいつ頃から……”“ケータイ記録やキャッシュカードの出納はいかがですか”

２）〈親・家族の不安を軽減〉するための働きかけも同時に行ない、落ち着いて対処できる素地をつくっていく。ex.“いざという時の家族のありがたさ、きっと分かってくれると思います”

３）〈本人相談につなげる試み〉も、折りをみて提案していく。ex.“大学の中に相談にのってもらえる機関があるから……と紹介してみていただけますか”“ご本人はカウンセリングと聞くとどのように反応されそうですか”

［本人来談後のコンサルテーション］

可能な限り、本人の来談に結びつけることを志向することになるが、こまやかに親・家族に対応し続けることで、本人も相談に通ってくれるようになった場合が２事例見られた。

４）〈伝え方〉学生本人の来談がスタートした後は、本人の抵抗感や自立心を尊重しつつ、親・家族の立場から必要なケアを依頼することになる。ex.“心配をかけたくないという想いもあって、自分でなんとかしようと模索を繰り返していたようです”“「（親・家族に）頼ってくれていいんだよ」というメッセージを折りにふれて伝えて頂けますでしょうか”

５）〈反応〉“ホントに大丈夫なんでしょうか……”等の学生を心配する気持ちが表明される一方で、稀に“Coや大学は何をしていたのか？”といった、回復のメドが立たない・曖昧な状態へのいらだちが表明される場合もあり、根気強く冷静に対応していく必要がある。ex.“お気持ちはムリからぬことと思います。”“それでも時間をかけて、関わりつつ見守っていく必要が……”

ⅳ）「教職員への対応／学生への対応②（周囲が危機）」［Ａ３］

一方、危機的な状況にある学生の状態に気づいた周囲の教職員や仲間の学生等が“数日前から行方不明になったまま”“友人が未遂をしたのか、傷跡があって……”と相談窓口に駆け込んできたり、連絡をとってくる場合があり、キャンパス内にある相談機関として重要な役割を果たすべき局面となる。また、ポストベンションもここに含まれる。教職員からの相談が8事例、教職員と学生が一緒に来談されたものが1事例、学生が複数で来談した場合が1事例あり、それぞれ、親・家族へのコンサルテーションを考慮しつつ対応することになった。

1）〈緊急性の査定・周囲の方のケア〉をCoの立場から行なうために必要な情報収集を進めつつ、教職員／友人には、継続しての配慮を依頼し、かつ適度な距離感を保ち、自身の心理状態と生活を揺さぶらせすぎないように留意する。ex.“もし、さらに心配な状況になったら、迅速に動く必要。連絡をこちらにもお願いします”“親・家族はこの事態を把握しているようでしょうか”“どうか抱え込み過ぎずに、ご自分の体調や生活もキープしつつでお願いします”

2）〈本人相談とチーム対応を促す働きかけ〉という共通理解のもと、ごく少数の者が抱え込む事態にならないよう配慮する。とりわけ本人の来談に向けて働きかけてもらうとともに、親・家族にどの段階で出てきてもらうかを協議する。ex.“いっしょに付き添って来談していただくことはできそうでしょうか”“この状況でしたら、親・家族にちからになっていただく場合も当然あってよい。先生（友だち）の立場から連絡して頂くことは可能でしょうか”

このような手順の中で、必要に応じて、関係者による緊急会合を行ない、対応（時に捜索）の手順やネットワークづくりを協議することになる。一定数は本人の来談もしくは親面接の開始につながっているが、必ずしも動きが見られない場合には、やきもきした状態が続くことになる周囲の関係者を継続的にサポートしていくことになった。

3）「B. 事件性のある諸問題」における連携・協働

ｉ）手続き

「事件性」と聞くと、少なからぬ関係者がたじろぐことになりがちだが、一見ささやかに見える行き違いやトラブルから重大と言わざるをえない案件まで、学生たちが、被害者に、時に加害（とされる）者に、あるいは目撃者に、といった事態はやむなく生じている。その内容や状況に留意しつつ、学内規則や対応システム、法的な側面も考慮して、学生ならびに各当事者のケアと問題解決に向けて相談機関が関わっていくことになる。このような対応が求められた30事例について、最初の来談者もしくは働きかけの主体に沿って分類を行なうと**表4-2-3**のようにまとめられた。［B 1］～［B 3］それぞれについて、親・家族との連携・協働という観点に主眼を起きつつ、具体的な様相を記述していくことにしよう。

表4-2-3 「事件性のある諸問題」への対応分類

分類	事例数
［B 1］「学生への対応①（自主来談：本人がトラブルに）」	17事例
	［親・家族相談開始：1事例］
［B 2］「親・家族からの相談（学生がトラブルに巻き込まれた等）」	1事例
	［本人相談開始：0事例］
［B 3］「教職員への対応／学生への対応②（周囲の学生が関与）	12事例（10事例／2事例）
	［本人相談開始：4事例］
	［親・家族相談開始：0事例／教員から親・家族へ時に連絡］
（計）	30事例

ii）「学生への対応①（自主来談：本人がトラブルに）」［B 1］

学生本人が事件や事故、これに類するトラブルに巻き込まれて相談に訪れる場合であり、多くは対人関係の問題であった。例えば“友人・知人（時に異性間）とのあいだがこじれて、いやがらせが継続……どうすれば？”といった相談や、ハラスメント申立を迷う学生であれば“大学を敵に回すことに？ひとりでは不安です……”といった言葉が語られることがあった。

［前段階（本人相談の中で）］

1）〈事態の見定め／本人の状態像の見立て〉を同時並行で行なうことが肝要となる。また併せて周囲の環境によるサポート力もチェックしていく。ex.“たいへんな状況のなかで、なんとか耐えてきたんだね”“この状況を身近で見ていたり、証言してくれそうなひとはいるかしら”

2）〈問題解決のシステムを説明〉し、一緒に手順を確認していく。ex.“本学のハラスメント相談は……、申立書類は……。大学として調査委員会を立ち上げ……”“研究室移動を図るために、あいだに入って頂けそうな調整役の教職員等が見つけられそう？”

3）〈親・家族の関与に向けて / いざという際の拠り所〉キャンパス内で生じていることではあっても、支え役や交渉役として親・家族の関与を求めた方がよいかを検討する。しばしば学生は”心配をかけたくない”と頑なになる傾向が見られるが、結果的に“話したら味方になってくれた”と語ってくれることは多い。ex.“気持ちの面でも負担が大きくなっていることが心配、ご家族の支えを……”“公的な手続きが進行する際には、やはり親御さんに理解してもらっていた方が良いと思うよ”

［親・家族とのコンサルテーション］

4）〈伝え方〉親・家族に関わってもらう際には、生じている事態を整理して、感情的な反応が増幅しないよう配慮して説明し、協力をお願いしていく必要がある。ex.“なによりまずご本人を支えてくだされば。もちろん、当局側にはきちんとした対応を求めていくので……”

5）〈反応〉ほとんどの場合、親・家族はおどろき、戸惑いを強く示されるが、時に大学の雰囲気やカリキュラム、システム等に馴染みがないことから、深刻さが即座に伝わらない場合も生じる。あるいは事態を生じさせた／収拾できない関係者への怒りや、立ち向かえない本人の不甲斐なさを責めるような口調になる場合もあるが、基本的には徐々に学生本位の理解と対処に落ち着いていく。ex.“さぞ、驚かれたことと思います。今後に向けて、いちばん苦労なさってる本人のために、それぞれの立場から……”

親・家族との直接的なコンサルテーションは1事例に留まったが、親・家族の来談に至らなくとも学生本人から事態を聞いて、その後の展開への構えを準備していただくことは、学生にもCoにも大きな安心感につながっていた。

ⅲ)「親・家族からの相談（学生がトラブルに巻き込まれた等)」［B2］

当該年度は1事例のみであったが、例えば”息子・娘がカルトに入ってしまったよう”“暴力事件の加害側になっていると聞いて”という訴えが、親・家族から持ち込まれる場合である。

［前段階（親・家族との打ち合わせ）］

1）〈丁寧な情報収集・全体像の把握〉をまず心がけ、事件性の有無・程度、経緯の時系列的な整理、関与している人物の関係性整理、等を行ないつつ全体像を把握するとともに、各当事者の状態像を判断していくことになる。ex.“たいへんな状況のなかでご連絡ありがとうございます。ご本人はそのときにどのような様子でしたか……”

２）〈親・家族の動揺を静める〉べく、ていねいな受け答えを継続しながら、頃合いを見計らって、可能な範囲で明瞭に方略を提示することを試みる。ex.“解決（対応）の方向性としては、おおよそ以下の諸点に集約されるかと思われます”

３）〈本人相談につなげる試み〉として、親・家族の立場からカウンセリング等を紹介した場合の本人の反応等について検討していく。ex.“きっと本人が思わぬ事態に困惑していると思うので”“本人が事態の重大性に気がついていない場合には……”

［本人来談後のコンサルテーション］

事件性の種類によっては、本人が頑に来談を拒む場合があり、当該年度の事例では来談に至らなかったが、本人相談が開始された場合には、前年度までの経験では以下のような点に留意することになっていた。

４）〈伝え方〉学生の意思（伝えてほしいこと／避けてほしいこと）を尊重しつつ、今後への備えや配慮についても触れておく。ex.“本人はまだ生じた事態を受け入れられない様子……、じっくりと見守りつつ、対応すべき事態（調査面接等）が生じた際には……”

５）〈反応〉自分の息子・娘に対してどのような処遇が行なわれるのかという戸惑いや、事態収拾に時間がかかるいらだちをぶつけてこられる場合があり、過剰な反応となって事態を複雑化しないように留意していく必要がある。ex.“さぞ落ち着かないことと思います。当局側の判断を待ちつつ、息子さんのこれからにとって何が必要かを……”

iv）「教職員への対応／学生への対応②（周囲の学生が関与）」［Ｂ３］

キャンパス内において学生と関わりのある指導教員や友人・知人等が、“指導学生がトラブルを起こしたようだ”“友人がハラスメントに遭ってふさぎ込んでいる”等の訴えで、事件性のある問題に直面した学生への対応をめぐって相談に訪れるケースがある。当該年度は教職員から10事例、学生から２事例が持ち込まれ、親・家族の関与を考慮しつつ、相談・支援が開始されている。

１）〈心づかい／心労をねぎらい〉学生を心配して動きを起こしてくれたことに

感謝の意を示し、かつ事件性ということで今後を心配する気持ちを受けとめ、今後の方向性を協議する態勢をつくっていく。ex.“本人にとってベターな方策を考えていきましょう”“事案の性質上、毅然とした対応も必要な場合が……”

２）〈本人相談とチーム対応を促す働きかけ〉を念頭に、本人の来談を勧めてもらうことはもちろん、責任問題や処遇に関わる可能性も考慮して、親・家族の関わりの必要性やその手順についてもいっしょに検討していく。ex.“問題の性質上、親・家族の関与が必須になってくる場合があるので、やはり事態を理解していただいて……”

このような手順を通じて、本人来談につながった事例が３分の１あったが、親・家族面接につながった事例は見られなかった。しかしながら、事例の性質によっては指導教員等から親・家族に連絡してもらい、間接的なコンサルテーションとなるよう配慮することとなった。

４）「C. ひきこもり系の諸問題」における連携・協働

ｉ）手続き

学生の不適応状態が最も端的に表れるのが修学状況であり、長期化するにしたがって不登校・ひきこもりといった状況に陥っていくため、教育機関としての大学にとって、看過することのできない課題である。ここに該当する31事例について、最初の来談者もしくは働きかけの主体に沿って分類を行なうと**表４-２-４**のようにまとめられた。［C１］～［C３］それぞれについて、親・家族との連携・協働という観点に主眼を起きつつ、具体的な様相を記述していくことにしよう。

表４-２-４　「ひきこもり系の諸問題」への対応分類

分類	事例数
［C１］「学生への対応①（自主来談：本人が不登校等）」	８事例
	［親・家族相談開始：３事例］
［C２］「親・家族からの相談」（学生の不登校等に気づいて）	14事例
	［本人相談開始：11事例］
［C３］「教職員への対応／学生への対応②（周囲が心配して）」	９事例（９事例／０事例）
	［本人相談開始：２事例］
	［親・家族相談開始：０事例も教員から親・家族へ連絡多］
（計）	31事例

ⅱ)「学生（自主来談）への対応①（本人が不登校等)」[Ｃ１]

学生本人が、”このところ学校に行けていないんです”“実は留年を繰り返していて…”と相談に訪れた場合であり、ようやくアクションを起こせた本人の前向きな姿勢を活かしつつ、じっくりと関わっていくことになる。当該年度は比較的自主来談が多くみられ、８事例に対応することとなった。ただし、その後の展開の中で“実は指導してくださる先生に以前に勧められたことがあって……”と表明するに至る「間接的コンサルテーション」に近い場合も含まれていた。

［前段階（本人相談の中で)］

１）〈本人の状態像・環境のサポート力の見定め〉を前提に、本人の話を受けとめ、整理していく。ex.“よく相談に来てくれたね。状況を押さえ、これからの方向性をさがしていこう”“親御さんはどうおっしゃってるみたい？”

２）〈学務手続きや在学年限等の実際について確認〉を行なう。動きがたい状況と必須の手続きとのはざまで、教職員のサポートが得られるか、本人が窓口に出頭できそうか、等を確認していく。ex.“まだ抵抗感はあると思うけど、履修科目届の期日はおさえておこう”

３）〈親・家族の関与に向けて／生活の流れを変える〉、本人のためらいを尊重しつつ、在学延長（留年）・休学・復学等の手続きや授業料・生活費といった経済的な課題からも、あるいは生活リズムの再構築という側面からも、親・家族の理解と協力が重要であり、場合によってはCoがあいだに入ることもありうることを提案する。ex.“なかなか言えなかったんだね。でも親御さんに知ってもらっていた方がやっぱりいいよね。ここ（相談室）に来ていただくこともありえるから……”

［親・家族とのコンサルテーション］

４）〈伝え方〉不登校・ひきこもりに至った状況や経緯をやんわりと（細部にはこだわりすぎずに）説明するとともに、脅かさない距離感での関わりをお願いする。ex.“決してさぼりや怠けではなく、ひととの関わりを避けるうちにこのような事態になっていった……”

５）〈反応〉ようやく事態を知るに至った親・家族は、おどろき、戸惑いを隠せない場合がほとんどである。また“なさけない”と呆れ、“アイツはいったい何をやっていたんだ”と怒りに近い感情を抱く場合もある。また、父親・母親や家族成員によって受け止め方が大きく異なる場合も生じた。ex.“動き始めたことを前向きに捉えて頂いて、本人が徐々に自信を取り戻せるよう……"

ⅲ）「親・家族からの相談（学生の不登校等に気づいて）」[C２]

本人の不登校・ひきこもり状態に気がついて、"どうも学校に行っていないようで""この前、大学の事務から連絡が。まだ１年生のままだと聞いて……"と困惑しつつ、Coに相談を持ちかけてこられた場合である。[研究６]においては５事例であったが、その翌年度を対象とした本研究では３倍近くになっており、急速に親・家族の相談関与が進みつつある傾向の一端が現われていた。その要因として、教職員から親・家族に対して早めの連絡と対応協議を行なう場合が増えていることが影響していた。

[前段階（親・家族との面談）]

１）〈学生の状態像判断〉のために、できるだけ丁寧に情報を収集していく。契機となった出来事があるか、どのくらい対人関係を保持しているか等、生活状況を押さえつつ、心身のコンディションについても確認する。ex."下宿での様子はいかがだったですか。食事はきちんととっている様でしょうか……"

２）〈親・家族の動揺を納める〉ために、学生本人に対してどこまで踏み込んでいいのか、感情を表明していいのかといったためらいを受けとめつつ、今後の関わり方について調整していく。ex."折りをみての連絡や訪問もあっていい。うっとおしそうでも一方で有り難く思う面が必ずあるものですから……"

３）〈本人相談につなげる試み〉を適宜行なっていただくべく、方略や伝え方等をともに工夫する。ex."「別の立場から話をきいてもらうのもいいと思うよ」とか「相談に週１回通うことで生活のリズムを作るという意味もあるから」などお伝えいただければ……"

[本人来談後のコンサルテーション]

４）〈伝え方〉本人の状態・様子を定期的に親・家族と共有することが望ましい場合も少なくないが、その際には学生の希望も確認しつつ進めていくことになる。特に、面接の進展とともに学生本人がやがて語り出すことになる内的世界の様相については慎重に扱う。ex."きちんと通ってくれていますよ。ようやく自分の気持ちを整理し始めたところで……"

５）〈反応〉徐々に学生を心配し、見守る構えに移行する場合がほとんどであり、特に本人が相談に来るようになれば相乗的に安心感が増していく。しかし、内面的な変化が進んでも、なかなか登校や社会的活動に動き難い場合は、いらだちや焦りを生じたり、”親ではどうしようもない。Co にまかせてしまいたい”といった諦め・放棄のような態度に陥ることが生じる場合もある。ex.“ひとたび動き始めたら、いろいろなことが連関して行なえるようになっていくものですから……”“本人が感じているもどかしさは、大人が思う以上にきっと大きいものが……”

このような交流を通じて、8割近くの事例で本人の来談につながっており、親・家族の関わりが大きな作用をもたらしていることがよく分かる。また、ほとんどの事例で、手続きや修学上の課題を検討するために、教職員とのコンサルテーションも展開されており、学生本人や親・家族と教職員との間を潤滑にする役割も担うことになっていた。

iv)「教職員への対応／学生への対応②（周囲の者が心配して)」[C３]

学生の出欠・修学状況を把握しやすい立場にあるクラス担任・助言教員や指導教員が、あるいは日頃交流のあった友人・知人が“このところ下宿にこもっているみたいで……”“ゼミに姿を見せなくなって……”等の学生への対応をめぐって相談を求めてくるケースがある。当該年度は、９事例全て教職員からの相談であり、[研究６] 同様に周りの学生が慮って来談した事例は見られなかった。

１）〈援助の構えに感謝〉しつつ、継続的な関わりも依頼する。ex.“先生のお立場からほどよくお節介を”“近況をたずねる連絡を、脅かさないペースでぜひ継続して頂いて……”

２）〈本人相談とチーム対応を促す働きかけ〉を考慮していく。教職員あるいは研究室の学生や部・サークルの友人等の誰が動くか（下宿訪問等）を検討するとともに、親・家族に連絡をとっていただき、様子を見に来てもらうことも考慮する。ex.“本人がいちばん受け入れやすいメンバーに訪問を依頼して頂くことは……”“指導教員の立場から親御さんに連絡をして頂くことは、むしろ自然なことですので”

教職員の関わりから、親・家族の相談が始まった事例は見られなかったが、ほとんどの事例で指導教員等から親・家族に連絡を入れてもらっており、間接的コンサルテーションが行なわれているかたちになっていた。

４．考察

１）本人相談における留意点―親・家族との連携・協働という意識とともに―

全体的には、本人の来談から開始された事例において、親・家族の相談が開始された事例は必ずしも多いとは言い切れない（A～Cを合わせて、６事例／40事例中）。しかしながら、いずれの事例群においても、学生本人の状態像や緊急性を考慮しつつ、親・家族と学生本人の関係性がどのようなものであるかを踏まえておき、いざという時には連携に了解が得られるよう構えを保持しておくことが肝要となっていた。

ⅰ）学生の希望・姿勢の尊重

“自分で持ちこたえたい”“親・家族の助けや介入なしになんとかしたい”という想いを学生が強く抱いている場合には、その気持ちを最大限尊重して、カウンセリングと日常的なソーシャル・サポートでもちこたえていくことがその後の成長と自信につながることはしばしば見られた。その意味では、青年期の発達を支援する学生相談としての機能が全うされたと位置づけることは可能であった。

ⅱ）親・家族の関与を促す契機

例えば「A. いのちに関わる諸問題」や「B. 事件性のある諸問題」では問題の重篤性に応じて本人の安全を確保するために、また「C. ひきこもり系の諸問題」では留年等で学費や生活費等に係る経済的な支援を依頼する必要性が生じた場合には、やはり親・家族に本人の状態像と全体状況を把握してもらうことが望ましいと判断される。その際には、本人が親・家族と直接に話し合えるよう、“自分から伝えられるかな”“場合によっては、相談室で合同面談も可能だからね”と交流を促していくことが必要になっていた。

ⅲ）親・家族の関与がもたらす影響

極めて緊急度が高い場合には、Coの「学生本位」の姿勢が伝わるにつれ、親・家族との連絡に関して同意に向かっていく場合がほとんどであり、状況理解の程度と速度に相違はあっても、親・家族は学生本人に対して援助的に関わってくれるようになっていた。この点を踏まえれば、親・家族の関与を提案することに Co 側が遠慮しすぎないことが肝要となると言って良い。そのうえで、本人が“かえって事態が悪くなる”と強固に主張するなど、学生本人と親・家族との関係性が修復不可能と言わざるをえないほどにこじれていることが想定される場合には、本人との面接の頻度や密度を強めつつ、教職員や友人・学生たちとのネットワークで支えることを志向することになる。

iv）複数の当事者・関係者への対応

複数の当事者・関係者が事例に関与する際には、主担当の Co がどこまで対応するかを検討し、状況によっては、他の Co に親・家族対応を依頼して並行面接とすることも考慮することになるが、当該年度はすべての場合に筆者が学生本人と親・家族の双方に関わる形態となっていた。これは、親・家族への対応が心理面接としての性質が薄く、教示・助言的な色彩が強いことと、学生本人と親・家族の関係性を調整していくことに主眼が置かれていたためであると考えられた。

2）親・家族からの相談における留意点―学生本人の来談・回復に向けて―

学生相談の主眼は学生対応であっても、親・家族もまた事例の当事者と位置づけ、常に視野に入れてマネジメントを考慮していくことが近年、ますます重要になっている。さらには、親・家族が最初に学生相談にコンタクトしてくる場合が増えており、相談機関および担当 Co の初期対応がその後の転機に大きな影響を及ぼすことは言うまでもないだろう。

i）「現代的な諸問題」と親・家族からの相談

「A. いのちに関わる諸問題」および「B. 事件性のある諸問題」については、親・家族がまず相談を申し込んでくる事例はそれぞれ３事例、１事例とかなり少ない。これは、学生がその心理面や生じていることの内実を親・家族にそのまま示すことが少ないためと言って良い。これに対して「C. ひきこもり系の諸問題」では14事例見られたが、これは不登校や自室へのひきこもりという外的な要因から親・家族にとっても可視的であった場合と、親・家族が気がついていなくとも、教職員がより積極的に学生の履修状況や不適応状態について親・家族に連絡をする構えが強まっていることによる。

ⅱ）親・家族からの相談への構え

そして親・家族との面談が設定されるに至った場合には、まず親・家族の不安や戸惑いを受けとめつつ、親・家族の立場からならではの関わり方をともに考慮していくと同時に、ともに学生を支え、育てる“協働者”としての作用も意識しつつ臨むことになる。本研究の結果からも明らかなように、親・家族は本人相談に導くきわめて有効なエージェントになりうる存在であり、「C. ひきこもり系の諸問題」を中核として7割強（13事例／18事例中）で学生本人の来談に結びついていることに留意しておきたい。

ⅲ）親・家族との継続相談における留意点

ただし、本人の来談に至るまでの期間は様々であり、特に「C. ひきこもり系の諸問題」においては当該年度でも親・家族への対応が開始されてから数ヶ月以上かかった事例があり、過去には2年近くの時間が必要だったこともある。そのような場合には、親・家族（多くは母親）との定期的な面接が組まれ、半ば必然的に心理面接の様相を強めていくことが生じていた。どこまで母親とのインテンシブで心理療法的な援助を提供するかは議論が求められるところであり、筆者の場合にも学生対応に支障が出ない範囲（2週または1ヶ月に1度程度のペース）で対応している。また、長期に及ぶ親・家族面接の後に本人が来談した後にも、定期的な面接の継続を希望する事例が生じており、学生本人および親・家族双方と協議して、別の曜日・時間帯に設定する場合と同時に来談されて相前後して面接を設定する場合とがあった。

3）教職員／友人・学生からの相談における留意点
—親・家族の関与を視野に入れて—

学生にとってキャンパスにおける重要な他者は、言うまでもなく教職員ならびに友人や所属集団の学生たちである。「A. いのちに関わる諸問題」において教員と学生たちが、ある学生を心配して一緒に来談してくれたことが象徴的であるが、このような援助的なネットワークが各所で形成されていくような風土を醸成していくことがまず望まれ、そのうえで親・家族の関与を考慮していくことになる。

ⅰ）教職員からの相談と親・家族の関与

本研究において教職員からの相談で始まった事例は、A～Cいずれの場合も10事例ほど生じている。［研究6］で既に検討してきたように、研修や広報を通じて学生支援の意識が共有されつつあり、学生本人が来談に至る前段階を整えるべく働きかけてくれる教職員の存在は大きい。そのうえで、教職員との連携に際しては、

a）緊急の際には、親・家族が最大の拠り所になることの合意（もちろん家族内の関係性が複雑な場合には熟慮が必要だが）、

b）時代的に、親・家族の関与が重要かつ必須になっているという認識の共有（学生の心理的状況と親・家族の要望から）、

c）学生の了解を得つつ、かつ、忙しい教職員にも受け入れやすいよう状況と対応の要点を整理して伝えていく配慮、

d）“親・家族が関わってくれるなら安心”という想いと“大学生に対してそこまでしなくてはいけないのか”という葛藤の間で学生観・教育観をすりあわせていくこと、

といった諸点が重要になってくると考えられる。

ⅱ）友人・学生からの相談と親・家族の関与

一方、友人・学生からの相談は「A. いのちに関わる諸問題」および「B. 事件性のある諸問題」ではわずかに生じているものの「C. ひきこもり系の諸問題」では皆無であり、ひとたび不登校やひきこもりといった状況になると、最近の友人関係の中ではまさに“静かに潜伏するケース”になってしまうかのごとくであった。もともと友人関係を有していない場合もあれば、知己を得ていた場合でも深入りして関わり続けようとする意識が薄い場合も見られ、「関係の希薄化」がここでも顕著である。それゆえ、友人が親・家族とどのような関係を有しているかを知る機会は限られており、さらには実際に友人の親・家族と交流した経験がある学生はいっそう希少である。もちろん親・家族から距離を置いて自立に向かっていく年代ゆえという側面もあるのだが、親・家族との関係性を学生同士が語り合うことで心理的に整理していくよう促すことは考えられてよいだろう。

4）親・家族への支援の必要性

親・家族からの大学等への期待とこれに応えようとする大学等の動向を見れば、そして本研究で検討したように相談過程に現われる親・家族の関与を見渡せば、今後とも、親・家族への支援がますます重要視されていく流れは変わらないだろう。それゆえ、下記のような諸点を継続的に検討していく必要があると考えられる。

ⅰ）本人面接における「テーマ」としての親・家族

青年期の発達課題である「自立」をめぐる葛藤に際して親・家族との関係を再整理することは、学生にとって本来不可欠な営みであり、それゆえCoにとっても現代の親子関係・家族関係に注視しつつ、心理的援助のあり方を工夫していくことは必須である。かつては親・家族との「和解」というテーマが扱われることが多かったが、近年では（反抗期を経験したと答える学生の少なさとも相まって）まずは適度に「依存」することと適度に「距離を置くこと」それぞれの意義とスキルを身に付けていくことの重要性が増していると考えられる。もちろん、各家族成員それぞれに対する関係性は異なり、とりわけ父親に対してと母親に対してでは、その様相に相違が生じることは言うまでもない。

ⅱ）親・家族への広報

親・家族との相談に大学や相談機関が開かれていることをより明瞭に示していくことがますます求められている状況にある。かつては、自分の息子・娘に配られた学生便覧や関連資料を調べ上げたうえでようやく来談に至る親・家族が見られたが、最近では親・家族が参照しやすいように大学ならびに学生相談機関がWebや広報媒体の充実を計っていくことは必須となっており、実際“ホームページを見て電話してみました”とコンタクトしてくる親・家族が相当数見られるようになっている。

ⅲ）親・家族への積極的なアプローチの検討

すでに多くの大学等では、保証人・保護者に対して成績または出席状況の報告を郵送等で行なったり、親・家族への懇談会を全国の各地域に出向いて開催するといった実践が行なわれるようになっている。このような、親・家族を対象としたより積極的なアプローチをどこまで行なうかについての意見交換を今後とも継続していくことが求められる。“高等教育は学生が自ら求めてこそ学びと支援が得られる場と思うのだが”“面倒を見るほどにますます自主性を損なうばかりではないのか”という問いかけは、まさに教育観・大学観に関わるテーマであり、全学的な同意に向けて、学生対応の最前線に立つ者として相談現場からの知見を発信し続けていくことが求められていると言えよう。その際には、「学生の自立に向けた協働」という理念を、大学側と親・家族が共有しうる可能性について問いかけていくことにもなる。

5）親・家族との連携・協働を促進するもの

表4-2-5は、本研究の成果をもとに、A～Cの事例群における親・家族との連携・協働に際しての困難さの推移を概念化して提示してみたものである。[学生本人の来談から]では、当初（介入前）はためらいや抵抗感を示すことが多い学生も、ひとたび親・家族の関わりが始まると（介入後）、学生本人がこれを受け入れ、信頼感も増して、より望ましい方向へ進展しやすくなることが示されている。一方、[親・家族の来談から]始まった事例では、どの段階でも親・家族からのCoとの連携・協働へのニーズは高いのだが、本人の来談が開始された後（介入後）では、Coに対して即効性のあるサポートを求めるあり方から、ゆったりと構えて学生の変化を見守る姿勢に変容していく傾向が示されている。ただし、学生の変容や問題解決の進展具合によっては、学生に身近な立場だからこそ複雑な心境に至る可能性にも留意しておく必要があることも併せて示されて

表4-2-5　親・家族との連携・協働（困難さの推移）

		A. いのちに関わる諸問題	B. 事件性のある諸問題	C. ひきこもり系の諸問題
学生本人の来談から	介入前	× or △（本人のためらい）	×（本人の抵抗感）	△（緩やかな抵抗）
		⇩	⇩	⇩
	介入後	◎○（信頼感の醸成）	○ or △×（関わり次第）	○△（変化ゆるやか）
親・家族の来談から	介入前	◎（切迫感）	○ or ×（解決期待／不信）	◎ or △×（心配・呆れ）
		⇩	⇩	⇩
	介入後	◎ or △（継続的な見守り）	○ or ×（安心／怒り・怯え）	○ or △×（報告／内省）

凡例：×（抵抗大）　△（可もなく）　○（好意的）　◎（ニーズ大）

いる。

今後、親・家族が関与する相談事例がいっそう増加していくに従って、あるいは学生気質や親・家族の構えが変容していくことに応じて、表に示した現時点での概念的な評定がどのように変容していくことになるか、継続的に検討していきたいと考えている。

6）「現代的な諸問題」から見る「親・家族」との「連働」

本研究では、学生相談の現場で内容的にも相談事例数でも重要な課題になっている３種の「現代的な諸問題」について、「親・家族」との「連携・協働」という観点から検討・考察をおこなってきた。「自立」という青年期の発達課題に直面する学生たちの心理的な特性とも相まって、課題ごとに、親・家族の関与の様相は相当に異なることが示され、さらに、「教職員」や「友人・学生」が織り成すキャンパス内でのネットワークを加味して、Co は全体状況を把握し、望ましい対応方策を検討していく必要があった。

具体的には、「A. いのちにかかわる諸問題」や「B. 事件性のある諸問題」では、「親・家族」が実際に関与する事例は思いのほか少なかったが、もし「親・家族」がなんらかの経緯で事態を知るに至った場合、あるいは Co や「教職員」の介入や働きかけで関与するに至った場合には、その切迫感から一気に期待や要望が深まることになり、危機介入的な構えが求められた。言わば、その影響や相互の思いが大きな波のように急速に伝播していくイメージであり、これを学生相談の立場から受けとめ、徐々に収めていくことが重要になるのであり、この様相を「連働」という概念で把握していくことは有意義であろう。一方、「C. ひきこもり系の諸問題」では、かなりの事例で「親・家族」の関与が見られることになるのだが、全体として時間をかけた相談プロセスにならざるをえないため、「親・家族」とともにゆっくりと穏やかに見守っていく態勢を整えていくことが基本になり、そのうえで、「親・家族」が心配や焦りのあまり、学生本人が受けとめにくい言動に走らないように留意する必要があった。言うなれば、静かなさざ波をそのままに受けとめ、感知し合うような状態が続くイメージであり、そこに突然大きな波動が生じそうになった場合への応対も考慮しておくということであり、ここでも「連働」の観点から「親・家族」の本人への関わりと相談プロセスへの関与を常に意識しておくことの意義がうかがえる。

第5章

「連携・協働」から「連働」する援助的コミュニティへ

―総合的考察と今後の展望―

第１節　個別相談における各構成員との「連働」

１．はじめに

今日の学生相談の実践において極めて重要な位置づけを占めるに至っている「連携・協働」について、現状と課題を３つの視点に集約しつつ、計７つの研究を通じて、その実際と留意点を詳述し、新たな方向性の提示を試みてきた。すなわち、①まず「何を実現しようとするのか（モデル：研究１）」そして「どのように具現化しようとするのか（スタイル：研究２）」、②「どんな状況で／誰に対していかように働きかけるのか（ネットワークと関係者＝教職員：研究３、親・家族：研究４、友人・学生：研究５）」、③さらにより具体的に「どんな相談内容・事態に対してどのように働きかけるのか（現代的な諸問題＝教職員：研究６、親・家族：研究７）」という道程を歩んできたことになる。これらの研究から得られた結果と知見を立体的に組み立て直して、新たに「連働」という概念提示を行なうことが本章の目的となる。

まず、第１節では、学生相談の中核となる個別相談において、いかに連携・協働のあり方をよりスムースかつ有効なものにしていけるかを再整理していくとともに、個別相談が果たす教育コミュニティへの作用と貢献についても捉え直していく。論の進め方としては、１年間の相談事例を俯瞰しつつ関係者別に詳細に検討した「研究３」〜「研究５」を総括して学生を包むネットワークの様相を考察し、次いで、同じく１年間の相談事例を現代的な諸問題に沿って検討した「研究６」〜「研究７」を総括してより実際的な課題を整理したうえで、学生相談における連携・協働から「連働」に向かうためのモデルとシステムについて、「研究１」〜「研究２」の総括と合わせて検討・提示することとする。

２．教職員／親・家族／友人・学生とのネットワークに見る「連働」

学生相談における連携・協働の対象となる関係者として、本研究では「教職員」「親・家族」「友人・学生」の３者に順次焦点化して、それぞれが関与する相談事例を年間単位で見直し、関わりの形態からカテゴリー分けを試みた。そこで、各研究で作成されたカテゴリー表を比較検討して共通点ならびに特徴を抽出するとともに、これら全体を総合した姿から学生を取り巻くネットワークの様相を描き出し、学生相談における連携・協働の意義を再検討したうえで、「連働」という概念の意味するところを定置していくことにしたい。

１）各関係者に共通する関与形態から

３つの研究を概観して、各関係者の相談事例への関与形態がおおよそ共通すると位置づけられるカテゴリーを整理してみると下記のように５つの観点から考えることができた。なお、各研究においてカテゴリー分けを行なうに際しての手順が若干異なるが、そこには学生相談の実践に際してのカウンセラーの姿勢と対象者の特性が反映されていることに留意しておこう。

ⅰ)「関係者の話題が扱われない事例」

学生本人の面談において、関係者の話題が扱われなかった事例の割合は、「教職員」（下位カテゴリーA０：15.4%）、「親・家族」（大カテゴリーA：12.8%）、「友人・学生」（大カテゴリーA：32.2%）となっている。もちろん学生本人にまつわる情報や話題のやりとりだけで進展することも十分にありえるのだが、下位分類をみると「関与が不要」とされたケースはわずかであり（順に９事例／２事例／２事例）、学生のよりよい適応を促進するためには関係者の関与が促されることが望ましく、学生を取り巻く人々の存在の重要性が伺える。特にここでは「友人が不在・関係が希薄」なことが不適応に直結する事例群の多さが特徴的である。

ⅱ)「関係者の存在が肯定的に捉えられている事例」

学生との面談において、関係者の存在や交流が肯定的なものとして（少なくとも否定的ではなく）話題になった事例群と位置づけると、「教職員」（下位カテゴリーA１：27.2%）、「親・家族」（下位カテゴリーB１＋B２：55.0%）、「友人・学生」（下位カテゴリーB１＋B２：51.7%）となっている。ここでは、対人ネットワークの中でいかに自身が支えられているかを来談学生とカウンセラーとで共有していくことが面接の眼目になっている。なお、「教職員」においてやや低い割合になっているのは、後述するように相談事例においては何らかのかたちで直接的または間接的に当該学生に関与している場合が多いことによる。

iii）「関係者の存在が否定的に捉えられている事例」

「教職員」においては分類作業の冒頭で「大カテゴリーB：対立的に関わっている事例」と分けられた中に含まれ、そのうえで下位カテゴリー「B０：学生の被害感が優位な場合」および「B１：意識内対峙」が該当し（11.8%）、一方、「親・家族」および「友人・学生」においては「大カテゴリーB：存在が伺える事例」の下位カテゴリーとして「B４：否定的に関わっている事例」が設定されている（それぞれ3.7%、5.9%）。ここに端的に現われている特徴は、まず「教職員」の関与する事例群では教職員と学生とのミスマッチあるいはハラスメント的な様相が生じていないかどうかを見極めることが重要になるがゆえの分類手続きとなっていることであり、実際にその割合が小さくないことに鑑みれば、少人数での演習や研究室活動が中心となる理工系大学において教職員との関係性が悪化すると不適応の決定的な要因となる状況を反映していることが見て取れる。また「親・家族」「友人・学生」においては、その割合は高くはないものの、生活をともにする身近な関係者だけに否定的な感情に捕われていることは学生本人の適応状況に大きく影響する。

iv）「関係者が相談経過に援助的に関与する事例」

学生本人に援助的に関わるべく行なわれた「間接的コンサルテーション（紹介等）」「直接的コンサルテーション」「コラボレーション」に含まれる事例群であり、「教職員」（下位分類A２＋A３＋A４：52.2%））での高い比率が注目されるが、「親・家族」（下位分類C１＋C２＋C４：20.1%）もかなり高く、一方、「友人・学生」では少数に留まっている（下位分類C１＋C２：1.7%）。ここで明らかなように、「教職員」が学生のために援助的に関与している事例が過半数を占めている状況は、（前項での否定面はある一面に過ぎず、むしろ）教職員が学生たちの適応状況に目を配り、なにかの折りにはカウンセリングを活用しようとする姿勢を有しているということの現れであり、望ましいネットワークが形成されているからこそと言える。なお、「親・家族」においては「コラボレーション（協働）」という下位カテゴリーを設けたものの当該年度は該当する事例が存在せず、「友人・学生」では当初から設けられなかった。これは、相互の専門性を尊重しつつの継続的な支援という従来の協働のイメージが、「教職員」ではしばしば成り立つ一方で、例えば「親・家族」ではなんらかの障害や慢性疾患を有する学生への支援では近い形態がありえることで仮説的に設定され、「友人・学生」では（完全に不可能とまでは言えないが）援助の専門性を想定することが適さないと考えられたためである。

ｖ）「関係者が否定的に関わる／関係者本位の事例」

コンサルテーションが行われてはいるが、「教職員」の場合には「Ｂ２：間接的対峙」「Ｂ３：直接的対峙」（計2.2%）、「親・家族」の場合には「Ｃ３（a）：学生に内緒で」「Ｃ３（b）：親・家族自身のテーマが優位」（計8.3%）、「友人・学生」では「Ｃ３（a）：２者関係トラブル（同性間）」「Ｃ３（b）：同（異性間）」「Ｃ３（b）：集団内トラブル」（計8.4%）とされる事例群である。学生本人を守りつつ、周囲の関係者との関係改善を意識し、必要に応じて調整役割を果たすことになり、最大限の慎重さとエネルギーが求められる。さらには、この体験を通じて、学生の成長にいかに転じていけるかが重要な課題ともなっていく。

なお「教職員本人が自身のことで来談した事例（大カテゴリーC）」が例年数～10数事例あり、「大学システムとの連関」からさらに下位分類が可能であったことも踏まえておきたい。

２）各関係者との「連携・協働」と「連働」

ｉ）「個別相談」と「ネットワークづくり」

本書で取り上げた関係者の関与する事例群の多さとそこに見られる関わりの諸相を見渡せば、関係者と連絡を取ったり、関係者を支えることで複数あるいは多面的な援助が学生本人にもたらされる活動方略はもはや必須であることが改めて示されたと言ってよいだろう。学生相談はえてして「面接室に閉じこもったままで何をしているのかが見えてこない」という評価にさらされがちな側面があったが、実際には個別相談を通じて関係者ネットワークに包まれた学生の姿を重層的に把握することを志向しており、さらには学生ひとりひとりのニーズに応じて、あるいは「教職員」や「親・家族」、「友人・学生」の求めに応じて、実際にネットワークで学生を支えようとしているのである。学生をよりよく援助するために個別事例に応じたネットワークを形成していくことになり、また、日頃から学生相談への理解を求め、今日的な課題について共有していくことで公的・非公的に予め形成されたネットワークが、有事の際の支援ネットワークづくりを容易にする。

ⅱ）「連携・協働」を求め、そして「連働」へ

教育目標の達成のために「教職員」が果たしている機能を考慮すれば、すべての相談事例は教職員との「協働」のもとに成立していると考えられる。教職員は大学教育に係る専門家として、それぞれの立場から、それぞれの専門性を活かして、学生を育て支えていこうとする存在であるからである。「直接的コンサルテーション」や「コラボレーション（協働）」に分類されている事例では、各教職員の担っている教育機能や支援機能はより明示的に感受されることとなるが、「間接的コンサルテーション」や本人相談で存在が（肯定的に・中立的に）語られる際にも、カウンセラーはそれぞれの教職員が学生と関わる姿を思い浮かべ、そこでの関わりの質と量に鑑みてその効果や学生への影響を見定め、カウンセラー側の関わり方を微調整することになる。直接的な「連携」はなくともそれぞれの役割への相互信頼のもとに種々の教職員や専門職が関わることで学生たちは支えられている。それゆえこれを暗黙の「協働」と称することは可能であろうし、あるいは、それぞれの有り様に応じて、関わり方が変容していくという意味で、これを「連働」という新たな言葉・概念で説明することが望ましいとも考えられる。

また「親・家族」においては、「連携」が行なわれる機会がますます増加しており、その様相が複雑化していることが示されているが、学生の適応と成長を願って望ましい働きかけを行ないたいという基本姿勢を共有することにより「協働」に近い関わり方に向かっていくことが望まれるし、また十分に可能なはずである。親・家族の存在と関わりは青年期においても依然重要であり、昨今の学生気質や現代的な諸問題の様相ゆえに親・家族の関与が必須となる事例が増加し、さらには保護者・保証人としての意識の高まりを考慮すれば、ますます相談事例への関与が増大していくことが予想される。ここでも、親・家族との「連働」という用語・概念を用いることで、常に家族の動向を意識しながら支援を続けている今日的な学生相談活動をより幅広くイメージしていくことができる。

「友人・学生」においても、学生たちはまさに同世代の仲間関係を形成することで、自らを見つめ、相対化し、成長の契機としていくという青年期の発達課題を考慮すれば、相談活動において友人・学生の保有するネットワークのどの位置に来談学生がポジションをとり、どのような関係性がつくられ、その関係性がときに壊れたり齟齬を生じたりしているのかを見定めていくことは重要である。それは日々刻々と推移していき、そのたびに学生のこころも揺れ動く。そしてその

揺れ動きは毎回の面接に持ち込まれ、新たな対応と姿勢を模索していくことになる。周囲の学生たちとカウンセラーとの直接的な関わりが生じることは決して多くはないことが本書でも示されているが、そのうえで、各相談事例においてともに作用し合い、影響し合うという意味で「連働」と称すべき機能が発動され、問題の解決に向けて、あるいは相互成長に向けて、望ましい方向性を見出そうとしていると言ってよい。

3）「個別相談」と「教育コミュニティ」との「連働」

個別相談を核に周囲の関係者との「連働」を通じてもたらされる学生の成長・変化は、全体の布置あるいは各システムとも「連働」して、徐々にコミュニティを変容させていく。この相互作用こそが学生相談の眼目でもあると言ってよい。そのひとつひとつは小さくとも、着実に彼・彼女を取り巻く関係者に伝播していき、相互の関係性が変容するとともに、新たなニーズが喚起され、次の援助活動が発動されることになる。さらには適応支援や予防活動のために必要な知見の集積にもつながっていく。

カウンセリングに加えて周囲の関係者のサポートを得て回復過程を歩み学生生活に復帰した学生が、時に授業において、時に課外活動や様々な自主的活動において、本来の（あるいは潜在的な）ちからを発揮するようになれば、“ああ、よかった”“自分もがんばろう”“学生を支えてくれる教職員がいるんだ”と安心感をもたらすとともに周囲の学生たちの刺激ともなるだろう。あるいは教職員が“あの学生がこんなふうに立派に巣立っていった”“どうしてよいか自信が持てなかったが、自分の関わり方が間違っていなかったと思えた”と学生の成長可能性や教職員による学生支援の重要性を認識していくことで、日々の関わり方にも徐々に確信と配慮が漂うこととなり、そしてその変化は近くにいる教職員にも緩やかに共有されていく。あるいは、親・家族が“息子の抱えた課題は、実は家族のあり方を反映していたんですね”“あきらめていたけど、無事に大学院進学にこぎつけられたのは、ほんとうに先生方のおかげです”と大学の教育・支援機能に好意的な構えを形成すれば、その想いが学生にも伝わっていき、さらには将来も続く教職員との協調的な関係性構築にもつながるだろう。

なお、ここで留意しておきたいことは、事例理解の枠組を設定して分類・記述する際の観点についてである。その観点は例えば、学生の認知によって／関係者の実際の言動に沿って／担当カウンセラーの見立てに基づいて等、複数の次元がありえ、またそれらを基にどのような観点を重視するかは、カウンセラーのスタイルやキャリアによって異なってくる可能性がある。またカウンセリング・チームの構成（一人職場か複数のカウンセラーで役割を分担しているか）によっても相違が生じることがあり、所属・担当するキャンパスによっても学生や構成員の資質・ニーズが異なるため、多様な枠組の組み立て方がありえることになる。

本書では、理工系の大学院重点化大学において一定以上のキャリアを重ねた主任カウンセラーとしての立場から、授業のみならず様々な成長促進型支援を展開して柔軟な構えで学生と関わると同時に、FD研修や各種委員会を通じて教職員とも日常的に交流・協議しているという経験と志向性が反映されている。逆に言えば、このような志向性や日々のスタイルはこの場で経験を積むことで、すなわち個別事例における学生たちとの、そして周囲の「教職員」「親・家族」「友人・学生」との連働によって喚起され、強化されたものであると言うこともできる。言うならば、教育コミュニティとの「連働」を意識しやすい状況にカウンセラーが巡り会ったがゆえの考察という側面はあるだろう。

3．現代的な諸問題に求められる「連働」のあり方

学生相談における連携・協働を考慮する際に、より具体的な様相を浮かび上がらせていくために、個別相談事例を課題別に分類したうえで「教職員」および「親・家族」「友人・学生」の関与の有り様とCoの対応を検討した。そこでは、現代の学生気質とキャンパス状況が色濃く反映されており、学生への応対に戸惑う教職員や親・家族あるいは、ともに揺れ動く友人・学生の心情と相まって、両者を結びつけるべきカウンセラーも時に揺れ動きながら模索を続けてきたと言って良い。ここでは3種の現代的な諸問題ごとに連携・協働の実践を見直し、「連働」という、より包括的な概念を用いて望まれる対応方針について検討してみることとする。

1）「いのちに関わる諸問題」と「連働」

「学生への対応①（自主来談：本人が危機）」から始まった場合（「研究6」-16事例／「研究7」-17事例）を見ると、教職員相談開始に至った事例数（31.3%）に比して親・家族相談開始は少なめであり（11.8%）、さらに「学生の状態を心配

して」という観点からは「教職員からの相談」から始まった事例数の多さ（「研究6」-17事例／全体の48.6%）が目につく一方で、「親・家族からの相談」（「研究7」-3事例／全体の10.1%）」は学生が相当に困難な状況（走り書きの発見や消息不明等）になってようやく気がつく状況になっている（「周囲が危機」における「研究6」での「親・家族」、「研究7」での「教職員」も同様の傾向になっている）。一方、周囲の学生がまず動いてくれた場合を示す「学生への対応②」は極めてわずかになっている。

この結果から見れば、「教職員」が「いのちに関わる諸問題」での早期発見・早期対応において最も有効に機能していることになる。さらには、本人相談開始につながる割合も高く（64.7%）、また親・家族相談にも約3分の1（35.3%）が結びついていることから、「連携・協働」をさらに一歩進めたネットワークづくりにも寄与していると言って良い。青年期特有の心性から「親・家族」に対して内面を開きにくい状況はやむをえないところもあるが、より事態が深刻になった場合には親・家族の関与は必須となってくるため、教職員がいかに動き、カウンセラーがどう「連働」を促すかが肝要になってくるだろう。一方、「友人・学生」に対しては近年の傾向として深いレベルでの交流がなされにくくなっていることが影響していると考えられるが、教職員を通じて当該学生を支える意識を抱かせ、実際に関わりに動いてもらうことは可能であり、キャンパス内でのサポート・ネットワーク形成プロセスにカウンセラーも参入・関与しつつ「連働」を進めていくことになる。喩えるならば、教職員とカウンセラーとの連携・協働を核としながら、ここからさざ波のように支援の意識と行動が伝播していくようなイメージと言って良いだろう。このようにネットワークは「連働」しつつ広がっていくのであり、カウンセラーはその伝わり具合・広がり具合とそれゆえの対応に常に気を配っておく必要がある。

関連することとして、「研究2：事例B」の1日事例において、教員が混乱して対応方針を求めてきた際に生じていたことも、近い過去の事案の影響もあって学生をめぐる状況に敏感になっていたからこそのカウンセラーへのアプローチであり、また、カウンセラーもこのようなキャンパス内の状況を把握していたため速やかな対応に結びつけることができた。教員のやや動転した反応に戸惑いを覚えてカウンセラーに助言を求めてきた学生の動きとも合わせて、様々な作用が相互に生じ、また影響し合って、相談過程が進行していくことになる。このような相互作用を見定めつつ、カウンセラーとしての構えを逐次微調整していくことが、学生相談における「連働」の肝となる。

特に「いのちに関わる諸問題」では、様々な「連働」が急激に生じるため、危機介入や事後対応に際しては迅速かつ的確な判断と行動が求められる。それゆえ、当該学生と周囲の関係者の思いや状態像、そしてそれらの相互作用を刻々とアセスメントして、事態の推移にカウンセラーも「連働」していき、望ましい支援を提供していくことを目指すことになる。

2）「事件性のある諸問題」と「連働」

分類結果を順に見ていくと、「学生への対応①（自主来談：本人が危機）」から始まった場合（［研究６］-13事例／「研究７」-15事例）では、教職員相談開始（38.5%）に比して親・家族相談開始（13.3%）は少なめになっており、さらに「学生の状態を心配して」という観点からは「教職員からの相談」（「研究６」-９事例／全体の中で34.6%）が一定数見られる一方で、「親・家族からの相談」（「研究７」-１事例／全体の中で3.3%）は限られていた。同様に「周囲が危機」における「研究６」での「親・家族」は少なく（１事例）、「研究７」での「教職員」は多い結果となっている（10事例）。さらに教職員の来談から過半数（55.5%）が「本人相談開始」につながっていることを考慮すると、「いのちに関わる諸問題」と同様に、「教職員」が「連携・協働」の核となっていることが分かる。学内外のトラブルに学生が巻き込まれている場合には身近に接する指導教員等の気づきと関わりが大きな作用をもたらし、ハラスメント問題や指導教員とのミスマッチが生じている場合にはすこし離れた位置から声をかけたり、調整・調停的な役割を担う別の立場の教職員の関与がきわめて重要になっていた。「親・家族」においては、トラブルの収拾のために、あるいは新たな被害を受けることがないよう付き添ってもらうために等、必要に応じて加わってもらうことになっていたが、その数はさほど多くはなく、多くの場合、キャンパス内でのネットワークで問題が解消していくよう模索することになっていた。

その意味では、他の２種の問題に比べて若干ではあるが「友人・学生」が相談過程に関与することが多くなっている（「研究６」で11.5%、「研究７」で6.7%）。そこでは、「研究４」でも見たように被害学生を守るためにネットワークをつくってもらうためであったり、加害側とされる学生への対処を考慮したりする場合があったことがあげられる。あるいはハラスメント的な事案が生じている際に加害（とされる）者が共通するがゆえに、学生同士で声を掛け合って来談する場合も生じていた。すなわち、仲間を思う気持ち、同じ境遇ゆえの連帯、自分に影響が及ぶことへの恐れ、時に加害側への対処も含む相反する利害関係、等々、友人・学生間の関係性に様々な様相が生じることがうかがえたが、これらはまたわずかな時間で変容し、かなり流動的な部分があるため、全体像の把握はなかなか困難な場合があった。いずれの事態でも当事者となった学生は必死であり、周囲の学生との相互理解がうまくなされない場合にはいっそう焦りの気持ちが湧いてくるため、心理的なケアと状況判断の両立は極めて重要な課題である。カウンセラーは学生たちのネットワークの状況を常に目の当たりにできる訳ではなく、また学生たちの相互作用とネットワークの様相は短い期間に刻々と変容していくため、「教職員」に適宜介入・関与してもらうとともに、「友人・学生」の中のキーパーソンにも可能な範囲で相談・報告を依頼して、全体状況の把握を進め、カウンセラーの今後の動き方と支援の方向性を微調整していくことになる。もちろん,緊急・不測の事態に陥った場合には危機対応に切り替えられるような構えも必要になる。このように、個々人への支援、およびネットワークの形成と全体状況への介入に向けて、カウンセラーは各構成員あるいは集団・状況との「連働」を常に考慮して日々の相談活動に従事することになるのである。

3）「ひきこもり系の諸問題」と「連動」

さて、この問題に関しては、「研究６」と「研究７」とを比較すると注目すべき特徴が現われている。「学生への対応①（自主来談：本人が危機）」から始まった場合が、「研究６」で１事例（全体の4.5%）に留まっているのに対して、翌年度を対象とした「研究７」では８事例（全体の25.8%）とかなりの増加を見せている。また「学生の状態を心配して」という観点からは「研究６」では「教職員からの相談」から始まった事例数の多さ（16事例／全体の72.7%）が非常に顕著であり、「親・家族からの相談」も一定数（５事例／A 全体の22.7%）存在するという配分になっていたのに対して、「研究７」においては「親・家族からの相談」（14事例／全体の45.2%）が最多になり、「教職員」（９事例／全体の29.0%）から始まった事例の割合が減少していることである。これは注目すべき変化と言えるだろう。その背景としては、もちろん学生の修学状況や適応状況に強い関心を抱き、大学にコミットしてくる親・家族の急速な増加という要因が背景にあるのだが、もう一方の側面としては、学生支援に係る（カウンセラーが担当した）FD研修を通じて、あるいは教職員とカウンセラーとの連携・協働事例の実績が徐々にキャンパスに伝わっていくにつれ、教職員がより早期にカウンセリングを紹介する方向へ変わりつつあることが想定される。実際、「学生への対応①（自主来談：本人が危機）」の増加に際しては来談学生が“クラス担任の先生（あるいは指導教員や事務窓口）に勧められて”という（「研究４」における）「間接的コンサルテーション」にあたる場合がしばしば見られている。同時に“学生の出席や履修の状況、手続きの未提出等が気になる場合には、特に学生本人からの応答がなかったり動き出せない場合には、教職員から親・家族に連絡をすることはむしろ自然なことである”という意識が広まり、「親・家族からの相談」開始の背景となって、“指導教員の先生から連絡をいただいて、それでびっくりして”と相談窓口にコンタクトしてくる例がしばしば見られるようになっている。その意味では、「来談学生」「教職員」「親・家族」「カウンセラー」それぞれが「連働」し合って、相談開始の様相が変化してきていると言って良いだろう。このように着実な「連携・協働」の成果が広く伝播し、共有されていったことが１つの動因となっていることを押さえておきたい。

ところで、周囲の「友人・学生」がまず動いてくれた場合である「学生への対応②」は「研究６」においても「研究７」においても０事例であることには、変わらず留意しておかなくてはならない。多くの教職員から“最近の学生たちは、ゼミの仲間が顔を見せなくなってもあまり気にかけない……”という嘆息が聞かれるようになって久しい。それゆえ「ひきこもり系の諸問題」に対処していくためには、教職員の積極的なアプローチをさらに強化していくことが当面の重要課題になっていることは間違いないだろう。

「教職員」の声かけによって学生の自主来談が増え、教職員からの連絡によって「親・家族」からの相談が増え、もちろん教職員自身が学生対応のために来談することも続いていく。そして教職員や親・家族の来談がさらに学生の本人相談開始につながっていくことが期待されるが、実際、「研究６」での「教職員からの相談」（68.5%）、「親・家族からの相談」（80.0%）、「研究７」での「親・家族からの相談」（78.5%）とかなりの高率で本人の来談に至っている。「研究７」における「教職員からの相談」においてのみ、本人相談開始がまだ低率（22.2%）

に留まっており、また親・家族相談に至った事例は現われていないが、なかなか学生本人が動き出せない状況に鑑みて、かなりの事例で教職員から親・家族への連絡が試みられている（当該年度の翌年に本人あるいは親・家族が来談に至った事例が複数みられる）。

4）現代的な諸問題と「連働」の様相

このように点検していくと、3種の現代的な諸問題に対してより適切に対応していくには、「連携・協働」、さらには「連働」という概念を導入して実践にあたっていくことが有効かつ重要であることが見えてこよう。学生ひとりの悩みや不適応は、当然ながら彼・彼女ひとりの要因で生起したものではなく、そして同様に、課題となったテーマや状況は、彼・彼女の内面だけで展開・変容していくものでもない。われわれ学生相談に従事するカウンセラーは来談学生の内面に深く寄り添いつつ、学生に関与する関係者ならびに学生が所属するネットワークと「連働」しながら、学生の成長・回復と問題の解決・改善を目指していくのである。

一方で、3種の現代的な諸問題における「連働」の様相には、いくつかの特徴と相違が見られた。今後の課題につながる諸点を改めて整理しておこう。

a)「研究6」では3種いずれも「学生（自主来談）」の割合は半数に至らず、関係者の来談から始まる事例が多かった。「研究7」では、「学生（自主来談）」の割合は若干高くなったが、それは「教職員」が学生に来談を勧める姿勢が強まっていることが要因となっており、特になかなか自主来談が行なわれにくい「ひきこもり系の諸問題」において顕著であった。

b) 関係者の中では「教職員」からの相談が3種の諸問題いずれにおいても相対的に多くなっており、また、かなりの事例で学生本人の来談につながっていることから、教育コミュニティにおける学生支援の核となって機能していることが明確に示された。

c)「親・家族」から始まる相談は必ずしも多くはなかったが、近年の動向として大学教育にコミットしようとする傾向が強くなっており、「ひきこもり系の諸問題」を中心に増加の兆しがうかがえる。「いのちに関わる諸問題」や「事件性のある諸問題」で危急の状況にある際には、親・家族の関与を学生本人に了承してもらうことが課題となり、「ひきこもり系の諸問題」では教職員からの連絡で、すみやかな関与が可能になっていた。

d)「友人・学生」が最初に来談する割合はかなり低いと言わざるをえず、焦点化される学生を友人・学生を含むネットワークで支えようとする際には、教職員が仲介する必要性が高くなる。その中では「事件性のある諸問題」においては被害・加害・巻き込まれる等の様々な当事者になる可能性があるため、相談事例に関与する可能性が他の２種よりは高くなっていた。

なお、言うまでもないことだが、「連携・協働」が重要となり、「連働」の観点から検討すべき事例群であったとしても、カウンセラーの主要役割は学生本人へのていねいな個別相談である。非常に大まかにまとめれば、３種の「現代的な諸問題」に係る目的・機能は**表５－１－１**のようにまとめられよう。

表５－１－１　個別相談と連携・協働および連働（３種の現代的な諸問題）

	A. いのちに関わる諸問題	B. 事件性のある諸問題	C. ひきこもり系の諸問題
個人相談の機能	心理援助＋アセスメント（自己肯定感の向上）	心理援助＋アセスメント（対処方略の検討）	心理援助＋アセスメント（進路・修学の再確認）
連携・協働の目的	セーフティネットの確保	安全確保／調整・調停	来談促進／再登校受入れ
連働の様相			
教職員	連携・協働の発端・中核	学内調整（稀に忌避）	連携・協働の中核＋修学支援
親・家族	いざという際の護り	いざという際の護り	気づき＋見守り
友人・学生	日常での寄り添い＋αへ	護り／連帯（時に距離）	日常の関わり＋αへ

４．学生相談の「モデル」および「スタイル」と「連働」

さて、ここまでの議論を経て、いよいよ「研究１」で提示した「学生相談モデル」と「連働」がいかに結びつき、同時に「研究２」で検討した学生相談Coの「スタイル」がどのように洗練されていくのかを考察していくことにしよう。

１）「学生相談モデル」からみた「連働」

「研究１」において３つの大学における学生相談活動と１つの大学における授業実践から「厚生補導モデル」「大学教育モデル」「心理臨床モデル」を抽出した

うえで、さらにこの3種を統合した「学生相談モデル」を提示した。さらに種々の学生相談的な機能がありえることも示しつつ、「厚生補導モデル」に依拠する事務職員、「大学教育モデル」に依拠する教員との「連携・協働」は、「心理臨床モデル」から出立したカウンセラーにとってもはや当然かつ必須であることを指摘したが、これは「研究2」〜「研究7」を通して、すなわち長年の実践と研究によって、よりいっそう確かなものとして検証されたと言って良いだろう。「教職員」との「連携・協働」の実績と効果は極めて明白であった。また、「学生」ならびに「親・家族」はこのモデルによってサポートされる対象者である訳だが、まず「親・家族」が、そしてやがて「友人・学生」が「連携・協働」のパートナーとしてもクローズアップされてくる経緯を示してきた。そこでは、各関係者との直接的な「連携・協働」のみならず、さまざまな形で影響し合い、支え合うネットワークが既に存在し、かつ新たに形成されていくことになるのだが、それら各個人との、あるいはネットワーク全体との「連働」を意識し、判断して、働きかけ、構えを常に微修正していくことが重要になってくることを指摘した。「研究1」における**図1-1-5**（学生相談モデル概念図）は、やや静的な印象を与えるかもしれないが、概念図の外枠で示される教育コミュニティにおいて、学生と関係者、そしてカウンセラーも参入した様々な相互作用が生じており、それ

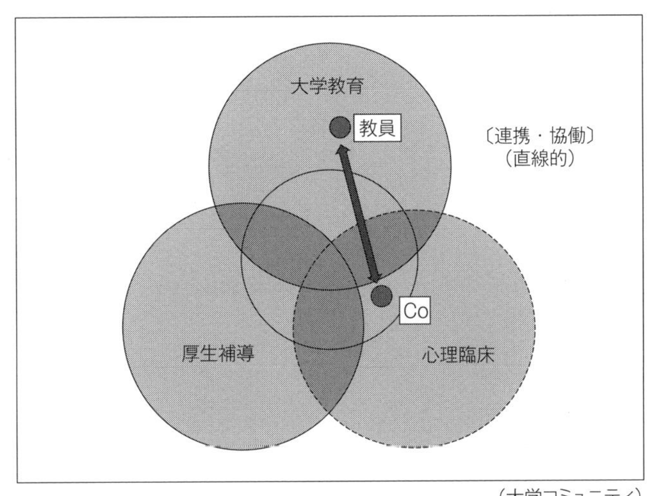

図5-1-1　従来の「連携・協働」の様相（概念図）

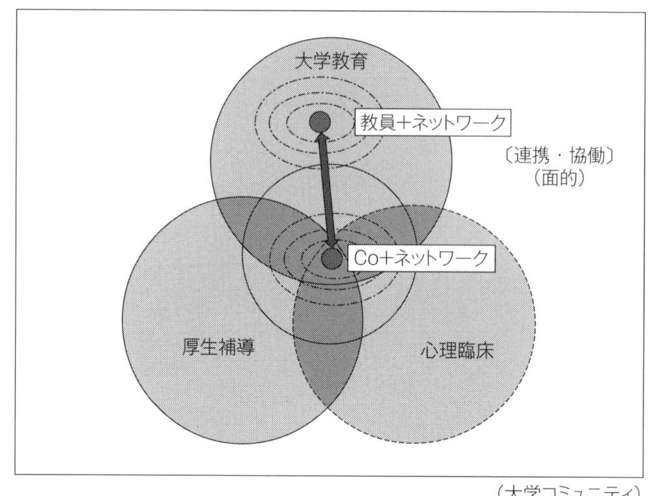

図５-１-２　新たな「連働」の様相（概念図）

に伴って３つの円が広がったり重なりを増したりと常に拡大・縮小と振動を繰り返すダイナミックなイメージで捉え直すと良いだろう。すなわち、従来の「連携・協働」ではキーパーソンとなる関係者個人とカウンセラーとの個別のベクトルによる線的なつながりとイメージされるが（図５-１-１）、「連働」の意図するところはより多様なネットワークを意識した面的なつながりで相談事例を捉え、関与を考慮していくことである（図５-１-２）。様々な構成員や関係者が援助の対象となる学生本人を支援するために、教育コミュニティ内の多彩な相互作用で支え続けていく方向性が強化されていくことが望ましい。

総じて言えば、近藤（1984）がかつて指摘したように、援助を求める学生が日常的に生活する「内・社会体系」（教育コミュニティ）を意識して、問題が発生した場で／体系自体の変革も視野に／体系内の援助資源自体に委ね返す試みを、継続的に実践していくことになっていたのである。カウンセラーにとってはこの「学生相談モデル」は学生相談活動の包含しうる多様性を受け入れ、そのうえで最も適切なあり方を自己規定したうえで、場と対象に応じた活動を展開していくことを目指しているものであった。あるいは、窪田（2009）が指摘した課題である、１）個の変容 vs 個と環境の適合、２）直接的なネットワーキング vs 間接的な援助、３）問題を抱えた人の治療や援助 vs 幅広い対象者へのアプローチ、の

３点を克服するための学生相談カウンセラーの立場からの提案でもある。

なお、「個と環境の適合」という課題に関連して、筆者はかつて教育コミュニティにおける心理臨床の機能を整理しているが（齋藤2008／**表５－１－２**参照）、まさに、大学の求める要請特性との不適合を克服するために学生相談が必要になっているのだと考えて良いだろう。「連働」という概念を導入することで、様々な構成員を結びつけ、種々の不適合を埋めていく学生相談の機能、すなわち個別相談が教育コミュニティにおいて果たしうる役割が見えてこよう。

表５－１－２　教育臨床における３つの機能

機能	<不適応の源泉>	<目指す方向性>	<内容>
教育機能	学校の求める「儀式化」 ↓↑（不適合） 学生の「対処様式」	「教育目標」の存在	学校の「儀式化」「要請特性」に沿うような働きかけ
クリニック機能	人格・個人的な要因 ＋ 学校の求める「儀式化」	「治療目標」を設定	学校の「儀式化」「要請特性」に応えられる段階まで引き上げる、保つ
調整機能	学校・他者の「行動様式」 ↓↑（不適合） 学生の「対処様式」	「調整目標」を設定	学校・当事者が有している「行動様式」「対処様式」の折り合い模索、相互尊重

（齋藤，2008より）

２）学生相談の「スタイル」から見た「連働」

「連働」を導きやすい、あるいは「連働」に開かれているカウンセラーの「スタイル」は、既に「研究２」で示されている通りであると言ってよいのだが、そのうえで、ここまでの結果を加味させてさらなる考察を展開してみよう。

ｉ）「原型的コラボレーション」とクライエントとの「連働」

ひとつひとつの面接に臨むカウンセラーの構えを「教育機能」と「クリニック機能」のはざまで柔軟に変容させていく様を、「研究２」の**図２－２－５**において示したが、このような“個人内システムを確立していく”（佐治，1983）姿勢を絶やさないことこそがカウンセラーの「スタイル」であると言って良いだろう。ここでは、村瀬（2008a）がクライエントへの援助過程そのものが“双方向的に目的を共有して”の「原型的コラボレーション」であるという指摘と絡めて、「連携・協働」に向かう「スタイル」を別の角度から考察してみたい。

かつて、牧野（1993）によるカウンセラーの言語応答様式に関する研究をもとに、共感的応答の位置づけを図５-１-３のように概念的に示している（齋藤, 2002）。そこでは“クライエントの言葉や表現を尊重しながら、感情的にあるいは認知的にまとめて返していくこと（「反射的応答」と「再言明」）で足場を着実に固めていくこと”がベースとなり、“面接の進展とともに、徐々に少しずつ踏み込んだ確かめを行ない（探索的応答や確認）”、“一歩踏み込んだ応答としての「明確化」も不自然でなく提示されるようになる”のである。“クライエントを置き去りにした先走りの応答”にならないように最大限の留意を心がけることが「原型的コラボレーション」の肝になると言ってよいだろう。本書で示したことから言えば、来談学生とカウンセラーとの「連働」が感情的にも認知的にも絶え間なく展開していくプロセスが個別相談そのものであると言ってもよい。このような「連働」が着実に進展していけば、一見カウンセラー主導の応答に映る「解釈」や「直面化」もクライエント学生により受け入れやすいものになっていく。このような交流は図５-１-４のように表現できるが、改めて、教育コミュニティにおける「連働」の基礎は、ていねいな個別相談とそこでのコミュニケーションに

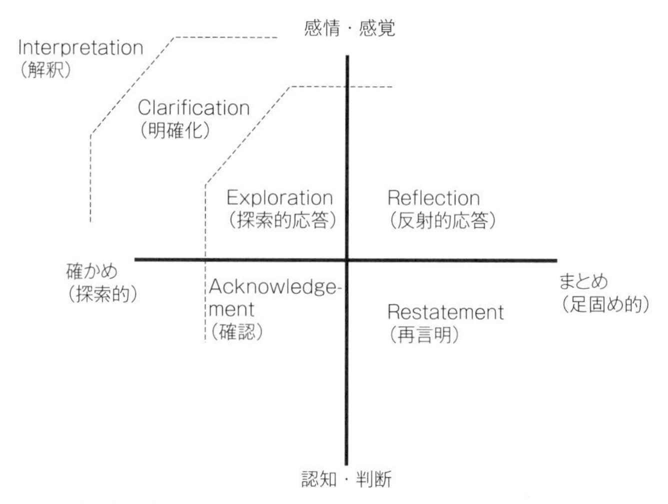

図５-１-３　共感的応答の位置づけ（概念図）（斎藤, 2002／牧野, 1993の図を改変）

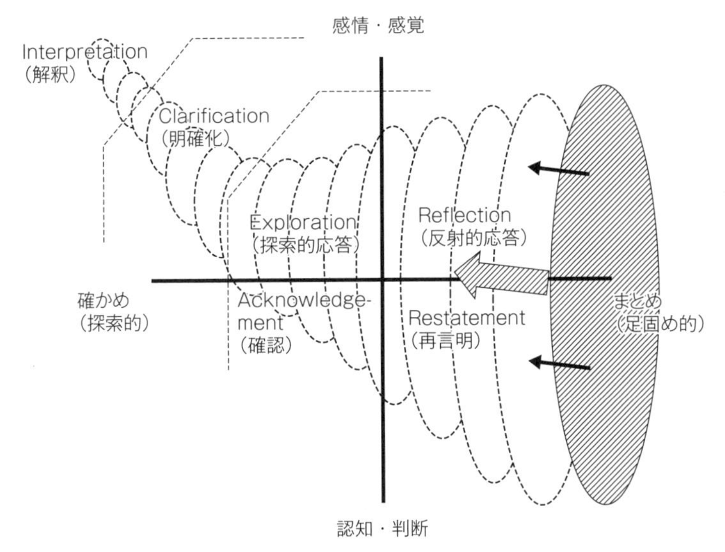

図5-1-4 共感的応答に生じる原型的コラボレーション

あるのだと位置づけることができる。

ii）「教育コミュニティ」における諸活動と「連働」

学生相談における諸活動を展開していくために、カウンセラーは「カウンセリング・モード」を中心に据えつつも多様なモードを使い分け、臨機に切り替えていく必要があることを示してきた。このようなあり方を「研究2」の図2-2-6において、横軸に据えた「コミュニティ機能」のベクトル方向にも柔軟に調整していく学生相談の「スタイル」として提示した訳だが、これを実際の活動に移し替えると、齋藤（2008）に掲出した概念図（図5-1-5）と結びつけることができる。学生相談の中核である「個別相談」は面接室という「非日常性」と心理臨床家としての「閉鎖的立場」をもとに行なわれる。しかし図示されているように、個別相談の枠組の中でもクライエント学生と彼・彼女を取り巻く関係者との「連働」の中でカウンセラーの構えは柔軟に変容していくのであり、さらには実際に、学生相談に求められる種々の活動と対象者・状況に「連働」して、「日常性」と「開放的立場」のベクトルに進んでいくことになるのである。このあり様は、前項で述べた個別相談における共感的応答のプロセスとも結びつ

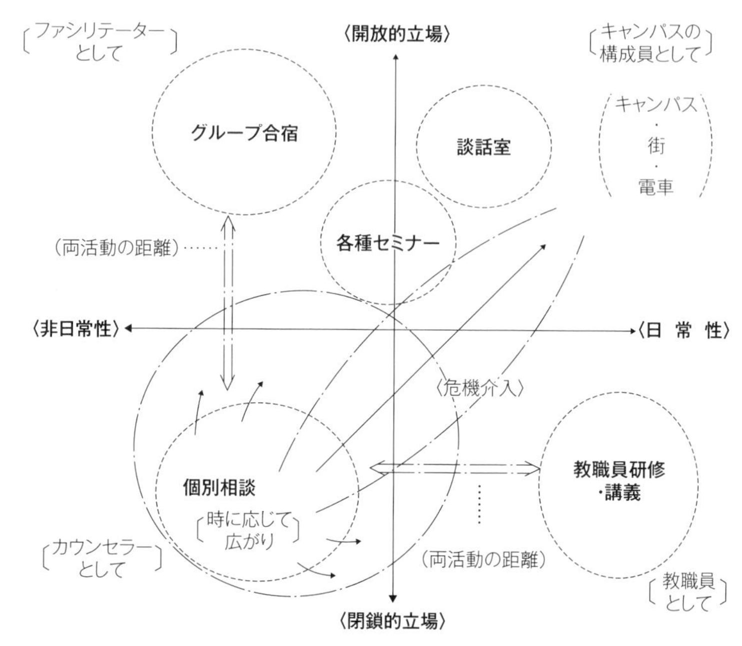

図５-１-５　学生相談の諸活動の位置づけと「連働」(齋藤, 2008より)

けることができる。われわれはていねいな個別相談を積み重ねることによって土台を固め、足場を築いたうえで各種のグループ活動や講義・教職員研修に歩み出すのであり、いざという時の危機介入にも飛び出していけることになる。もちろん、実際には個別相談の土台が固まらないままに（例えば着任間もなくの依頼や学生対応事例が少ない部局での企画等）各種の活動に踏み出さなくてはならない状況は生じるが、その際にも戻るべき個別相談という場所があるからこそ、将来の貢献に対する期待が信頼を担保することとなって、それぞれの活動に安定感をもたらすことになる。言うなれば、カウンセラーの中で生じる「連働」や来談学生との間で生じる「連働」が、関係者との実際の「連働」、さらには学生や関係者の有するネットワーク、さらには教育コミュニティとの「連働」にもつながっていると考えてよい。そのうえで、「研究２」でも記したように、「待ち」のサポートと「働きかけ」のサポートのバランスに留意しながら、活動を組み立てていくのである。

なお、「研究２」では「事例Ａ」においては電話が、「事例Ｂ」では電話と電子メールが１日の相談活動の組み立てに大きく影響しているが、状況によっては電話対応やメール確認ができないままに面接や他の活動に長時間取り組む場合も当然おきうる。その場合には、状況を他のスタッフに伝えてもらったり、留守番電話で対応することになるが、多くの場合、“いつもつながるカウンセラーから応答がないということは、外出しているのだな”という理解で納まっていく。しかしながら、面接室という「非日常性」の場で「閉鎖的立場」で臨む際に、「日常性」と時に「開放的立場」が入り込んでくるメディア活用の功罪は、「連働」のスタイルを保持する際に常に留意しておく必要があろう。

さて、本節では「個別相談と連働」という観点から考察を展開してきた訳だが、徐々に「教育コミュニティ」をより強く意識しての「連働」論に広がってきている。次節では、各関係者との「連働」から、いかに「教育コミュニティ」における施策と体制づくりに関与してきたかを述べて、最終的な「連働」概念の定義づけにつなげていくことにしよう。

第２節　個別相談と教育コミュニティとの「連働」

１．はじめに

学生相談における中核となる学生本人との個別相談を遂行していくにあたり、「教職員」や「親・家族」、「友人・学生」等の関係者と「連携・協働」を行なう事例が数多く存在し、学生の直面している諸問題の特性に鑑みて、また学生本人や関係者の要望や状況に応じて、いかに連携・協働を効果的に活用して事例を展開させていくかが肝要であることを、実践をもとにした研究群によって示してきた。さらに、ある関係者との連携・協働が、個人に留まらず周囲の構成員ネットワークに影響を及ぼすことによって、相談事例は面接室の中だけで展開するものではなくなり、より広く「連働」という概念でそのダイナミクスを捉えながら臨床実践を進展させていくことの意義と効用について提示してきた。

カウンセラーと関係者との直接的な連絡や面接に至らなくとも、様々なあり様で関係者は来談学生の周囲に存在しており、その交流の多寡や質の相違によって特徴づけられるネットワークが学生の適応状況に影響を及ぼす。一方で、来談学生の回復や心理的成長、それに伴う新たな言動が周囲のネットワークに時に緩やかに、時にインパクトを持って伝播し、相互の関係性は日々刻々と変動していく。このようなあり様もまた「連働」という概念で捉えることができる。学生相談の舞台となる教育コミュニティは、このように現在の／あるいは過去または将来の来談学生と、彼・彼女を取り巻く教職員、親・家族、友人・学生とが多彩な関係性のタペストリーを織り成す場所である。その関係性の束がかたちづくる紋様は自然発生的に出来上がるものでもあるが、一方で、大学等の有する教育目標や要請特性、あるいはキャンパスの風土や環境によってある程度の方向付けがなされていく側面がある。その意味で、教育コミュニティとしてどのような支援施策や相談体制を準備・設置して機能させていくかという大学側の働きかけもまた、学生たちの適応状況や関係性に影響していくのだと言ってよい。そもそも、そのような施策や体制の点検作業と望ましいあり方を模索・構築していく試み自体が、学生相談の現場に持ち込まれる相談内容や学生たちの状態像から導かれるものでもある。すなわち、個別相談の実践とそこから得られた知見の発信は、支援施策や相談体制の整備と「連働」していると言うことができる。

本節では、まず学生相談の実践と関係者との連携・協働からいかに具体的な「施策」に結びつけてきたかを現代的な諸問題への対処と組み合わせて示し、次いで、学内の専門的な支援機能及び支援機関との連携・協働の諸相を示したうえで相談「体制」の整備に貢献してきた様を提示することによって、より幅広い観点から「連働」を考察していくことにしよう。

２．個別相談と「連働」した学生支援の諸「施策」

関係者との連携・協働をより良いものにしていくために、あるいは日々展開される学生と関係者との「連働」が相互支援的なものになっていくように、カウンセラーの立場から種々の活動と施策を提案していくことになる。これらを、
１）「教職員」との「連働」に向けた諸施策、
２）「親・家族」との「連働」に向けた諸施策、
３）「友人・学生」との「連働」に向けた諸施策、の順に、「現代的な３種の諸問題」への対応を組み込みつつ、まとめてみよう。

１）「教職員」との「連働」のための諸施策

本研究において示されたように、「教職員」は学生相談の実践にあたって最も「連携・協働」を行なう機会の多い関係者である。それゆえに、種々の機会を捉えてカウンセラーから発信する、あるいはともに協議する場を確保・構築していくことが極めて重要となる（Nolan, S.A.et al., 2006）。

ｉ）教職員研修の実施・拡充と「連働」

学生支援のための共通理解を図っていく最大のルートは、FD 研修をはじめとする教職員研修の充実である。そもそも、本研究で設定した３種の現代的な諸問題は教職員に対して学生相談の立場から学生の現状と気質の変化、そして望ましい教育と対応方法について発信していくために設定されたものであった。すでに、「研究６」において研修における具体的な提示方法について扱っているが、その他の研修も含めて整理すると、カウンセラーの立場からは例年、**表５－２－１**に示すように、６種類の形態で教職員研修の企画ならびに講師を務めている。

表５-２-１　カウンセラーの立場から行なう教職員研修

（種別）	（趣旨）	（対象者／参加者数）
a)「全学的に参加を呼びかけるもの」	主催側となって「カウンセリング懇談会」の名称で相談活動や学生の状況を紹介したうえで、ざっくばらんに懇談。具体的な施策に向けたアイデアが交換される。	（学生支援に係る教職員を中心に／数十名）
b)「全学 FD の中で実施しているもの」	学部・大学院 FD 研修や新採用教員セミナーにおいて一コマ設定され、学生対応の基本ならびに３種の現代的な諸問題等への理解と留意を促す。	（各部局から教員の該当者もしくは希望者／数十名）
c)「人事的な側面からの研修」	新採用、中堅、グループ長、等の対象者別に実施される研修において１コマ設定され、“教職員になる”プロセスを支援しつつ、特にハラスメント等のトラブル防止に留意する。	（主に事務職員の該当者／数名～20数名）
d)「各部局の FD として実施されるもの」	各部局の教授会等からの依頼に応じて、あるいは執行部の依頼を受けて各部局を回るかたちで、テーマ設定のうえ（例：３種の現代的な諸問題の１つから）講義を行なう。	（各部局に所属する教職員／数十名～百数十名）
e)「相談員役割を担う教職員に対する研修」	学生支援の３層構造（（独）日本学生支援機構, 2007）での「制度化された学生支援」にあたる教職員（学生相談室委員・ハラスメント相談員等）に相談面接の手順と留意点を教示する。	（任命教職員／10名～20数名）
f)「全国的な研修会への関わり」	全国学生相談研修会（日本学生相談学会）や（独）日本学生支援機構等の諸行事に企画・講師で協力しつつ、所属校教職員に参加を促し、大学間交流による学びを促進する。	（指名・希望教職員／数十名～数百名：所属校若干名）

さて、このような形態で教職員研修を実施することの意義を、齋藤（2007a）を参考にしつつ、「連働」の立場から再整理しておこう。

ｱ）学生のために「連働」できる土壌づくり

カウンセラーが教職員研修を担当することの第１の意義は、学生がより適応的に学生生活を送っていけるよう、学生対応の最前線にいる立場から教育コミュニティ並びに構成員に広く働きかけていくことにある。すなわち、学生相談の知識・工夫・経験が教職員に伝授され、教職員が学生支援の担い手としてより良く機能することで学生に還元されていくことを目指すのである。また、個別相談の場で語られた学生の声や要望を、教職員に理解しやすいかたちに再構成して届け、必要に応じて施策や体制づくりに活かしていくことも重要な役割である。カウンセラーを媒介として、学生と教職員がより好ましい「連働」を起こしやすい風土と環境を準備していくことと言ってよいだろう。

(ｲ) 教職員のために「連働」できるネットワークづくり

最近の学生気質の変化に戸惑い、学生理解・指導・対応に苦慮する教職員に対して、示唆やヒントあるいは方向性を提示することが強く求められている。より具体的な働きかけや詳細な言葉かけの例を示すよう要望されることも多いが、これはまさに「研究６」で示した３種の現代的な諸問題におけるカウンセラーの対応例がほぼそのまま援用されることになる。同時に、研修の場が、教職員同士、あるいはカウンセラーとのネットワークづくりのきっかけとなり、役割分担や機能分化を意識しつつ、相互に「連働」し合う教育コミュニティを熟成させていくための機会を提供することになる。また、教職員のセルフケアや職業サイクル等も扱うことで、心身のコンディションを整え、よりよく機能できるように支援する側面も同時に担う。

(ｳ) カウンセラーおよび学生支援担当者のために「連働」できるチームづくり

教職員研修を担当するにあたっては、カウンセラーや学生支援に係る担当者が、企画・資料収集・実施に至るプロセスの中で情報交換やコメントを相互に提示し合うことが必要になるが、この作業そのものが身近な連携・協働の良き機会となる。さらには、各大学のカウンセラーが相互に協力し、全国的な研修会や他大学での講師を務めることで、自大学での実践を相対化するとともに、他大学の体制づくりを側面支援する役割も果たす。ひとり仕事が多くなりがちな（そのように映りがちな）カウンセラーにとって、ともに学生相談・学生支援に臨むスタッフ間での「連働」が生じ、支え合っていることを意識できる機会は貴重である。

課題としては、教職員による出欠状況や参加意欲の相違、ハウツーやマニュアルを求めがちな傾向、実習・グループワークへの恐れ等があり、カウンセラー側では、「研究２」で示したモードの切り換え、研修テーマや内容の精選、守秘義務に配慮した伝え方等があげられる。これらに留意しつつの研修会への関与は、日々の個別相談と同様に“１回性／事例性”を意識して臨む場であり、柔軟かつ応変な交流を通じて教職員とカウンセラーを包むネットワークがまさに「連働」していくひとときとなる。

ii）「いのちに関わる諸問題」と諸施策の「連動」

これまでも「いのちに関わる諸問題」が喫緊の課題となっている際には、カウンセラーが各部局の教授会を順次回って注意勧告を行ってきた。さらに、第1章第2節で示したように、若年層の自殺率が高い水準に留まっている現状に鑑みて、所属校でも近年の傾向ならびに対策を検討する委員会を設置し、教職員向けに施策を提言する報告書を取りまとめている。また、全国規模の動きとして、内閣府等の行政の動きも視野に入れつつ、日本学生相談学会では『学生の自殺防止のためのガイドライン』を2014年に作成・発刊している。筆者はそのいずれにも深く関与し、また、同時期に並行しつつの作業となっていたのだが、双方に共通していることは、深刻なテーマに真摯に向き合う姿勢を基礎に据えつつ、キャンパス内における重層的な施策の組み合わせを提示しながら、何よりも教職員の日常的かつこまやかな関わりの意義と重要性を強調していることである。ここでは参考資料として**表5-2-2**にガイドラインの構成と概要、そして所属校で活用する際に最も肝になると考えられる視点をキーワード的に挙げておくことにしよう。短期間で一気に作成・完成にこぎつけたそのプロセスと、使いやすさと実利性を両立しようと検討を重ねたその内容は、学生相談を担当するカウンセリング・チームの揺るがない構えを反映したものであり、まさに日々の個別相談における経験の結集体が具体的な施策提案と「連働」した成果であると言って良い。

そして、“いのちを見つめること”“自らの存在を問うこと”はきわめて青年期的なテーマであり、危機を乗り越えて次のステップに進んでいくことは、学生にとってはもちろん、関係者や教育コミュニティにとっても、大いに成長促進的な意義を持つということを共有していきたいと願っている

iii）「事件性のある諸問題」と諸施策との「連働」

「事件性のある諸問題」に関しては、まず教職員が留意すべき事項としてハラスメント問題を扱うことが必須となる。特にアカデミック・ハラスメントは、その基準を明確に提示することが難しく、いわゆるグレーゾーンにあたる言動が

表5-2-2 『学生の自殺防止のためのガイドライン』と各校で求められる視点

（構成）	（内容の概要）	（各校の視点）
1 大学生の自殺の現状と理解	全国状況、大学と学生相談の役割	自校の現状把握
2 教育としての学生相談と自殺防止	基本的視点、教育活動としての取組	教育活動の点検
3 対応の基本		
3-1 日常的対応	コミュニティづくりと日常的関わり	日々の対応こそ
3-2 ハイリスク学生の対応	学生生活サイクル、気づく／つながる	積極的な関わり
3-3 危機対応	命を守る、つながりあうために	その構えと覚悟
3-4 事後対応	動揺をおさめる、情報を管理する	影響の最小限化
4 学生相談機関の整備と活動の留意点	連携・協働へ、Co の位置づけと留意点	よりよく機能

多々見られるため助言を求められることが多いという現状があり、そもそも教職員と学生とのミスマッチをいかに最少にしていくかは教育コミュニティとして最大限配慮していかなくてはならない事項であるからである。その際の立脚点は、５大学の学生相談関係者によって発刊された『アカデミック・ハラスメント防止ガイドライン作成のための提言』(2006) であるが、その作成に参画したプロセスの途上で、大学として望まれる防止のための諸施策を**表5-2-3**のようにまとめている（齋藤, 2004b)。そして、これに沿いながら、10年以上にわたって所属校の体制づくりと施策に貢献しようとしてきたことになる。基本姿勢は「学生中心の大学」という視点を組み入れていくことだが、教育システムとして容易には実施できない事項もあり、施策の策定や実施をめぐる協議の中で、あるいは個別事案への対応を通じて、教職員とともに改善策をひとつひとつ積み重ねてきた経緯がある。特に研修においては、様々な図表や模擬相談事例の作成を継続して行ってきており、その成果の一端は研修用 DVD の作成・発刊にもつながっている（齋藤, 2012b, 2012c)。なお、カウンセラーがハラスメント相談員を兼ねる場合に、上記ガイドラインでも提起されたように大学が有すべき３つのモジュール、すなわち「相談機能」「調整機能」「調査・審理機能」の全てに通じつつ、「調整」は大学・各部局のしかるべき立場の教職員に依頼すべく打診を試み、「調査・審理」については「申立」の窓口となっての道案内は行なうが、ハラスメントに該当するかどうかのジャッジには関与せずに、「相談」に徹することが原則となる。このような明確な役割分担・機能分化を行った上で、トラブル収拾に向けて臨機かつ柔軟に対処していくことになる。

その他にも学生をめぐる種々の「事件性のある諸問題」としては、例えば学生間のもめごと、カルト問題、薬物依存等が生じうる可能性があることから、適宜、研修会や学生支援に係る委員会において注意を呼びかけている。カウンセラーからのメッセージや働きかけが徐々に教職員に浸透していくことによって、個別指導あるいは講義担当の学生たちがなにがしかのトラブルに巻き込まれた可能性を感受した際には、学生相談の存在を想起して、かつ実際に活用してもらえるよう、着実に「連働」が進行している状況と言って良いだろう。

表５-２-３　アカデミック・ハラスメント防止のための諸施策

１　「アカデミック・ハラスメント」という概念の普及
　～防止の前提：概念の整理
　～大学には（どこでも）起こりうることとして

２　公的な防止・対策システムの整備（大学としての覚悟を決めること）
・セクハラ対策が先行する中で（「人事院勧告」等、上から降って来たという側面との融合）
・アカデミック・ハラスメント対策「規則」の制定
・アカデミック・ハラスメント「対策委員会」の設置　～必要に応じて「調査委員会」立ち上げ
　⇒総合的なハラスメント対策へ（パワー・ハラスメント等、各種の人権問題と整合性）

３　教職員の研修体制
a）パンフレット・マニュアルづくり、チェックリストの作成・実施
b）教授会レクチャーの実施
c）ファカルティ・デベロップメント（FD）での分科会
d）研究室訪問等

４　風通しのよい教育・研究環境へ
a）研究室環境の発信・情報公開
b）論文作成、学位取得のめやす・基準の明示
c）複数・集団指導制（副指導教員の導入等）
d）所属変更の柔軟性（研究室、学科・専攻、学部・研究科等）

５　発生要因・効果的対応要因の究明
　～何がきっかけで、何が効果的かを見定めていくこと

（齋藤, 2004b）を若干修正

iv）「ひきこもり系の諸問題」と諸施策の連動

大学における学びの方法と環境の変化にすみやかになじむよう、全国的に初年次における導入教育の重要性が唱えられて久しい。これに符合させつつ、カウンセラーの立場からは、不登校をはじめとする「ひきこもり系の諸問題」を防止す

ることにつながる諸施策を「適応支援教育」と称して整理した一覧表（**表５-２-４**）を作成して、教育に係る基本方針を企画・策定する学内会議にて提案して

表５-２-４　適応支援教育（導入教育）の実際

《適応支援教育（導入教育）の諸側面》

＊“高校から大学への学習面、生活面を含めての円滑な移行をめざすための教育”
　　（全国的な関心／cf.“破滅的変化”（＊）（欧米）—全寮制・チューター制度、多様性）
　１）スタディ・スキル（レポートの書き方、文献の探し方、リテラシー等）
　２）スチューデント・スキル（大学生に求められる一般常識や態度）
　３）（理工系）基礎的知識・技能の教育（専門教育への橋渡し）
[（４）適応支援教育としての学生相談（個別ニーズにもとづいた支援）]

《具体的な諸活動》

〈行事的支援〉

①オリエンテーションの工夫（イニシエーション、最初期必須事項／一度に膨大な情報、消化不良）
　　⇒内容の精選、飽きさせない工夫　　　　（cf.カルト問題）
②新入生セミナー・ガイダンス（類別・学科別・同様の背景・関心、取組の相違（１日／宿泊））
　　⇒内容の工夫かつ学生間の交流促進（多様な背景・関心を持つ学生も）
③適宜のイベント（より参加しやすいよう、時期と対象者を見計らって）
　　⇒サークル・クラブ加入促進、大学祭参加、クラスイベント促進、友だちづくり

〈環境的支援〉

④学生の居場所づくり・相互交流の促進
（学生会館、リフレッシュルーム、図書館／各種ピア・サポート（生活・補習等）
　　⇒“学生中心の大学”になっていくためにも
⑤教務・学生生活情報の伝達方法（一番のツールは“友だち”（！）という現状）
　　⇒個別自動配信システム、ひとが口頭で（手渡しで）伝える大切さも

〈継続的支援〉

⑥担任制度（助言教員）の再活性化（日常的交流、必要事項伝達、人間的なふれ合い、形骸化危惧）
　　⇒担任会議・類主任（学科主任）会議、独立大学院からも
⑦チュートリアルシステムの復活（またはゼミ形式／より少人数、学年持ち上がり）
　　⇒“学生数／教職員数”という指摘（親・家族から）
⑧講義による工夫
　a）講義の工夫（双方向性のコミュニケーション、人文系・社会系の貢献）
　b）語学・実習・実技・実験（出欠確認と個別ケア、学生間のグループワーク）⇒FD内容を活かす

〈踏み込んだ支援〉

⑨適応支援の新たな科目「学生生活概論」「キャンパスライフ実践論」設置
　　（特別企画ではなく、あえて正課として）⇒スキルと知識・必須情報の伝達
⑩不登校・不適応学生への積極的アプローチ（すでに部分的に実施）
　　⇒長期欠席、手続き・未申告、単位不足・進級危機等に、事務窓口・教員から連絡・面接

（齋藤，2007bより）
（＊田中，2000より）

いる。即座にすべての諸施策を実行に移せる訳ではないのだが、折りをみて複数回提示することによって、また研修会資料としても用いることで、今後に備えての意識付けを進め、時機を得た際のすみやかな実現を志向している（齋藤, 2007b)。大きな流れとしては、「行事的支援」を企画し、「環境的支援」を整え、「継続的支援」で関わり続け、そのうえで必要に応じて「踏み込んだ支援」を考えていくという構成になっており、学生への適応支援はきわめて多彩な諸活動からなる総合的な働きかけであることが分かるだろう。

学生たちがひととき、大学のカリキュラムや社会的な活動から距離を置いてひきこもりつつ、内省や自己探求、様々な試行錯誤を行うことが後の成長につながる可能性はもちろんあるのだが、そのうえで、貴重な時間を必要以上に無為に過ごすことがないよう、有効な働きかけが求められているということであろう。

2）親・家族との「連働」のための諸施策

学生相談の現場では親・家族が関与する相談事例が増加しており、その関わり方が多様になっている様子を「研究４」において示し、現代的な諸問題に沿っての連携・協働の実際を「研究６」において詳述した。それゆえ、親・家族との関わりは大学の教職員にとっても日常的に生じることであり、高等教育のありようが変容していることを教職員研修等で伝え、親・家族に応対する構えを保持してもらえるように働きかけている。そのことがある程度は奏効していると考えてよいが、しかしながら、親・家族に対して学生相談から直接発信する施策にはなかなか展開していないのが実情であると言わざるをえない。高石（2010b）が指摘するように学生相談機関が中心となる（1）情報発信、（2）学修情報開示と保護者懇談等の実施、（3）子育ての終わりに向けた意識啓発、あるいは、松下他（2007）が報告している親・家族のサポートグループといった試みを実施する可能性を探っているというところであろうか。そんな中では、前項の**表5-2-4**における「⑩不適応・不登校学生への積極的アプローチ」の延長線上で、親・家族への学修状況の郵送による開示・報告が近年始まっている。種々の会議や委員会を通じて、カウンセラーからも現状を報告しつつ継続してきた協議のうえでの施策であり、学生本人の自主性を重視する風潮の強かった大学にとっては大きな転機であったと言って良い。

また、相談体制の充実に関連して「学内版いのちの電話」として発足させた

「電話相談デスク」では、まず親・家族が電話をかけてくる場合が多く、その大部分を「ひきこもり系の諸問題」が占めており、また、学生本人からのコンタクトであっても後に親・家族が関与してくる事例も含めると、全事例の約３分の２において、親・家族との相談がなされていることは特筆される。詳細は後述することになるが、カウンセラーがチーフとして制度設計と活動の監修に関わって、結果的に親・家族のための支援に大きく寄与するかたちになったことは有り難いことであった。

親・家族のための諸施策は、主目的とは異なる側面で効果を発するというかたちをも見渡しつつ、じっくりと「連働」を進めようとしているという言い方ができるだろう。

3）友人・学生との「連働」のための諸施策

「研究５」において考察したように、友人・学生をめぐる状況は「希薄化」と「事件化」が進展していると言わざるをえない様相を呈している。また、旧来の相談区分では「対人関係」に分類される相談内容が最多を示す傾向が続くようになったため、いかに学生のソーシャル・スキルを習得させ、さらに相互支援意識を喚起するかが重要になっている。それゆえ、大きく分けて「正課内（講義）」と「正課外（種々のグループ活動等）」の２つに集約されるかたちでカウンセラーからの働きかけを行なっている。

ｉ）講義担当

「研究１」で定置した「学生相談モデル」の重要な要素となる「大学教育モデル」に沿った実践として、学内各部局からの依頼に応じるかたちでいくつかの授業を担当している。各大学でも、新入生対象の「キャンパスライフ実践論」（森田・岡本, 2006）、予防教育としての「学生生活概論」（池田・吉武, 2005）、参加型のグループワーク授業（福留, 2010）等の実践と意義が報告されているが、これらを参考にしつつ、現在、所属校で担当している講義を分類すると、おおよそ、以下の３種となる（**表５-２-５**）。

「適応支援講義」が個別相談へのきっかけとなったり、あるいは「グループワーク授業」が個別相談での回復・成長をもとに次のステップとして実際の交流を試みる機会となることがある。また「教職科目」は思春期の体験を整理しつつ、

表５-２-５　学生相談の立場から担当している講義

分類（科目名）	対象（人数）	形式（内容）
＊適応支援講義 （「健康科学」「類リテラシー」）	１年生 （100～200名）	オリエンテーション的に各クラス１回 （学生生活サイクルに沿った適応課題）
＊グループワーク授業 （「人間関係論」）	３～４年生中心 （30～60名）	半期の専門科目を医師と折半して （対人関係の諸相と実際の交流・スキル獲得）
＊教職科目 （「進路・生徒指導と教育相談」）	１年生～大学院生 （50～70名／約10名）	Ⅰは講義形式で分担／Ⅱは集中講義で実習 （思春期のふりかえりと相談的対応）

学生の相互支援意識を喚起することにもつながっている。そして講義は、現在の、あるいはかつての／将来の来談学生と彼・彼女を取り巻くネットワークを目の当たりにしたり、直接ネットワークに関与することもありえる、まさに相互に「連働」が生じている現場でもある。現在は学部生に対する授業実施が中心であるが、大学院生にもカウンセラーからの講義提供が効果をもたらす可能性を検討していくことが望まれる。

ii）グループ活動からピア・サポート、そして学生支援 GP へ

「研究２」でも示したように「グループ活動」は、ここ20～30年の間に大きな転機を迎えている。かつて主流であったエンカウンター・グループには参加者が集まらなくなり、学生相談から提示する企画は、ほぼ全国的に構成的な心理教育プログラムやピア・サポートに移行している現状がある。また、個別相談の件数が増加するにつれて、企画を提示・実施する時間を確保することが難しくなっている状況もある。所属校におけるピア・サポートは、早坂（2010）の分類に従えば「新入生支援型」にあたり、カウンセラーはピア・サポーターの研修と活動中の支援にあたっているが、必ずしも件数が多いとは言えず、サポーターにとっての成長促進的な意義を活かし、いかにその動機づけを維持するかが課題となっている。

このような状況の中、平成19年度に文部科学省による「新たな社会的ニーズに対応した学生支援プログラム」（学生支援 GP）の公募がなされた際には、所属校の学生支援が“年間5,000件に及ぶ充実した個別相談”を中心に展開してきたと位置づけ、その中で「対人関係」の相談が最も多くなっている現状に鑑みて、

学生の自主性や社会性を伸ばすために様々な「成長促進型支援」を創出して、カウンセリング等の「問題解決型支援」の充実との循環をめざすという理念を打ち出すこととなった。採択後は部局横断的な顔ぶれで教職員が集結した「学生支援GP実施チーム」が組織され、カウンセラーの立場から参画してきた筆者がチーフとして全体を統括する役目を担うとともに、他大学において学生相談に従事してきたカウンセラーがコーディネーターとして着任し、学生対応や実務にあたっている。具体的な活動としては、「ピア・サポート」のほか、「学勢調査」(学生主体でキャンパス環境改善のために実施するWeb形式の調査)、「スクール・パートナー」(近隣の小中学校に訪問して学習支援にあたる)、「サイエンスカフェ」(学生が科学テーマについて市民と語り合う)、「国際学生交流会」(海外からの来訪学生を案内して交流を促進)等、種々の試みが展開したが、そのいずれもが「学生主体型」で進められ、かつ「教職員協働型」として関与していく形を志向しており、外部評価でも極めて高い評定を得ることができた(東京工業大学学生支援GP実施チーム, 2010, 2011)。これらの活動は4年間の事業補助期間が終了した後も可能な範囲で継続されており、さらには東日本大震災の勃発後は、学生支援GPの取組にて成長と交流の機会を得た学生たちが復興ボランティアに動きだし、現在では防災や地域貢献、環境美化等の活動を幅広く担うグループに成長するという教

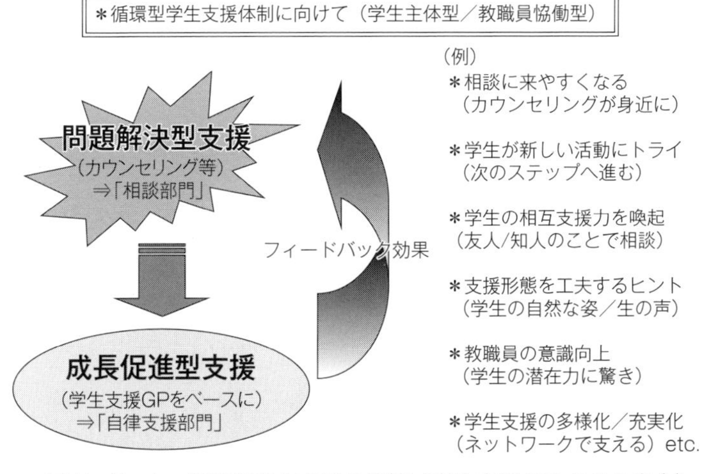

図5-2-1 循環型学生支援の構築(学生支援GPからの出立)

(東京工業大学学生支援GP実施チーム, 2010に加筆)

職員の予測を越えた動きも出てきている。そして、それぞれの活動が学生相談における個別相談とも有効に「連働」することがあり、諸活動での体験を消化するためにカウンセリングを希望したり、友人や仲間の状態を心配して自分にできる支援を考えたいと相談に訪れる学生も出てきている。このような状況は図５-２-１のように示され、現在では学生支援センター自律支援部門として相談部門と対をなすものと位置づけられ、この循環と連働を促進することが期待されている。

３．個別相談と「連働」した学生相談「体制」の整備

カウンセラーの主業務である個別相談から浮かび上がるニーズを施策に活かしていくことに加えて、より望ましい相談体制を構築していくことにもカウンセラーとして貢献していく営みが必然的に生じる。西河（1994）が指摘するように、学生相談の理念が確立していけば、当然、その理念を実践するにふさわしい組織のあり方があり、またその方向に向けてどのように働きかけていけば良いのかという運動論の問題が生じるのである。組織論については、特に学生相談機関内のあり様に関しては、「研究１」で定置した「モデル」と「研究２」で提示した「スタイル」を活かすべく、役割分担やスタッフ構成に配慮して組み立てていくことになるだろう。さらに「研究３」～「研究５」に示したように各関係者との「連携・協働」を展開しやすく、かつ「研究６」～「研究７」で示した「現代的な諸問題」に対処しやすい組織のあり方を検討していくことになる。ここでは、個別相談の実践とその成果を活かして、どのように所属校のシステム整備と「連働」してきたかを整理し、さらに「連働」の視点から今後の学生相談の整備に係る展望を考察していくことにしよう。

１）「連働」の成果としての学生相談・支援システム整備

ｉ）「学生相談の３本柱」から始まる「連働」

所属校では長らく「学生相談の３本柱」と称して「ガイダンス」（学生相談室委員を務める一般教職員による相談：年間約600件）、「カウンセリング」（カウンセラーによる心理相談：年間約4,000件）、「メンタルヘルス」（精神科医による診療相談：約1,400件）の３つの機能を中核として支援体制を構築してきた（件数はいずれも概数）。とりわけ最も相談件数が多いカウンセリングにおいてカウンセラー

の増員を図ってきたが、実質カウンセラーひとりあたり（非常勤カウンセラーも含め勤務時間を合計して40時間分で１名分とする）の相談件数は全国平均580件に対して（吉武他, 2010）２倍近くの相談に対応している現状となっている。これには「研究２」で提示したカウンセラーの「スタイル」も影響しているのだが、それだけのニーズがあるということであり、量的課題への対応が引き続き求められる。また、質的課題として、本研究でも取り上げた「現代的な諸問題」等の相談の深刻化・長期化に起因して、担当者の労力的・心理的な負担が危惧されるとともに、危機管理や責任体制をめぐって大学組織との連携・協働の機会が増大している状況がある。

３本柱相互の連携・協働はこれまでの実績を土台にスムースに展開していると言ってよい。学生相談室委員を務める教職員が「ガイダンス」に際して心理的な要因を感知した場合にはすみやかにカウンセラーに紹介が入り、逆にカウンセラーが「カウンセリング」において勉学や修学上の課題を感じたり、所属学科・専攻での環境調整が望ましいと判断した場合には、教育・研究の実際や雰囲気を熟知している学生相談室委員の教職員に協力を依頼することになる。また、「カウンセリング」と「メンタルヘルス」は、共に専門性の高い相談窓口であり、相互にその特性を尊重し合いながら、日常的に相当数の事例で連携・協働を行なっている（なお、所属校では同じ支援機関内にスタッフが所属しているため、コンサルテーションとしての件数にはカウントしていない）。言うまでもなく「カウンセリング」では、「対人関係」や「心理性格」を主軸としつつ、「進路修学」「学生生活」「心身健康」等、幅広い相談内容に臨床心理学の見地から対応しているのに対して、「メンタルヘルス」では大部分が「精神症状」に集約され、服薬も考慮した医療的な見地から対応を行なう。このような専門性の相違のうえで「カウンセリング」および「メンタルヘルス」における教職員との「連携・協働」に向かう構えを一覧表にして整理すると（齋藤・安宅他, 2008）、学生の希望と状態像に応じて教職員に説明と対応依頼を行なう際には、かなり近似した伝え方をしていることが示されている。**表５-２-６**にその一部を示してあるが、例えば「発達障害」や「人格障害」等の診断名がひとり歩きしないような配慮が込められていると言って良い。それは「カウンセリング」との「連働」の中で「メンタルヘルス」担当の医師も教育コミュニティに開かれた活動を志向していることが大きいと考えられるが、専門用語にこだわらず、対象者の受けとめやすさを第一に考慮

表５-２-６　カウンセリングとメンタルヘルスの連携・協働への構え

(要因)	(カウンセラー)	(精神科医)
〈心理的要因（教育的配慮）〉		
ⅲ）積極的なモラトリアム	◎学生の前向きな行動を支持（但し「問題なし」とは明言しにくい）	○“診断”にこだわられると、神経症を完全に否定するのは難しい
〈心理的要因（専門的ケア）〉		
①「反応性のもの」	○ or △　本人は過小評価しがち、代弁も（その原因は本人の希望考慮）	○～△　診断名（専門用語）よりも特徴を説明的に述べるかたちで
④「人格障害」	△ or ×　基本的に使わない（信頼度に応じ“人格のねじれ”等）	△～×　“パーソナリティの特徴”に引きつけて症状・問題行動を説明（使わない方向に）
⑤「発達障害」	◎ or △　確定診断に基づく場合は共有へ（ややブーム？安易な使用は避ける）	◎～○　診断が確定、共有が支援にプラスとなることが期待される場合

註）◎ほぼ必ず共有　○共有すること多し　△ケースバイケース　×伝えない・共有しない

（齋藤・安宅他，2008より抜粋）

するあり方は、様々な援助職における基本的な構えであると言えよう。

ⅱ）学生相談ネットワークの構築

さらに近年はこの「学生相談の３本柱」をベースに据えて、図５-２-２に示したような多彩な相談窓口を設置して、学生たちが多様なきっかけとルートでサポートを得られるよう工夫してきている。この図では齋藤他（1996）を参考にまず「治療的―教育的」というベクトルで横軸を据えたうえで、さらにサポート・ネットワークを立体的にイメージできるよう「全方位・即時型―対象・問題焦点型」という視点から縦軸を設定して概念的に各相談窓口を配置したものである。このような提示を行なうことで、全体像を把握しやすくするとともに各相談機関が互いに「連働」して機能している様相を示し、今後の方向性を考慮するための基礎資料としている。３本柱以外の相談窓口はすべてこの10数年の間に順次設置もしくは再興されたものであるが、そのほとんどすべてにおいてカウンセラーは設置の検討・準備・運用のいずれかに関与している。ある学生が複数の相談窓口を利用する際には、学生本人の了解を前提としてコンサルテーションが実施されるが、それ以上に、各担当者が相談応対を行なう際にも、その相談内容や本人の状態像に照らして他の相談窓口との連携・協働を選択肢に据えることのできる

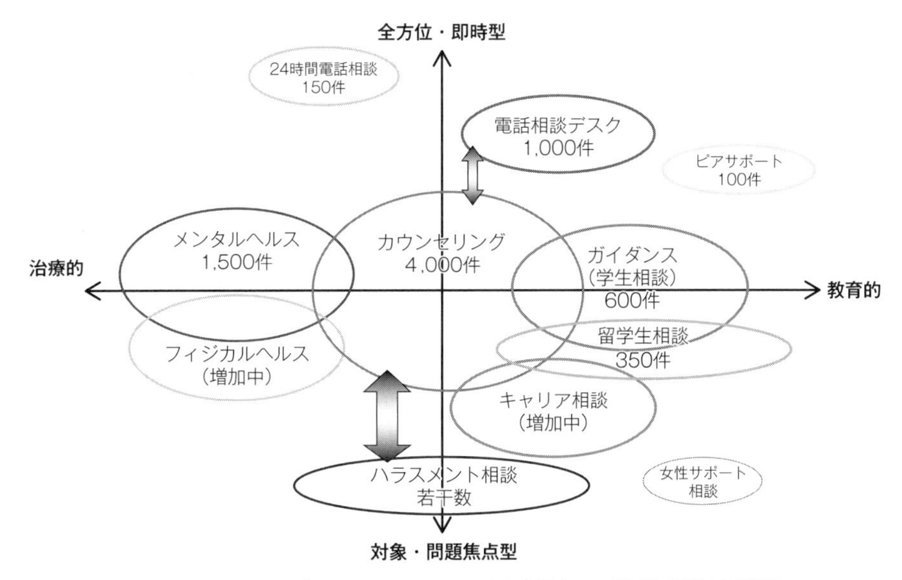

図５-２-２ サポートシステムの配置（概念図／相談件数は概数）

安心感は大きい。直接にコンサルテーションが行なわれずとも、“この側面のサポートはあの窓口のあの先生にお任せしておけばだいじょうぶだな”という暗黙の連携・協働事例はしばしば存在する。なお、種々の相談窓口の活動状況と課題について情報交換・意見交換を行なうために学生支援センターに「相談部門」が設けられ、「学生支援GP」から発進した諸活動を統括する「自律支援部門」との２部門制となって、循環的な学生支援の充実を図っている。このように、個別事例の展開においても各相談窓口が連動していることを考慮してのマネジメントとなり、さらには個別相談から得られた実績と課題提示がさらなる相談体制・ネットワークの充実化につながっていくことになる。

ⅲ）メディアを用いた相談活動―「電話相談デスク」の発進―

このような個別相談と相談体制の充実との「連働」において、特に象徴的な出来事は「いのちに関わる諸問題」への対応のために“学内版いのちの電話”を検討してほしいという大学側の意向を受けて、カウンセラーがチーフとなって「電話相談デスク」を創始したことであった。その際には退職教員から適任者を選定し（１名は理工系の名誉教授／もう１名は理工系の職務の後に臨床心理士）、カウンセラーによる計10回ほどの研修を経て、電話・電子メール・面接の３つの関わりを織り交ぜての対応を行なうデザインとした。最初のコンタクトでは電話の利便性・優位性は揺るがないが、その後の展開においてはメール相談も可能とし、さらには“よかったら話においでよ”という面接への呼びかけも可能な態勢としたのである。また、開設日および時間帯では週末や夜間への対応も検討されたが、まずは平日週５日（現在は４日）で午前10時〜午後５時までの待機でスタートしてみることとした。その結果、初年度にのべ約400件の相談があり、また電話・メール・面接の割合はほぼ３分の１ずつになっていたが、その後は年々増加傾向を示して最近では1,000件を越える相談件数を記録するとともに徐々にメール相談の占める割合が高くなっている（小川・松尾・齋藤, 2012）。内容面では「いのちに関わる諸問題」への対応ももちろん含まれるのだが、むしろ「ひきこもり系の諸問題」に分類される事例が多数を占め、不登校や留年・休学の状態にある学生の親・家族からまず電話相談が入るというパターンがしばしば見られている。そこから徐々に本人相談に展開することを志向する訳だが、まず本人からコンタクトがあり、本人の状態像から親・家族の関与に結びつける場合も含めると約３分の２の事例で親・家族とのコンサルテーションが行なわれていることは特筆される。さらに、もともと理数系の専門家であったことから、不登校や学業不振の学生たちに直接に学習支援や修学指導ができるメリットも大きい。

なお、教職員の場合には学内の相談機関を利用しにくい可能性があるとの指摘から、学外業者による24時間電話相談を大学として契約して、学生も利用できるかたちとしたが、実際には利用者がごくわずかなためひとまず契約を打ち切る事態になっている。大学経営の見地から、少なからぬ領域で学外委託（アウトソーシング）が進められているが、学生相談・学生支援については“学内事情に通じている相談スタッフ”への対応を学生も親・家族も求め、また、その後の展開においても教職員コミュニティの一員として連携・協働あるいは「連働」しつつ支援が可能なことが肝要であることの証左にもなっている。“学生相談・学生支援は外注できない／すべきではない”ということは「モデル」の観点からも重要であり、それは「連働」するネットワークの中で学生を支え、見守ることの重要性を提起している。

2）適応・成長支援としての学生相談と「連働」

ｉ）“着実に歩む”ケース群の様相

さて、本研究では個別相談事例を「現代的な3種の諸問題」という観点から検討を進めてきたが、例年この3種には含まれないものが10数事例存在する。その詳細を検討すると、経緯や転機から「適応・成長支援としてのカウンセリング（“着実に歩む”ケース群）」と総称することができ、**表5-2-7**のように下位分類を定めることができた（齋藤, 2014）。これらの相談事例は、入学時（前）／進学時／就職活動／卒業前後、等の変化の多い時期を迎えて、あるいは、ストレス状態や身体症状等を呈しての来談というかたちになっている。

実施される面接の回数は様々であるが、いずれも「いのちに関わる諸問題」「事件性のある諸問題」「ひきこもり系の諸問題」といった事態に陥ることのないように、大学キャンパスへの適応を果たし、将来への展望を拓いていくことができるよう支援していくものであると言って良い。

表5-2-7　適応・成長支援としてのカウンセリング

（下位分類名）	（内容・特徴→方向性）	（おおよその面接回数）
a）短期集中	環境の変化・青年期の課題に直面して → 一定の方向性（カウンセリングらしいケース）	（数回～10数回）
b）長期継続	主に心身の障害を抱えて（入学前後からも） → 日々の生活を安定的に／先生方のご配慮／就労支援の苦労	（年間数十回に及ぶ場合も）
c）定点観測的	課題直面＋自身の成長を確認する試み → 着実な成長を感じさせてくれるケース群	（毎年ほぼ決まった時期に1～数回）
d）断続的・五月雨的	障壁にぶつかるたびに・駆け込み寺的な → 当面の解決／内省には踏み込ま（め）ないケース群	（前ぶれなく集中的に1～数回）
e）ワンポイント面談	（教職員が）学生の状態像／自身の関わり方について → 後日に成長・回復のご連絡を頂けることも	（多くは1～2回）

（齋藤, 2014をもとに作成）

「連携・協働」あるいは「連働」の観点からは、まず「e. ワンポイント面接」については、「教職員」との直接的なコンサルテーションであり、かつ学生の学びと育ちをめぐる「協働」そのものに該当するものである。また、「b. 長期継続」では、身体的な疾患・障害や精神障害、さらには近年急速にその名称と概念が共有されるようになった発達障害に該当する学生たちへのサポートが含まれ、修学や学生生活、就労をめぐって「教職員」とともに支援ネットワークづくりを進めていくことが重要になる事例群であり、「親・家族」の関与もしばしば行なわれ、時に「友人・学生」の協力も考慮していくという、まさにキャンパス適応をめぐる「連働」が重要になってくるものである。

これに比すれば、「a. 短期集中」や「c. 定点観測的」では、学生の自然な内省と自主的な試行錯誤を受けとめ、見守ることで望ましい方向性に落ち着いていくことが多い。すなわち、学生本人の歩みが周囲の関係者との建設的な交流で促進されていく様をイメージしながら対応していくことになる。一方「d. 断続的・五月雨的」では、本人の混乱状態とそれゆえの希望に応じて、あるいは周囲の「教職員」や「友人・学生」の戸惑いに沿って、関係者とのコンサルテーション面接が行なわれることがあり、学生と周囲のネットワークに生じている「連働」を見定めていくことが重要となる。

ii）「発達障害」とされる学生への支援

さて、「b. 長期継続」においては、認知や対人関係の特性ゆえに学生生活に苦労が重なりがちな「発達障害」に該当する学生への支援が含まれる。近年では、「研究２」の１日事例Ｂでも示されているように、入学時から学生本人および親・家族が来談して長期かつ安定的な支援の依頼が提示され、所属学科や受講する授業の担当教員に参集を呼びかけてそれぞれの立場からの見守りと関わりを行なうことがしばしば生じる。そして教職員ネットワークの中で、お互いの支援を目の当たりにしたり、適宜の情報交換を行ったりして、時に親・家族にも加わってもらいながら、相互に学び合う、まさに「連働」が生じていく様を見渡していくことになる。下記は、教職員研修において用いている模擬相談事例であるが、まずなによりも個別性に応じた対応の必要性について検討していく資料として提示している。

●模擬相談事例５－２－１：言動がぎこちない学生への対応

授業中に何やらひとりごとを言っているかと思えば、不意に大声で質問をして授業の流れが遮られ、その質問もどこか的外れに思える。グループ活動では、なかなかコミュニケーションがとれず、言われた通りにしか作業を進めることができない。周りからは“目を合わせない”“変わった奴”と敬遠され気味だが、まったく講義内容が理解できていないかと言えば、そこそこの成績を挙げており、計算能力などはむしろ図抜けている。

歩き方や表情がぎこちなかったり、同じ服装や持ち物のことが多いが、さらに趣味や興味も限定されて、パソコンや特定のマンガなどの話題を飽くことなく繰り返している。ある時に同級生をつけまわしてしまい、「いいかげんにしろ！」と怒鳴られてパニックになる事態が生じ、いったいどこへ相談に連れていけばいいのやら、教員は途方に暮れていた。

〈論点〉

１）学生の特性を把握　（多様化・資質のばらつき）
　＊「発達障害」概念が急速に（コミュニケーション／社会性／固執傾向）
　　cf. 特化したセンター
２）基本は“学生の個別性に合わせた教育・支援”
　＊本人が理解できる枠組みでの指導と課題提示、教育力／支援力（共有／研修）
３）キャンパス内の協力体制をいかに形成していくか　（第１層～第３層の協力体制）
　＊「入口」（学力／興味／個性／出身等）と「出口」（進路／就労等のキャリア）

一方で、「発達障害」に類する特性はスペクトラムをなしていることから、そして用語と概念の急速な広まりという過渡期的状況の中で、「親・家族」も「教職員」も理解や関わりに苦慮して行き詰まりを感じた際には過度に発達障害の可能性に要因を求めてしまう状況が生じている。それゆえ、好ましくない「連働」によって学生本人への各関係者の対応に偏りを生じさせないように留意する必要がある。（独）日本学生支援機構によって毎年実施されている「大学、短期大学及び高等専門学校における障害のある学生の修学支援に関する実態調査」でも「発達障害」についてのみ「診断書有り」の場合とともに「発達障害が疑われる学生への支援」という２つの回答欄が用意されている現状があり、平成28年度から開始される障害学生の修学に係る「合理的配慮」の義務化に際して、どのような判別規準と支援体制になっていくか、そのことで「連働」の様相がどのように変容していくことになるかについて、学生相談の立場から引き続き重大な関心を寄せていく必要がある。なお、「発達障害」の診断あるいはその可能性がある場合でも、本研究においては、相談に至る主訴や内容が「現代的な諸問題」にある時には、３種それぞれに分類したうえで「連携・協働」のあり様を検討している。障害学生支援の充実に貢献しつつ、個別相談の必要性が生じた際には、すべての学生に開かれた立場から学生相談としての支援を展開していくことになる。

4．「連働」を活かす学生相談の「施策」と「体制」の推進

1）学生相談の本質と新たな工夫

学内において学生相談に係る諸機関のあり方を考慮する際には、“組織の集中化か分散化か”（各種の学生相談機能を１つまたは少数のセンターに統合するのか、あるいは複数の部局・機関に分散させるのか）という重要な議論がある（森野、1993)。青木（1998）は“窓口の多様化・重なり合う分業・競合的協力”という３点をあげているが、確かに無理に少数の機関に多様な機能を押し込んだり、あるいはあまりに明確に役割を区切りすぎた組織では有効に機能しないだろう。

望ましい「施策」や「体制」のあり方については、本研究のような理念と実践を有機的に組み合わせた研究の積み重ねから提案を重ねていくことが期待されよう。その意味で「連働」の観点から、今後とも有効に「学生相談」が機能していくために、順次、考察と提案を行なっておきたい。

本研究でも繰り返し提示してきたように“学生相談はごく一部の、自分から来談した学生にしかサポートを提供していない”というしばしばなされる指摘にいかに応えていくかが求められている。昨今の学生の特質と生じている問題の性質から考慮すれば、より学生との「距離感」を縮め、かつ「相談しやすい切り口」で来談を促すあり方を組み入れることが重要になってきていると言い換えても良いだろう。「研究１」や「研究２」で見てきたように、本来、「学生相談」は教育コミュニティの中にありつつ、いくぶんひっそりと看板を掲げ、その敷居を越えて自主的に来談することで支援が受けられる仕組みになっており、その自主的な来談行動そのものと、そこから始まるカウンセラーとのコミュニケーションを通じた自己探索の試みが、青年期の発達課題に最も見合うあり方と考えられてきたという歴史がある。その本質を維持しつつ、新たな工夫を求められるようになっているということでもあり、本研究で示した成果と、最近の各大学の実践から考慮すれば、おおよそ以下のような選択肢が用意されることになるだろう。

2）「連働」の観点から見た「施策」と「体制」のあり方

i）全学的な学生相談の充実と工夫―明確な「モデル」と柔軟な「スタイル」から―

上述したように、基本的に「学生相談」の位置づけは、全学的な組織として、各学部・大学院に所属する学生が、いつもの活動場所からある程度の距離を置き、

かつ状況を相対化したうえで、自己点検と今後のあり方の探索にじっくりと向かい合うシステムを用意することで、青年期の発達課題に向かい合えるよう成長促進的に機能することにあると言って良い。それゆえ、学生の求めや状況に応じて、いかに臨機に、かつ、幅広く対応できるかが、学生相談に従事するカウンセラーの勝負どころとなる。そして、今日の学生ならびに関係者の要望にも応えるために「連携・協働」に柔軟に開かれ、かつ、学生をめぐる「連働」という視点から教育コミュニティを見渡して、望ましい関わり方を整えていくことが第一義的に求められている。すなわち「研究2」で考察したカウンセラーの「スタイル」の検討と洗練が必須となり、その土台にある「モデル」を常に示し続けていくことが重要になるのである。

その際には、学生の「援助要請」の態度や情報ニーズを考慮しつつ（高野他, 2008）、学生相談機関の側からの働きかけや広報のあり方を工夫・調整していくことになる（伊藤, 2011）。本節で紹介した様々な施策と体制づくりはまさにその一例として提示しうるものである。例えば学生の抱える「現代的な諸問題」への着目と概念化を通して、（「学生支援GP」等で発案されたように）特定の課題や学生群に焦点化した新たな活動・施策が工夫され、その活動や施策の拠り所となる体制が準備され、広く学生たちに発信していくことになる。

最近では「連携・協働」に対する学生相談関係者の姿勢が強まり、非常勤カウンセラーであっても積極的にコンサルテーションを展開した実践が報告されるようになっている（坂本, 2014）。しかしながら、任期終了を意識する時期には連携・協働を控えざるをえなくなっており、より「連働」を感受しやすく、同時に「連働」の担い手になっていくためには、例えば福盛他（2014）が提起した「学生相談機関充実イメージ表」で“学内の他部署との連携を計るための人的配置がなされ、そのための組織がある”ことが指標になっているように、安定的な「システム」が保証されていることが望ましいことは言うまでもないだろう。

ii）教職員が関与する「何でも相談室」の設置

いわゆる「廣中レポート」（2000）での提起以来、多くの大学で一般教職員が相談員を務め、より幅広く相談の門戸を開こうとする動きが定着しつつある（早川・森, 2011等）。これは「苫米地レポート」（2007）に沿えば、「第2層：役割を担った学生支援」の充実という位置づけとも符合するものである。すなわち、

「第３層：専門的な学生支援」の担い手である専門家としてのカウンセラーの代替手段ではなく、独自の役割と機能を担うということであり、本節でも述べたように、教職員による「なんでも相談」では学習方法や教育環境に詳しい立場からのアドバイスやガイダンスが中心となることで、カウンセラーによる心理相談としての「カウンセリング」との「連携・協働」がいっそう意義あるものとして展開されることになる。そして、その両者と来談学生との間で生じる様々な「連働」の中で、学生がより豊かで重層的な支援を受けられるよう配慮していくことになる。なお、「なんでも相談」を担う教職員は、全学のカリキュラムや事務窓口に通じており、学生相談に理解と熱意を持つ者が担うことが望ましいが、一定の研修とその後の実地に即した検討を継続していくことで面接・対応に習熟していくことはある程度は可能であり、また、学生相談・学生支援に理解のある教職員を着実に増やしていくことにもつながる。

ⅲ）メディアを用いた相談窓口

緊急事態への対応として、特に「いのちに関わる諸問題」に関して電話相談窓口を設けることは、各大学で時折行なわれてきたが、安定的に幅広い相談に対して開かれるかたちで実施されるものはなかなか見当たらなかった。一方で、情報化の進展とともに、特にメール相談を求める声はしばしば聞かれるようになっていたが、コミュニケーションの行き違いやいわゆる“炎上”する事態など対応の難しさが危惧されてきた。それゆえ、「研究２」でカウンセラーの「スタイル」を示した際にも触れたように慎重にならざるをえず、全国的に見ても簡単な連絡や受付に限定している大学がほとんどであり、相談そのものに積極的に用いる大学はきわめて限られているのが現状であった（中川, 2011; 竹内, 2013等）。言うなれば、「連働」が制御できない、あるいは予測できないかたちで行なわれてしまう可能性があるため、安全策をとらざるをえない状況があったと言えよう。

このような状況の中で、本節に示した「電話相談デスク」の実績は新たな可能性を開いたものであると考えられる。学内に存在し、学内事情に通じたうえで、学習相談・指導にも直接応じられる体制とともに、電話／メール／直接面談の組み合わせが、即時性／敷居の低さ／安心感を適度に融和させたものとなり、「連働」のあり様を一定の範囲内に収める効果をもたらしている可能性がうかがえる。学外で、広く一般市民に開かれたかたちでのメディア相談としては、長く実績のある「いのちの電話」の功績は言うまでもないが、近年では、電話相談／パソコンメール相談／携帯メール相談の３種を駆使した「ひきこもりサポートネット」のような試みも行なわれており（青木, 2014等）、このような実績と併せ、新たな可能性をめぐる検討は今後とも継続されることになるだろう。

iv）修学・学習支援に配慮した相談窓口の設置（全学もしくは学部ごと）

学生にとって大きな課題であり、かつ相談に訪れやすい／大学側からもアプローチしやすい修学や学習面での相談窓口、例えば「基礎教育センター」のような専門機関を設置して、学生相談との連携・協働を展開する動きも全国各地で生じている（鬼塚, 2013, 等）。学生の習熟度や受験科目と関連する補償教育の必要性等、大学の特性や所属学生の置かれた状況によって求められる形態は変わってくるが、学生の不適応状態が最も端的に現れるのが修学状況であることを考えれば、今後ともこの流れは続くものと思われる。筆者の現任校では、「数学相談室」や「物理相談室」等、科目担当教員とTA学生による学習相談を設置することで対応しているが、同様に「ピア・サポーター」として修学・学習支援を学生に担ってもらう動きや（早坂, 2010）、学修に苦労する学生を集めたクラスを編成して学生相談経験のある管理職が講義を担当する（窪内, 2014）等の注目すべき試みも報告されるようになっている。また、教員と心理カウンセラーが同席面接を行なう学部付けの相談機関を設置する試み（宇留田, 2007等）もこの流れに位置づけられ、主として大規模大学ゆえ多人数の学生を抱えた独立性の高い学部に設置される場合に一定の効果を有すると考えられる。そして、いずれの場合も全学的な学生相談との「連携・協働」が日常的になされていることが不可欠となる。

v）機動力のあるスタッフ・機能を設ける体制

近年、特に発達障害のある学生への支援を考慮する際に、「コーディネーター」といった名称のスタッフを配置する動きが見られるようになっている。多くの関係者と連携していくために“自由に動ける時間をできるだけ確保”する、すなわち“相談室で話を聞くことを主たる業務としない支援スタッフ”（高橋, 2012）として機能することのメリットを活かす形態となる。この役割は、学生相談カウンセラーのあるメンバーが担う場合もあれば、保健師・看護師、あるいは障害学生支援室スタッフが担う場合もあり、あるいはソーシャル・ワーカーの導入を考慮する場合（山下他, 2012）もあるかもしれない。特定の専門スタッフにこの機動力をもって貢献する役割・機能を担うようにするメリットはもちろん考慮に値するのだが、その場合でも、肩代わりし過ぎないように、心理内界の扱いに慎重になるように、守秘義務との兼ね合いに常に敏感であるように等の留意点が想定され、学生の成長と回復に寄与するための「連働」のあり方に常に配慮しておく必要がある。

同時に、学生相談に従事するカウンセラーにとっても、このようなスタッフの配置によって「連携・協働」への意識が低下してしまい、（「研究２」の図２-２-５で示したように）コミュニティに向かうベクトルが弱体化して、面接室にこもる心理療法家という位置づけに留まってしまう事態にならないよう、常に自覚しておく必要があるだろう。

3）「連働」を活かしていくための「施策」と「体制」

ｉ）距離感の指標としての「連働」

第１章第１節でも指摘したように、わが国の学生相談の課題の１つは、例えばアメリカの大学に比して大学・学部教育との間が離れ過ぎてしまい、支援の手が及ばない学生群が一定数以上に存在するおそれがあることであった（斎藤他, 1996）。それゆえに相談活動の工夫と相談窓口の開設を「連働」して進めていくという潮流が生じたと言って良い。しかしながら、その距離感が近過ぎると、管理的な色彩との兼ね合いで中立性や守秘義務をめぐって困難が生じたり、ハラスメント的なトラブルを抱えた学生には相談機関への来談に抵抗感が生じてしまう可能性も危惧される。また、メディアを通じて敷居の低い交流が行き交うことで、距離感を図りかねてかえって事態が紛糾するようなことにも注意が求められる。それゆえ、学生と大学・各学部との距離感、そして学生と相談機関との距離感は今後とも十二分な配慮が求められる極めて重要な観点であることを強調しておきたい。

本研究の成果に沿って言い換えれば、いかに好ましい「連働」をもたらし、その伝播のしかたが各構成員にとって受容可能なものになっていくかを見渡す視座を保持することが、決定的に肝要になるということでもある。様々な距離感が遠過ぎて「連働」のほとんど生じない教育コミュニティでは、学生たちは拠り所と支援のきっかけを見出しにくくなるであろうし、逆に近すぎれば「連働」の波が大き過ぎたり硬直化したりしてしまい、青年の自主性や「自立」という課題への取り組みを阻害してしまう恐れが生じるだろう。“ほどよいお節介”という言葉で、教職員や各大学の関係者に学生への関わりの質や相談窓口のあり方を教示してきたが、この“ほどよさ”を求めての模索はもうしばらく／あるいは半永久的に続く課題であることを認識しておく必要がある。その際に、学生本人との「個別相談」を基軸に据えて、あるいは教職員や親・家族、友人・学生との「連携・協働」によって、丁寧なコミュニケーションをもって成長と回復、そして自立を見守ってきた学生相談の経験と知見から発信していくことが、欠くことのできない基礎資材となることは変わらないだろう。

ii）個別相談と教育コミュニティを結ぶ「連働」

本節の締めくくりに、個別相談とここに生じる「連働」の全体像を模式的に表現した**図５－１－７**を提示しておこう。前節の**図５－１－１**および**図５－１－２**においては、「連携・協働」あるいは「連働」に焦点を当てた図であったため、来談学生を図に示すことを控えてあったが、この**図５－２－３**では「連働」の対象者（便宜的に教員としている）とカウンセラーとともに、三者関係を形成するものとして作図している。そして三者それぞれがネットワークに包まれ、かつ、相互の「連働」によってネットワークの様相も変化していくことになる。さらには、この三者を囲むように配置された種々の「施策」や「組織」の企画・発動・効果・改善等によって、三者それぞれ、あるいは相互の関係性も変わっていくことになる。カウンセラーはそれら全体を見渡し、また関与しながら、学生相談活動を展開するのである。

中釜・高田・齋藤（2008）で家族臨床・施設臨床・教育臨床それぞれの実践から主張したように、今日の心理臨床においてはネットワークを意識することでいかに二者関係から三者関係へ開かれていくかが重要なテーマになっている。学生相談でも“多くのクライエントはなかなか他者に開かれていかず、カウンセラーとの二者関係のなかで逡巡している”（齋藤，2008）という状況から出立していくことを考慮していく必要があったのである。それゆえ、来談学生とカウンセラーとの関係性を最大限に尊重しつつ、同時に関係者との「連働」を想定することで、三者関係に進展しやすくなるよう期していくことを志向する。さらには、学生相談・学生支援に係る「施策」と「組織」の発案・企画・実施が、この三者関係に

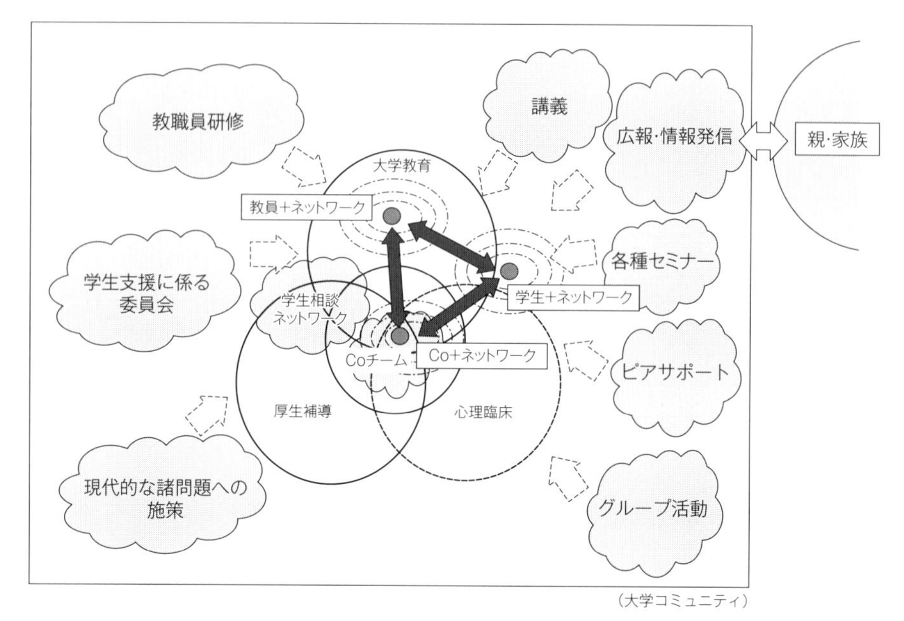

図５－２－３　個別相談と教育コミュニティとの「連働」

様々な励ましと機会と支えを供給し続けることが期待できるだろう。教育コミュニティにおける相談活動は、このように重層的な「連働」が相互に交錯・影響し合う中で展開されるものであると言って良い。

第３節　本研究の成果と今後の課題：「連働」の新たな展開に向けて

１．はじめに

学生相談における「連携・協働」の実際とここから導かれる新たな概念「連働」について、計７つの研究を遂行することで、第１章第３節にて提起した「目的」を確認・検証する作業を進めてきた。そして「総合的考察」となる本章では、まず第１節で「個別相談」と「関係者」との「連働」という観点から考察し、第２節では「個別相談」と「施策・組織」との「連働」という観点から検討を試みた。これらの作業を通じて、教育コミュニティにおける「連携・協働」実践の深まりと広がりを「連働」という概念で整理・集約していく意義を提示することができたのではないかと考えている。

さて、最終節となる本節では、これまでの議論のエッセンスをより明確に示すために、以下の作業を行なうこととする。まず、第１章第３節に示した「目的」に沿いつつ、本研究の成果を簡略にまとめて示す。次いで、この成果をもとに「連働」概念の再整理を行い、その内容や機能、意義について集約して、「連携・協働」および「連働」の統括的なモデルを定置する。そして最後に、「連働」に係る研究の課題についてまとめ、今後の展望を概観しつつ、締めくくりに向かっていくことにしよう。

２．本研究の成果

本研究の全体的な目的について、第１章第３節では計７つの項目をあげ、これらを実践的に検証することとした。本項では、これに沿いつつ、順次、本研究の成果をまとめておくことにしよう（各項目の「目的」では、検証すべき内容が再掲されている）。

１）「連携・協働」の対象者と「連働」の様相

［目的］

a)「連携・協働」的な事態・関与は援助に係る専門家のみと行なわれるものではなく、クライエント（来談学生）をめぐる身近な／日常的な関係者との間でも展開され、この「連働」の様相を見渡し、活かすことが個別相談にとって有効である。

［成果］

a'）教育コミュニティに内在して活動する学生相談の特性を踏まえて、クライエント（来談学生）にとって身近な／日常的な関係者である「教職員」「親・家族」「友人・学生」に焦点を当て、個別相談のプロセスへの関与について検討した。その結果、援助の専門家との「連携・協働」とは異なる独自の意義が確認されるとともに、その多様な関与のあり方は「連働」という概念で総括的に捉えることが有用であることが示された（まず「研究２（スタイル）」での１日事例の提示・検討から「連働」の様相が示され、より詳細な検討は「研究３（教職員）」「研究４（親・家族）」「研究５（友人・学生）」で行なわれた）。

２）直接的な「連携・協働」を越えた「連働」

［目的］

b）直接的な「連携・協働」は行なわれていなくとも、常にその可能性を意識して周囲の関係者と本人との関係性や相互作用を考慮して「連働」の状況についてアセスメントしておくことが、個別相談にとって重要である。

［成果］

b'）いわゆる「直接的コンサルテーション」やより創造的な相互関係としての「協働」の意義を踏まえつつ、実際の交流はなくとも成立する「間接的コンサルテーション」も重要であり、さらには学生本人と各関係者との間には極めて多様な相互作用が生じていることを捉え、これらが日々刻々と推移・変容していく様をアセスメントしながら個別相談にあたっていくことが望ましいことが示された。これらの相互作用を「連働」という概念で捉えるとともに、その影響が学生や関係者の形成するネットワークに伝播していく様をも「連働」という視座から見渡すことの意義が示された（主として「研究３（教職員）」「研究４（親・家族）」「研究５（友人・学生）」でその多様な様相が具体的に提示された）。

３）関係者ごとに異なる「連携・協働」と「連働」

［目的］

c）学生の周囲にいる関係者ごとに、「連携・協働」あるいは「連働」の様相は異なっており、その特徴や期待に応じた対応が必要となる。

［成果］

c’）学生の周囲の関係者として「教職員」「親・家族」「友人・学生」に順次焦点化して相談プロセスを検討したところ、「教職員」では教育目標の達成のために果たす機能に鑑みて“すべての相談事例は教職員との「協働」のもとに成立している”という捉え方が可能であった。「親・家族」では「連携」の増加と複雑化に直面しているが、“学生の適応と成長を願って望ましい働きかけを行ないたい”という双方の基本姿勢から「協働」に近い関わり方に向かっていくことが示唆され、「友人・学生」では“関係の希薄化・事件化”という課題に直面しつつも“同世代の仲間関係から、自らを見つめ、相対化し、成長の契機にしていく”姿勢が重要であることが示された（「研究３（教職員）」「研究４（親・家族）」「研究５（友人・学生）」で提示された枠組を、第５章第１節で比較検討することで、その様相の相違が明確に示された）。

４）相談内容や状態像によって異なる「連携・協働」と「連働」

［目的］

d）学生の持ち込む相談内容や状態像によって「連携・協働」あるいは「連働」の様相は異なってくる場合があり、その特性や課題に応じた対応が求められる。

［成果］

d’）従来の諸研究に見られる相談内容や状態像に沿った分析ではなく、まさにいま学生相談にとって喫緊の課題となっている問題に焦点を当てて検討すべきという観点から、「いのちに関わる諸問題」「事件性のある諸問題」「ひきこもり系の諸問題」という３種の現代的な課題を設定して、課題ごとに来談学生をめぐる状況と各関係者の関与について詳細な検討を行った。その結果、「教職員」は３種の課題すべてにおいて関与の重要性が示されたが、「親・家族」では「ひきこもり系の諸問題」が中心で他の２つでは緊急の際に踏み込んだ関与を導くことが求められ、一方、「友人・学生」では全体として関与が薄いため、相互支援の風潮を生み出す必要性があることを提起した（「現代的な諸問題」と照合させつつ展開した「研究６（教職員）」「研究７（親・家族）」で現状の把握とともにより具体的な知見と工夫が示された）。

5）「施策」や「体制」をめぐる「連働」

［目的］

e）個別相談における各関係者との「連携・協働」あるいは「連働」のみならず、施策や組織をめぐる教育コミュニティとの「連働」という視点も、個別相談をより効果的に展開していくための要素となる。

［成果］

e'）学生をめぐる周囲の状況を常に意識して個別相談に活かすことの重要性を学生相談の「モデル」とカウンセラーの「スタイル」から示すとともに、具体的に「教職員研修」で何をどのように伝えるかを「現代的な諸問題」と照合させつつ示した。そのうえで、実際にカウンセラーが関与しつつ展開している多様な「施策」や「体制」づくりについて触れ、個別相談の経験から得られた知見をもとに発案・企画・実行していくことの意義と、同時にこれらの「施策」や「体制」の現状や改善の動きを個別相談に活かしていくことが示唆された。ただし、「教職員」ならびに「友人・学生」を対象とした施策・活動等は多々あるが、「親・家族」対象の諸企画については教育コミュニティの総意を集約していく必要があった（「研究１（モデル）」で教育コミュニティを基本的な視座に据え、「研究２（スタイル）」の１日事例で「連働」の一端を示し、「研究６（現代的な諸問題：教職員）」では「教職員研修」を検討したうえで、第５章第１節および第２節において様々な施策や組織・体制等についてさらに詳しく論じた）。

6）「連働」を促進する「モデル」と「スタイル」

［目的］

f）「連携・協働」を促進するためのカウンセラーの「スタイル」や、「連携・協働」の元になる学生相談の「モデル」を定置して共有していくことで、ネットワークで生じる「連働」を見渡し、活用しやすくなる。

［成果］

f'）これまで研究の対象となることが少なかったカウンセラーの「スタイル」について、１日事例を詳細に検討する中から、教育機能・クリニック機能・コミュニティ機能の３ベクトルをもとに、学生相談の柔構造を活かして、日々カウンセラーも「連働」に開かれながら相談活動に従事することの意義を示した。また、これまでの理念研究を総括しながら、４つの大学における経験を素材に検討することで、統合された「学生相談モデル」の定置に至った。ここから「連携・協働」は必然的に生じるものであることを示すとともに、教育コミュニティは常に「連働」の舞台となることを提起した（「研究１（モデル）」において１年間単位の実践に根ざした検討を行ない、「研究２（スタイル）」において１日単位の実践を分析する形態をとって、マクロな視点とミクロな視点を交錯させながら研究の土台を固めた。ここから導きだされた「モデル」と「スタイル」は以降のすべての研究と考察を支えるものであった）。

７）「連携・協働」と「連働」の様相

［目的］

g）a）～f）を通じて、「連働」という概念から学生相談活動を考察していくことの妥当性と有効性を総合的に示す。

［成果］

「連携・協働」に関連する事象は多様であり、また諸研究でも定義が必ずしも一致していないところがあるが、学生相談活動を展開していくうえでは、まず「連携・協働」の重要性を主張しつつ、そのうえで（専門家に限らず）身近な関係者の関与を総合的かつ立体的に検討して、直接的なコンサルテーションに限定されない多彩な「連働」という視座から来談学生にもっとも適した方向性を考慮していくことが重要であった。その中心は関係者との「連働」に置かれるが、同時に、クライエント（来談学生）とカウンセラーとの間でも、あるいは個人とコミュニティとの間でも想定することができる総合的な概念として用いることの意義が示された（「研究１」～「研究７」すべてにおいて、その概念の必要性と妥当性・有効性が実践的検討によって示されるとともに、本章の「総合的考察」で整理・統合されることとなった）。

３．学生相談における「連働」概念の再整理

１）「連働」概念の多様性

さて、前項に本研究の成果を総括して示したが、改めて「連働」概念の包含しうる範囲や内容の深さと広さに思いを致すことにもなる。総じて言えば、このような視座を持つことによって、個別相談は面接室の中だけで展開するものではなくなり、ネットワークのダイナミクスを捉えながら臨床実践を進展させていくこ

とが肝要となり、同時に、個別相談をいっそう実り豊かなものにする可能性を提起してきたことになる。しかしながら、その応用範囲の広さと多様さゆえにかえって拠り所のない不安定な面接になってしまっては元も子もないだろう。そこで、ここでは「連働」概念の再整理を行なって、さらなる実践と研究に資する礎石を提示しておくこととしよう。

図5-3-1は、本研究で検討・考察してきた「連働」の諸相と全体像について、概念的に図示したものである。ここでは、「研究2」においてカウンセラーの柔軟な「スタイル」を示した「個人内コミュニティアプローチ」（図2-2-6）の基本ベクトルをもとに、実際の活動に基づく「連働」を5種に分けて配置してある。以下に、「連働」の諸相について順次説明を加えておこう。

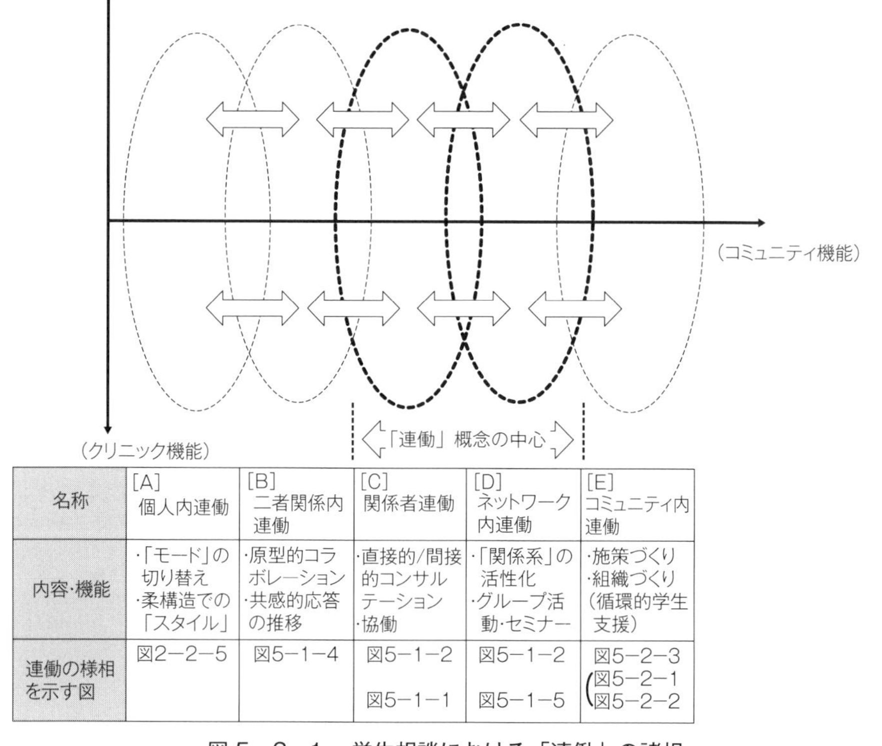

名称	[A] 個人内連働	[B] 二者関係内連働	[C] 関係者連働	[D] ネットワーク内連働	[E] コミュニティ内連働
内容・機能	・「モード」の切り替え ・柔構造での「スタイル」	・原型的コラボレーション ・共感的応答の推移	・直接的/間接的コンサルテーション ・協働	・「関係系」の活性化 ・グループ活動・セミナー	・施策づくり ・組織づくり （循環的学生支援）
連働の様相を示す図	図2−2−5	図5−1−4	図5−1−2 図5−1−1	図5−1−2 図5−1−5	図5−2−3 （図5−2−1 図5−2−2

図５-３-１　学生相談における「連働」の諸相

2）「個人内連働」

図５－３－１の［A］に示された「連働」は、クライエント（来談学生）およびカウンセラーそれぞれの内面で生じているものである。まずカウンセラーについて言えば、「研究２」の「個人内システム論的アプローチ」（図２－２－５）がこれにあたり、教育機能とクリニック機能の間で（コミュニティ機能を意識しつつ）柔軟に「モード」を切り替えていく「スタイル」である。このような構えがあって始めて、実地の個別相談において「連働」に結びつけていくことが可能になる。これは、クライエント（来談学生）の側からすれば、例えば、青年期の仲間関係における交流の「モード」がgang（同一行動）–chum（共通の話題）–peer（異なる価値観）の間で切り替わりつつ進展する（保坂・岡村, 1984）ように、面接場面においてもどのように自分の中で「モード」をスライドさせていけるかが重要になってくる。

3）「二者関係内連働」

これは、個別相談の中で、クライエント（来談学生）とカウンセラーとの間に生じるもので、まさに村瀬（2008a）の言う「原型的コラボレーション」に該当すると言って良い。クライエントへの援助過程そのものが、クライエントと“双方向性的に目的を共有して”進められるものであるという指摘は常に留意しておきたい。良質の相談面接はたしかに「協働」と同様に創造的な、新たな何かを生み出す性質を持つ交流であるだろう。一方、本研究では、本章の第１節で検討した言語応答様式の「共感的応答」がここに該当すると考えられ（図５－１－４）、学生とカウンセラーとの「連働」が感情的にも認知的にも絶え間なく展開していくプロセスは、教育コミュニティにおける「連働」の基礎がていねいなコミュニケーションにあることを示している。

4）「関係者連働」

従来の「連携・協働」で定義される関係者との協議や協力、相互支援等を包含する部分であり、「連働」においても中心的な位置づけとなる。ただし、「直接的コンサルテーション」やその理想型としての「協働（コラボレーション）」のみならず、本研究の立場からは、「間接的コンサルテーション」を始め、関係者とカウンセラーが直接的なコンタクトをとらずとも、また必ずしも肯定的・援助的な働きかけになっていなくとも、相談プロセスに何らかのかたちで関与していれば「連働」の一環として含み込んで考慮することになる。すなわち、従来の「連携・協働」はキーパーソンとなる関係者個人とカウンセラーとの個別のベクトルによる線的なつながりと表現される（図５－１－１）のに対して、「連働」ではより多様で太い（あるいは複線的な／伏線的な）関わりも想定されている（図５－１－２）のである。

５）「ネットワーク内連働」

「関係者連働」とともに、個別相談における「連働」概念の中心をなすものであり、やはりその様相は図５－１－２で示されている。すなわち、「連携・協働」では直線的な関わりとしてイメージされるが、「連働」の意図するところは、より多様なネットワークを意識した面的なつながりで相談事例を捉え、関与を考慮していくことにあるからである。来談学生をめぐって、相互に様々な形で影響し合い、支え合うネットワークが既に存在し、かつ新たに形成されていくことになるのだが、それら各個人との、あるいはネットワーク全体との「連働」を意識し、判断して、働きかけ、構えを常に微修正していくことが重要になってくることを提唱している。さらに、図５－１－５に示したように、様々な学生相談活動の位置づけとカウンセラーの動きも、「非日常性」と「閉鎖的立場」に守られた面接構造を越えて、ネットワークを意識しつつ一歩踏み出したかたちで働きかけていくあり様を示している。

６）「コミュニティ内連働」

本研究では、個別相談の経験から発信する知見や提案が実際に教育コミュニティの「施策」や「体制」に反映されていき、また、その現状や進捗が個別相談に影響を与えることを示してきた。その様相を概念的に示したのが、前節のまとめとして掲示した図５－２－３である。ここでは、クライエント（来談学生）と関係者、そしてカウンセラーが形成する三者関係を支え、後押しすることで、面接プロセスにも影響を及ぼし、かつ、来談学生の適応と成長を促すものとしての「施策」と「組織」が表現されている。そして「施策」の具現化プロセスとして「循環型学生支援」に向けた（学生支援 GP 発の）多様な活動があり（図５－２－１）、「体制」づくりの具現化プロセスとその成果でもある「サポートシステムの配置」（図５－２－２）がこの概念を補強している。

７）各「連働」の相互作用と全体像

「関係者連働」と「ネットワーク内連働」が個別相談における「連働」を意識してマネジメントを行なう際の中心的な機能になるが、それを導くものとして「二者関係内連働」さらには「個人内連働」があり、一方、より大きな視野で全体の力動を捉えるためには「コミュニティ内連働」も重要な要素となってくる。なお、図５－３－１では、隣り合う「連働」間のみに矢印が表示されているが、実際には、例えば「ネットワーク内連働」の変容を感知して「個人内連働」が促進されたり、時には硬直したりすることがありえるように、すべての「連働」が相互に影響し合うことに留意しておきたい。その意味では（やや込み入った表現になってしまうが）、各「連働」同士もまた「連働」し合うのである。そして、それらの全体像を凝縮して、個別相談に還元していくことをカウンセラーは期していくのだと言えよう。個別相談は日々刻々と生じる「連働」の中で展開していくものであり、同時に、個別相談が個人の内面にもコミュニティ全体にも「連働」を引き起こしていくのである。

４．本研究の課題と展望

「連働」に係る研究の今後の課題について、実践面とも絡めながら整理して、締めくくりに向かっていくことにしよう。

１）「連働」に係る研究上の課題

ｉ）実践的検討の素材について

「研究１」における「モデル」の抽出については、４つの大学における実践経験の比較から導かれたものであるが、「研究２」の「スタイル」の提示については、ある１つの大学の学生相談体制と面接構造に依拠して提示された部分が大きい。それゆえ、多様な大学・学生相談機関の構造の中での、異なる背景やオリエンテーションを持つカウンセラーの経験を比較検討する試みも重要になってこよう。

本研究では、ある年度にカウンセラーが担当したすべての個別相談事例を検討対象として分析・考察を進めていくことを基本姿勢としてきた（註：「研究１」では相談機関としての全事例、「研究３」では郊外型キャンパス中心のカウンセラー担当事例と合同)。これは年度ごとにスタッフ構成が異なること、また「連携・協働」についてはカウンセリングチームの主任であり、かつ最も在籍年数が長いカウンセラーの実践にその特徴が端的に現われていると考えられたことから採用したデザインであるが、今後は同じ相談機関に所属するすべてのカウンセラーの相談事例を含み込んでの検討、あるいはカウンセラーごとの立場やキャリアによる相違を比較検討することも考慮されてよい。

ⅱ）関係者との「連働」の諸相について（同時検討／より詳細な群間比較）

学生を取り巻く関係者の関与を扱った「研究３」〜「研究５」においては、異なる年度の個別相談事例をもとに、順次、「教職員」「親・家族」「友人・学生」に焦点をあてるかたちで研究を進行させている。そのときどきの相談活動を点検して課題を抽出していくという実践的な必要性ゆえでもあったのだが、今後はある同一年度に、同時にこの３者との「連携・協働」を扱い、「連働」の諸相をより立体的に提示していく研究が考慮されて良いだろう。これは「現代的な諸問題」に焦点を当てつつ、関係者や諸施策との「連働」を論じた「研究６」〜「研究７」においても同様である。

さらには、各関係者の中でもいくつかの特性に基づいた分類により、いっそう詳細な検討を考慮しうるだろう。たとえば「教職員」と一括して論じてきたが、「職員」と「教員」では現在の大学環境の中で置かれている状況や課題が異なっており（大島・嘉部, 2010)、さらには学部・専門領域やライフコースを加味した相違も重要である。同様に「親・家族」についても、最も直接的コンサルテーションが多いのは「母親」であるが、近年「父親」の登場が目立っており、さらには「祖父母」「おじ・おば」「きょうだい」等が関与してくる場合もある。そして「友人・学生」においては友人関係の親密さを統制することが困難であり、クラスメート、部活の先輩・後輩、チームメートや共同研究者等、きわめて多様な関係性が想定しうる。事例研究的な接近のみならず、多数事例の集約による検討がありえるかは今後の課題となろう。

ⅲ）経年変化および時代的な状況

コンサルテーション件数や関係者の面接プロセスへの関与は今後とも増加が予

想され、さらに関係者が面接に持ち込む内容も推移していくことが予想される。なにより、来談学生と関係者との「連働」の様相自体が変容していく可能性を秘めている。それゆえ、「研究３」～「研究５」で示された枠組を基礎にしつつ、一定期間ごとの変化を検討する研究も将来的に考えられるだろう。例えば、「親・家族本位」のコンサルテーション事例が増加するのか、あるいは、学生をめぐる関係の「希薄化」と「事件化」はさらに進行するのか等、個別相談にとっても大学の施策にとっても重要なテーマとなる観点が含まれている。

また、「研究６」～「研究７」においては、近年の学生相談にとって焦眉の課題となっている３種の「現代的な諸問題」を設定して「連携・協働」の様相を点検していったわけだが、時代状況によって、あるいは研究・実践上の観点によって、異なる分類や概念化が可能になってくるだろうことは想像に難くない。そのときどきに、実践上最も重要なテーマを見出し、研究の溯上に乗せていく姿勢は、学生相談にとって必須であると言って良い。例えば、対象とした年度には生じていなかった「大震災が学生にもたらした意味」（早坂・立原, 2013)、「難病とともに生きる学生」（道又, 2014）といった重要な課題は、ひとまずは「いのちに関わる諸問題」に包含しうるとしても、独自の重みをもって学生相談の貢献を求めてきており、「現代的な諸問題」に係る継続的検討の必要性を示している。

iv)「連携・協働」あるいは「連働」の効果と評価

学生相談の実践上、必然的に生じてくる事象や様相を詳細に検討してきた本研究であるが、「連携・協働」を行なうことで（行なわない場合に比して）より効果的な援助が可能になるのか、あるいは「連働」を意識して働きかけることでより速やかな来談学生の回復や再適応に結びつくのか、という問いへの応対は決して容易ではない。対照群を設けることが困難な領域ゆえ、ていねいな事例研究や本研究のような多数事例への検討から、着実に成果と知見を積み上げていくことが必須となろう。

同様に、より効果的な「連携・協働」のあり方とは、より望ましい「連働」とはどのようなものか、という問いは常に意識されなければならない。例えば１～数回のコンサルテーションで区切る方が良いのか、それとも数ヶ月～年単位の定期的かつ長期の関わりが望ましいのか、そしてそのような形態は援助を必要とする学生の「学年／学生生活サイクル」（鶴田, 2001等）によって異なってくるのか、といった課題は、関係者の要望や学生本人の状態像にも左右されることであり、一概にまとめられないところがある。学生本人に対する個別相談においては、「入学期」における相談内容と面接回数の多寡（森田, 1997）や「卒業期」における相談内容と面接回数の多寡（鶴田, 1997）が論じられており、「連携・協働」あるいは「連働」にとっても同様に検討していくことはありえるだろう。

学生や関係者のニーズに着実に応えてきたという実績は、相談件数やコンサルテーション件数で表現されることが多いのだが、昨今の「評価」や「エビデンス」を求める潮流に相応した研究のあり方については、今後とも検討課題である。

2）「連働」に係る今後の展望

i）「連働」が見えにくい状況・コミュニティ

学生相談に従事するカウンセラーやスタッフが非常勤中心に構成されていれば、学内各所との「連携・協働」に乗り出すことは容易ではなく、同時に大学キャンパスで生じている「連働」の様相に目を配ることも困難になる。少なくとも主任カウンセラーは専任・常勤であり、かつ学生数に応じたカウンセラー数が配置されることが望ましいが（（独）日本学生支援機構, 2008; 日本学生相談学会, 2013）、このような条件が十分に満たされていない場合にはまずなによりも学生本人との個別相談に集中することになる。そのうえで、日常的に「連働」という観点から来談学生の状況を理解しようと試みることは事例に対する考察と工夫を進めていく際に有意義であり、また、将来的に必要かつ可能となるかもしれない「連携・協働」に際して役立つことになるだろう。

なお、大学の規模・形態によっては、例えば大規模校や分離キャンパスでは「連働」の様相をつかむことが難しくなる場合がある。そのような場合には、なおさら学生相談を担当するカウンセラーが積極的にコミュニティに介入していく意識を持つことが望まれ、また、よりこまやかな学生相談ネットワークを工夫・形成していくことが必要になる。

一方、「連働」が見えにくい事態の背景要因として、カウンセラーの側に「連携・協働」あるいは「連働」という視点とこれに関連したアセスメントや実践の力量が十分には備わっていないという場合があるかもしれない。それゆえ、その資質や力量をどのように上げていくことができるのかという研修やトレーニングの重要性が浮かび上がってくることになるだろう（Dougherty,A.M., 2008）。

ⅱ）「連働」が起きにくい状況・コミュニティ

本研究で導かれた「学生相談モデル」に依拠しつつ、コミュニティに開かれた「スタイル」を保持しようとすれば、「連携・協働」は自然な流れの中で増加していき、ネットワークにおける「連働」も見渡しやすくなるし、同時にカウンセラーや学生相談機関自体が「連働」の相互作用の中で機能していくことが可能になるだろう。しかるに、カウンセラーが自身を心理療法家と自己規定したり、周囲の期待が狭義の心理治療のみに固定化されてしまっている場合には、「連働」を生じさせ、活かしていくことは困難になりがちなことが予想される。すなわち、学生相談に従事するカウンセラーがどのような教育を受けて現場に出ることが望ましいか、あるいはカウンセラーがどのような存在として大学や関係者に認識されることを目指すのかという課題があり、また様々な学生相談・学生支援機関の専門性や役割分担・機能分化のあり方にも影響されるものである。その意味では、学生相談に係る「モデル」の検討と「スタイル」の洗練、そして望ましい「システム」の構築は、いずれも継続的な課題として常に焦点化していく必要があろう。

あるいは、大学等によっては、組織の硬直化や教育に係る管理が過度なために、教職員間、教職員と学生、学生相互の関係性が固定化され、そもそもコミュニティとして「連働」が生じにくい、生じてもその範囲や多様性が制限されているという事態はありえるかもしれない。そうであれば、個別相談と種々の働きかけを通じて、特に教職員研修や委員会活動での貢献、授業や心理教育プログラム等を媒介にして、教育コミュニティをほぐし、活性化させていくために学生相談が果たす役割はいっそう重要性を帯びることになる。

ⅲ）「連働」が過剰に生じる状況・コミュニティ

上記とは逆に、カウンセラーが多様な活動に個別相談との適切なバランスを越えて乗り出して／巻き込まれていった結果として各種の依頼や電話・メールが押し寄せてくるように感じられ、個別相談に集中できない事態も可能性としては想定しうる。あるいは、小規模校のために常にコミュニティの状況や動向が耳目に飛び込んでくる状況にあったり、最近の課題となっている学生個人の情報をポートフォリオのような形式で一括管理しようとする動き等で、過度の情報提供を求められて「連働」から距離をとることが難しくなる事態も生じうるかもしれない。そのような場合には、より望ましい「連携・協働」のために、おだやかに情報共有やコンタクトの頻度と内容を制限していくことを提案する必要があるだろう。

カウンセラーの側が、特にカウンセラーが複数いる場合にはある特定の者が、「連携・協働」を主軸に据えるスタイルもありえるのだが、その際に個別相談の意義や位置づけが薄まってしまって、本来の職務である心理支援という側面が十分に果たされなくなってしまう可能性がないとは言えないことに留意しておく必要がある。学生相談の主軸となる個別相談に対する質の保証と、それを果たしうるカウンセラーの力量、とりわけ、連携・協働と個別相談を常に両立できるあり方は、望ましいものでありつつ、決して容易に確立される課題ではない。“学生の内的世界と外的現実の交差点ないしは結節点であり、現実世界への導き手”（西村, 1997）として貢献していくために、担当者は、学生相談機関内における役割・機能分化の検討とともに、常に自己点検と自己研鑽が求められることになる。

iv）他領域における「連働」概念の適用可能性

本研究は、長年に渡り学生相談の現場に踏み留まり続けてきたカウンセラーの立場からの検討・考察と新たな概念提示であったわけだが、それでは、多方面に広がりを見せつつある心理臨床や各種の援助職にとって、どのような適用可能性や有用性があると考えられるだろうか。

「個人療法と家族療法をつなぐ」ために論考を重ねてきた中釜（2010）は、そのアプローチを中学校でのスクール・カウンセリング実践に適応した際に、学校の教師およびカウンセラーという“教育に携わる者たちに共通する資質（専門性）”として、“教育の場が備える緊張感に敏感であり続けること”“その緊張感に触れると、誰とでも手をつなぎ奮闘しようというエネルギーが引き出されること”“エネルギーが引き出されてなおバーンアウトに移行しないバランス力を持ち合わせること”という3点に思い至ったことを記している。これはまさに大学キャンパスの中で刻々と生じる「連働」を感受し、活かそうとする本研究の立場と重なる感覚であると言って良いだろう。その意味では、小学校・中学校・高等学校等の教育コミュニティにおいても、「連働」の視点と概念は十分に応用可能であると考えてよい。もちろん、その際には、対象となる児童・生徒・学生の発達課題や学校のコミュニティ・サイズといった相違に留意することは忘れてはならない。

一方、多様な臨床現場で「クライエントの生活に即した統合的アプローチ」を追求してきた村瀬（2008b）は、５つの特徴の１つとして“クライエントの必要性に応じて、コラボレーティヴに、他の専門職や機関と連携を適切にとる”ことが求められると述べ、“援助者は自己完結性に固執しない”よう促している。その前提は“与えられた場と条件の中で、責任性を考えつつ”“全体状況との関連を視野に納めながら”“個別化されたかかわり方を模索”することにあるという。もちろん安易な同一化は避けなくてはならないが、本研究における基本姿勢との共通性を見出すことは可能だろう。心理臨床の様々な領域において、「連働」という視座を導入することの意義を検討していくことを、新たな課題として胸に留めておきたい。

さらには、日常場面での相互援助やチームワークを考慮する際に、Schein,E. H.（2009）は「７つの原則」の１つとして“あなたの言動のすべてが、人間関係の将来を決定づける介入である”という項目を挙げている。“ある状況におけるあなたの行動のすべてが何らかのことを伝えている”、すなわち、ひとつひとつの言葉かけやうなづきでさえも、自身の周囲のネットワークに波紋を及ぼしていくことがイメージされ、ここでも、「連働」概念と重ね合わせて理解していくことの可能性がうかがえる。より広範な活用方法についても、今後の課題として書き記しておこう。

「学校臨床心理学」を確立した近藤（2010）が、“最初の職場が、「学生相談所」という、１つの「組織」（大学）の中に設置された相談機関であったこと”が“個人の抱える問題を常に彼が生活する場との関連で考える”という臨床の基本スタンスを決めたと記しているが、これは、学生相談というある意味では限定された場と対象での援助活動が、多彩に応用可能な意義ある実践と知見へと出立していく可能性を秘めていることの証左でもあるだろう。「生きる場への援助」という基本姿勢（沢崎・中釜・齋藤・高田, 2002）から、各領域での「連働」がどのように生じ、そして活かしうるのか、領域を越えた協働的研究が望まれる由縁でもある。

「連携・協働」ならびに「連働」に関する実践的検討は今後も続いていくことになる。本研究の成果が、日々よりよき相談と支援、そして教育を求めて努力を続けている全国各地の関係者の参考になることを願ってまとめとしておきたい。

初出一覧

本研究は、以下の論文を素材として、研究全体の論旨と照合しつつ、大幅に加筆修正したものである。

1）齋藤憲司　1999　学生相談の専門性を定置する視点—理念研究の概観と４つの大学における経験から—. 学生相談研究, 20(1), 1-22.
（第１章第２節－２および第２章第１節（研究１））

2）齋藤憲司　2002　学生相談の柔構造を規定するシステムとスタイル—日々の相談活動への事例的考察から—. 学生相談研究, 23(1), 1-9.　（第２章第２節（研究２））

3）齋藤憲司・道又紀子　2003　教職員が関与する相談事例への構えと対処—教育目標と心理的成長をめぐる協働に向けて—. 学生相談研究, 24(1), 12-20.　（第３章第１節（研究３））

4）齋藤憲司　2006　親・家族が関与する相談事例への構えと対処—学生の自立をめぐる支援・連携・協働—. 学生相談研究, 27(1), 1-13.　（第３章第２節（研究４））

5）齋藤憲司　2006　友人・学生が関与する相談事例への構えと対処—相互援助力の喚起とピア・サポート・ネットワークの形成に向けて—. 日本学生相談学会第24回大会発表論文集
（第３章第３節（研究５））

6）齋藤憲司・安宅勝弘・道又紀子・影山任佐・加藤雅治　2009　学生相談活動における教職員との情報共有—個別事例および研修会等での交流の質的分析から—. CAMPUS HEALTH, 46(2), 117-122　（第４章第１節（研究６））

7）齋藤憲司・道又紀子・安宅勝弘・影山任佐・毛利眞紀・酒井善則　2010　学生相談活動における親・家族との情報共有—個別相談事例の質的分析から—. CAMPUS HEALTH, 47(1), 402-404　（第４章第２節（研究７））

8）齋藤憲司　2013　大学コミュニティと連働する学生相談活動—教職員／親・家族／友人・学生との連携・協働が織り成すネットワーク—. 日本学生相談学会第31回大会発表論文集, 64　（第５章第１節－２）

あとがき

ようやく、最終章の見直しが終わって、思いのほか大部になってしまった本書の作成プロセスをしみじみふりかえっています。たくさんのことを盛り込み過ぎただろうか、でも、まだまだ書き足りない思いも湧いてくる、そんな揺れ動きの中で、ひとまずこの作業に区切りをつけたいと思います。

学生相談の現場体験から発信する学位論文を、名古屋大学に提出できたことはほんとうに大きなよろこびです。わが国でも有数の実績を積み重ねてこられた学生相談総合センターの諸活動にいつも触発されてきましたが、そのうえで、学生相談での豊富なご経験をもとに心理臨床や発達支援・危機管理に関する教育・研究に携わっておられる３名の先生がたに直接ご指導をいただけたことのありがたさを感じ、改めて深く感謝の思いが湧いてきます。

主査および副査をお務めくださった、森田美弥子先生、窪田由紀先生、鈴木健一先生は、ともに日頃から敬愛の念を抱いている先輩・仲間でしたので、論文の中味と進め方についてこころおきなくご相談させて頂くことができました。そして、そのたびに、ご配慮と洞察がブレンドされたコメントを投げかけてくださいました。ここでは、感謝の思いを込めて、先生がたの最も印象的で、かつ、本書の成立にも重大なインパクトを与えてくださったご助言を記しておきたいと思います。

いちばん最初の章立て（案）を持参したときに、森田先生から「うーん、論文集みたいになっちゃうかしらねえ……」という感想を頂いたのが、本格的な執筆作業の始まりだったように思います。周囲からの“これまでの論文をホッチキスで綴じればいいんだよー”という冗談まじりの励ましを真に受けていた訳ではないのですが、それでもおのれの甘さを思い知った瞬間でもありました。ここから、ひとつピンと筋の通ったオリジナルストーリーを提示することが大きな目標となりました。そして、おおよその構成が固まったところで、今度は鈴木先生から「なにか、独自のキーワードみたいなものが欲しいですねえ」という要望が出され、そりゃそうですね、と安請け合いしたのですが、これが意外と難作業でした。おそらく想像がつきますように、「連働」概念の発想の一端はサッカーの戦術やポジショニングにあるのですが、新しい言葉と概念を意味付けようとする作業が、論文にある種の深みをもたらしてくれたように思います。そして、本文をおおよそ書き終えた時点での検討会にて、窪田先生がすべての記載項目を拾い上げた見取り図を作成してくださり、各所の整合性の確認とともに「7つの研究による実践的検討で何が検証されたのかをもっと見えやすく」と鋭くご指摘くださいました。日頃の曖昧な筆致から決別すべく意識することで、各章にエッジが効いたようにメリハリが生まれ、さらには、構想発表会の際にはまだ存在していなかった第1章第3節と第5章第3節を急遽加えて、論文の趣旨が明確に浮き立ってきたように思います。先生がたからコメントをいただくたびに自身の中で何かが活性化される、そんな貴重な体験をさせて頂きました。

なお、名古屋大学での学位申請に至る道のりは、ご退職なさった鶴田和美先生のお導きがあればこそ、ということも記しておきたいと思います。ごいっしょに『学生相談シンポジウム―大学カウンセラーが語る実践と研究―』(培風館) を編集させて頂いた際に、あるいはその元となった10のシンポジウムの企画と実施において、学生相談の本質と鍵概念をとても表情豊かに語られるお姿に触れるたび、私を含む多くの後進たちが励みと知恵を授かっていたのだと思います。鶴田先生が日本学生相談学会の理事長に選出された折りに、過分にも事務局長のご指名をいただきましたので、全国を視野に入れた諸活動にともに踏み出すことになりましたが、その当時に学会50周年を記念して作成された『学生相談ハンドブック』(学苑社) の重版決定の知らせがまさにこのタイミングで届いたことも何か不思議でありがたいご縁を感じています。過労ゆえと存じますが、すこし早めのリタイアをなさることとなり、学位論文のご指導を直接いただくかたちにはなりませんでしたが、間違いなく鶴田先生は「もうひとりの指導教員」でいてくださったのだと感じています。

これまでに行なってきた論文執筆や学会発表が、本書の基幹となっていますが、それは、学生相談の現場でともに歩み、迷い、語り合ってきた仲間の存在があればこそ、と言って良いかと思います。現在の職場に異動してきたときには、カウンセラーは自分のみでしたから「(専門職としては) ひとり職場」の苦労を続けることになるのだろうと覚悟していたところ、きわめて短期間に同僚を得て、そしてチームを形成していくことができました。道又紀子先生には、郊外型キャンパスでの着実な相談活動でカウンセリングに対する深い信頼感の形成に大きく貢献していただき、そのプロセスを書き留めておきたくて論文を書くクセができていったように思います。本書でも「研究３」はもともとは道又先生との共同研究からスタートしたもので、また各方面から高い評価を頂いたことがその後の足がかりになったと感じています。まさに両キャンパス間の／各キャンパスでの「連働」がすべての基礎となっていきました。現在では、毛利眞紀先生がフレッシュに相談活動に従事してくださるおかげで、筆者が多彩な活動に踏み出すことができ、さらに他校・他機関で本務を持ちつつ非常勤カウンセラーとして専門性を発揮して下さっている、高野久美子先生、尾﨑啓子先生、相澤直子先生、伊藤直樹先生、山本慎哉先生のご助力を得て、質の高いカウンセリング・チームを形成できていることに感謝の思いでおります。

同時に、最も「連携・協働」を行なう機会の多いメンタルヘルス医師の先生がたにも謝意をお伝えしたいと思います。その土台をつくられた影山任佐先生は、昼夜を問わず熱い情熱でつねに研究・執筆への刺激を提示してくださりました。あとを継がれた安宅勝弘先生とは毎週３～４日は残業後の夕餉をともにするという交流の中で、もちろんその前提となる学生支援や教職員支援ともども緊密な時間を過ごさせていただいています。両先生との交流を通じて、ごいっしょに研究発表も繰り返しながら、「学生相談と保健管理」「カウンセリングとメンタルヘルス」の合奏を高い水準で同時展開してきたことは、全国的にも貴重な実践例として刻まれていくのではないかと思います。そのような次第で「研究６」「研究７」の元論文は齋藤の責任でまとめつつ、先生がたにも共著者になっていただいております。そして、新たに加わられた丸谷俊之先生、さらにはフィジカルヘルスの長尾啓一先生にも、つねに実践と研究の両面で、個性溢れるお人柄とともに刺激をいただきました。もちろん、代々の看護保健スタッフのみなさま、受付事務のみなさまのご助力あればこその日常活動であり、そこが保証されてはじめて有意な研究につながることを実感しています。

なお、本研究の資料整理ならびに図表作成におきましては、安宅勝弘先生ならびに相澤直子先生のこまやかかつ集中的なサポートをいただきました。当方のおおよその手書きのアイデアをお渡しして、パソコン作図をお願いしてしまうというムチャな依頼ぶりにみごとに応えてくださり、文章が先走る本論文をより読みやすい・理解しやすいものにして下さいました。

カウンセリングならびに種々の学生相談活動を展開していくにあたっては、全学的なネットワークの形成が欠かせないことは言うまでもありません。前任校の東京大学では、学生部のみなさまとの半ば合宿所生活のような交流と語り合いが土台となって、段階的に全学的なアプローチへ踏み出していった感じがありました。現任校の東京工業大学では、必要性や意義が共有されると即座にアクションにつながる風土があり、筆者らの活動に対しても全学あるいは各部局から様々なご配慮と便宜をいただきました。大学教員の必須事項として、とりわけリサーチ・ユニバーシティゆえに、学位取得は避けては通れない道であることを諭しつつ見守ってくださった、歴代の教育担当：理事・副学長の先生方にはあたまがあがらない思いでしたが、ようやくご報告できることをうれしく感じています。小川浩平先生、三木千壽先生、齋藤彬夫先生、三島良直先生（現：学長）、そして丸山俊夫先生に、深く感謝したいと存じます。同時に、歴代の人事担当：理事・副学長、牟田博光先生、岡田清先生にもお詫びかたがた、お礼申し上げなくてはなりません。

同様に、所属機関である保健管理センターの歴代の所長の先生方にも「君には感謝してるけど、でも学位もだいじなんだよ……」と苦しい思いをさせてしまいました。教授昇進時に最大限のご尽力をくださった加藤雅治先生、そしてお気づかいにあふれた酒井善則先生、現任としていまもはらはらしておられるお姿がうかぶ中村聡先生のご支援があればこその、相談活動であり、今回の論文執筆でした。また、より以前の時代に所長をお務めくださった何名もの先生がたにも、感謝とともにご報告させていただきます。

実際の活動面では、学生支援 GP 等で独自の試みを展開していく中でまさに仲間集団のような感触が醸成されたのですが、とりわけ長きにわたって協働中の、岩附信行先生、岡村哲至先生、篠崎和夫先生、西原明法先生、野原佳代子先生に、世代と専門を越えた友情の想いを込めてお礼申し上げたいと存じます。そして他大学での学生相談の経験をもとに未知の世界へ飛び込んでコーディネーターとして活動を支えてこられた山田恵美子先生に感謝の想いでいます。また、新たな取り組みとしては、学内に電話相談デスクを立ち上げて、メディアを用いた援助活動に踏み出したことも大きな足跡でした。予想を越える実績を重ねて来られたのは、退職後の新たなステップとしてやはり未知の世界へ踏み出してくださった、松尾陽太郎先生、小川憲治先生の特筆すべき熱意によるものでした。ともに歩みを進めて来た学生支援課を中心とする学務部のみなさまにも深く感謝したいと思います。

さらには、現在の室長：熊井真次先生はじめ学生相談室に関わってくださった教職員のみなさま等々、まだまだ、記しきれない感じですが、これからも相談ネットワークをともに強化していくことでお礼に換えさせていただければと存じます。

さて、研究と実践に係る学びと育ちのフィールドが、幸運にも筆者に合致して、今日までの揺るぎない礎を提示してくださっているからこその、本研究の成果であることも記しておきたいと思います。

相談・臨床活動と教育・研究活動の原点、すなわち、ひとへの関わり方、事例の理解のしかた、支援するための様々な工夫、コミュニティとの関わり等々、本研究にもつながる立脚点の数々は、学生時代から師事させていただいた近藤邦夫先生のお人柄とご業績、そして叡智から得られたものと言って過言ではないと感じています。近藤先生の深い思索と洗練された表現に少しでも近づけたらと憧れに近い念を抱いてきましたが、もはや才覚的に届かぬことを自覚しつつ、徐々に自分のカラーを見つけることでなにがしかを残せるようになればと思うようになってきた気がしています。

近藤先生の薫陶を受けた同窓のメンバーとは様々な活動を企画したり、種々の論考を著してきましたが、そんな中、私たちにとってたいせつな姉貴分的存在であられた中釜洋子先生を2012年に急病で失ったことは、痛切の極みでした。後輩の高田治先生とともに３人で毎月のように語り合ったうえで出版した『心理援助のネットワークづくり―〈関係系〉の心理臨床―』（東京大学出版会）の頃は、中釜さんの引力に“ぼくは学位論文を先に書かなきゃいけないのになあ…”と苦笑いだったのですが、本研究の執筆を進めるほどにその主旨が重なってくることを実感していました。“ごいっしょにもう何冊か本を出したかった”とは思うのですが、まずは本書の執筆終了をご報告できることをよろこびたいと思います。また、中釜さんの博士学位論文をもとにした著作『個人療法と家族療法をつなぐ―関係系志向の実践的統合―』（東京大学出版会）が、執筆の参考と励みになったことも記しておきたいと思います。

最後に、日常的に「連働」するコミュニティを共有するすべての方々に感謝の意を表して、本稿を閉じたいと思います。相談にこられる学生のみなさんが「大学生になる」ために苦闘し、教職員のみなさまが「大学人になる」ために苦心され、親御さん・ご家族のみなさまが「大学生を見守る親・家族になる」ために苦慮されている訳ですから、同じように自分も「大学カウンセラーになる」ための発達課題なのだと思うことで、学位論文に取り組む気持ちを持続できたのだと思います。そんな、広い意味でのお仲間に加えていただければと願いつつ、お礼のことばを届けたいと思います。

同じように、全国の各地で奮闘しておられる学生相談・学生支援の関係者のみなさま、若者の成長と回復にご尽力くださっている方々に感謝したいと存じます。日本学生相談学会において各校の状況を交流させつつ、学生ひとりひとりのために機能しうるカウンセラーであるために、あふれるほどの意見交換と研究協力と職能向上に努めてきた、諸先輩がた・同世代の仲間たち・刺激を与えてくれる後輩たちがあればこその、ここまでの奮闘でした。特にここ数年は、若い世代のみなさんに対して、自分の経験をまとめて伝えていってあげたいという想いが大きくなっていることを感じます。本来ならば、数年前に着手・完了していなくてはならなかったミッションなのですが、この間は中長期的な危機介入が必要な状況だったのだと認識しておりますし、また今だからこそ書けた内容も多々含まれているように感じています。それだからこそ、時機を得た書籍となっていると良いなと願います。

お名前を記しきれないほど多くの方々とともに盛り上げてきたという感触がありますので、ここでは、齋藤が学会役員になってからお仕えさせて頂いた歴代の理事長および事務局長の先生がた、鳴澤實先生、嘉部和夫先生、苫米地憲昭先生、森川正大先生、鶴田和美先生、吉武清實先生、そして、現在の事務局長（として至らない現 : 理事長を支えてくださっている）早坂浩志先生、安定した職務で貢献してくださる事務局 : 藤井結佳さんのお名前を挙げさせて頂いて、全国の仲間への謝辞とさせていただきます。

思えば、１年前の夏に、ちょうど執筆から逃げ回っていた頃なのですが、日本心理臨床学会の会場入口で、偶然にも森田美弥子先生とお目にかかり、やさしく「こらっ！」とお叱りをいただいたところから本当の意味での作成作業が始まりました。森田先生の懐の深さに感謝しつつ、いまこの作業を終了するに際して、安堵しながらふしぎなさみしさも覚えています。

このような生活ゆえに、最もないがしろになっているに相違ない「親・家族」に詫びつつお礼を記して、明日からの活動に向かっていきたいと思っています。

平成26（2014）年11月2日：学位論文提出の日に

平成27（2015）年3月18日：改めて、学位記授与式の日に（加筆・校正を終えて）

齋藤憲司

引用文献

「アカデミック・ハラスメント」防止等対策のための5大学合同研究協議会　2006　アカデミック・ハラスメント防止ガイドライン作成のための提言.

天野郁夫　1991　日本的大学像を求めて. 玉川大学出版部.

安藤延夫　1988 「学生相談の役割」再考—村山・小谷・平木論説へのコメント. フォーラム—学生相談におけるカウンセリングと心理療法—コメント編. 広島大学総合科学部学生相談室活動報告書, 8.

青木健次　1997　今時の京大生とこれからの大学. 京都大学学生懇話室紀要, 27, 1-9.

青木健次・杉原保史・村上嘉津子・中川純子・和田竜太　2012　本学の学生相談の連携の現状と課題. 京都大学カウンセリングセンター紀要, 42, 61-68.

青木紀久代（編） 2014　ひきこもりサポートネット事業・研究報告書　2013　東京都青少年・治安対策本部総合対策部青少年課.

安住伸子・髙橋国法・中村家子・福盛英明・桐山雅子・高石恭子　2014　学生相談における居場所—その今日的意義とカウンセラーの果たす役割—. 第47回全国学生相談研究会議報告書, 5-16.

Boyd, V., Hattraer, E., Brandel, I. W., Buckles, N., Davidshofer, C.. Deakin, S., Erskine, C., Hurley, G., Locher, l., Piorkuwski, G., Simono, R. B., Spivach, J., & Steel, C. M.　2003　Accreditation Standards for University and College Counseling Centers. Journal of Counseling Psychology, 42, 456-465.

Caplan, G.　1961　An Approach to Community Mental Health. New York, Grune & Stratton. 加藤正明（監修）山本和郎（訳） 1968　地域精神衛生の理論と実際. 星和書店.

Carnochan, W, B.　1993　The Battleground of the Curriculum—Liberal Education and American Experience—. The Board of Trustees of the Leland Stanford Junior University. 丹治めぐみ（訳） 1996　カリキュラム論争—アメリカ一般教育の歴史—. 玉川大学出版部.

大学合同グループセミナー・スタッフグループ　1996　10の大学によるインターユニバーシティ・エンカウンター・グループの記録—10年間の経験の振り返りと今後の展望—. 学生相談研究, 17(1), 27-45.

大学審議会　1998　21世紀の大学像と今後の改革方針について—競争的環境の中で個性が輝く大学—.

Dougherty, A. M.　2008　Psychological consultation and collaboration in school and community setting (Fifth edition). Brooks / Cole Pub Co.

独立行政法人日本学生支援機構　2007　大学における学生相談体制の充実方策について—「総合的な学生支援」と「専門的な学生相談」の「連携・協働」. —（通称：苫米地レポート）

Erikson, E. H.　1997　Toys and Reason—Stages in the Ritualization of Experience—. Nortion. 近藤邦夫（訳） 2000　玩具と理性—経験の儀式化の諸段階—. みすず書房.

藤川麗　2007　臨床心理のコラボレーション—統合的サービス構成の方法—. 東京大学出版会.

藤岡新治　1997　学生相談における相談構造についての検討. 学生相談研究, 18(2), 16-23.
藤原勝紀　1998　学生相談の大学における位置と役割―これからの学生相談像を求めて―. 河合隼雄・藤原勝紀（編）　1998　学生相談と心理臨床. 金子書房, 11-21.（所収）
藤原勝紀・吉良安之・濱野清志　1992　「学生相談機能」を考える―「教育モデル」の試み―. 九州大学教養部カウンセリング・リポート, 4, 23-49.
福田憲明　1994　開設初年度を振り返って. 成蹊大学学生相談室報告, 創刊号, 8-9.
福田憲明　2003　アメリカにおける学生相談の最新の動向と課題―インターネットによる情報検索の方法―. 学生相談研究, 24(1), 75-85.
福留留美　2010　対話を中心に据えたグループワーク授業の実践例. 日本学生相談学会50周年記念誌編集委員会（編）　学生相談ハンドブック. 学苑社, 177-183.（所収）
福盛英明　2005　アメリカの学生相談の未来展望に関するインタビューから考えたこと. 第38回全国学生相談研究会議報告書, 25-30.
福盛英明・平井達也・山下聖　2006　CAS・カウンセリングサービス・スタンダードとガイドライン. 学生相談研究, 26(3), 243-261.
福盛英明・山中淑江・大島啓利・吉武清實・齋藤憲司・池田忠義・内野悌司・高野明・金子玲子・峰松修・苫米地憲昭　2014　大学における学生相談体制の充実のための「学生相談機関充実イメージ表」の開発. 学生相談研究, 18(2), 16-23.
学徒厚生審議会　1958　大学における学生の厚生補導に関する組織およびその運営の改善について（答申）.
羽下大信　1997　共同利用の学生相談センター（仮）の構想について. 第30回全国学生相談研究会議報告書, 36.
濱野清志　1998　学生相談の大学教育としての学生への関わり. 河合隼雄・藤原勝紀（編）　1997　学生相談と心理臨床. 金子書房, 59-67.（所収）
花嶋裕久　2011　ひきこもりの若者の居場所と就労に関する研究―居場所から社会に出るまでのプロセス―. 心理臨床学研究, 29(5), 610-621.
原英樹　2011　三角関係化した家族関係で形成された適応性を欠いた自己主張の改善過程. 学生相談研究, 32(1), 1-11.
原田千恵子　1997　重症例を抱えるためのネットワークの重要さ・その2―学生相談室の組織者として―. 学生相談研究, 18(1), 25-29.
橋本忠行・安岡譽　2012　ひきこもり青年とのロールシャッハ・フィードバック・セッション―グラウンデッド・セオリー・アプローチによるクライエント体験の検討―. 心理臨床学研究, 30(2), 205-216.
早川千恵子・齋藤憲司・山中淑江・西崎正行　2005　インターユニバーシティ・エンカウンター・グループの実践とその特性―大学合同グループ2回目の10年を振り返って(1)―. 日本学生相談学会第23回大会発表論文集. 78
早川由美・森やよい　2011　「何でも相談窓口」型学生支援活動の在り方. 学生相談研究, 32(1), 48-59.

早坂浩志　2003　2002年度の学生相談界の動向. 学生相談研究, 24(1), 66-74.
早坂浩志　2009　GP 事業の動向と学生支援及び学生相談への影響. 学生相談研究, 30(2), 148-157.
早坂浩志　2010　学生に向けた活動２―授業以外の取り組み―. 日本学生相談学会50周年記念誌編集委員会（編）　2010　学生相談ハンドブック. 学苑社. 185-201.（所収).
早坂浩志・立原聖子　2013　東日本大震災が学生にもたらした意味についての考察―１年間の学生相談事例と実践活動に基づいて―. 学生相談研究, 34(1), 1-12.
早坂浩志・佐藤純・奥野光・阿部千香子　2013　2013年度学生相談機関に関する調査報告. 学生相談研究, 33(3), 298-320.
Hayes, R. L.　2001　カウンセリングにおけるコラボレーション. 東京大学大学院教育学研究科心理教育相談室紀要, 24, 108-113.
羽間京子　2007　攻撃的な言動をとる学生との面接過程―抱えることと制限をめぐって―. 学生相談研究, 27(3), 227-237.
Hernandez, T. J. & Fister, D. L.　2001　Dealing with Disruptive and Emotional College Students:A Systems Model. Journal of College Counseling, vol. 9, 49-62.
平木典子・小谷英文・村山正治　1983　フォーラム―学生相談におけるカウンセリングと心理療法；展望と課題Ⅱ. 立教大学学生相談所報告書, 5, 3-18.
堀井俊章　2013　大学生不登校傾向尺度の開発. 学生相談研究, 33(3), 246-258.
保坂亨・岡村達也　1984　キャンパス・エンカウンター・グループの発達的・治療的意義の検討―ある事例を通して―. 心理臨床学研究, 4(1), 15-26.
市来真彦・佐藤哲康・最上澄江・金子糸子　2008　待つ相談室から働きかける機能を包括した学生相談室への展開. 学生相談研究, 29(2), 153-165.
池田忠義・吉武清實　2005　予防教育としての講義「学生生活概論」の実践とその意義. 学生相談研究, 26(1), 1-12.
池田忠義・吉武清實・高野明・佐藤静香・関谷佳代　2008　学生相談における相談内容の特徴に基づく支援のあり方―相談内容の質的分析から―. 学生相談研究, 28(3), 167-180.
今江秀和・鈴木健一　2013　交通事故加害者となった学生への支援に関する一考察. 学生相談研究, 34(2), 124－133.
稲垣忠彦・寺崎昌男・松平信久　1988　教師のライフコース―昭和史を教師として生きて―. 東京大学出版会.
井利由利・内海新祐・野中弘敏・馬見塚珠生　1997　学生相談における「受付」の専門性に関する考察. 学生相談研究, 18(2), 7-15.
伊藤亜矢子　1998　学校という「場」の風土に着目した学校臨床心理士の２年間の活動過程. 心理臨床学研究, 15(6), 659-670.
伊藤直樹　2011　学生相談機関のガイダンスの効果に関する研究―学生相談機関のガイダンスと周知度・来談意志・学生相談機関イメージの関係―. 学生相談研究, 31(3), 252-264.
岩田淳子　2009　事務職員の日常的学生支援について―窓口担当課長へのインタビュー調査か

ら―．成蹊大学学生相談室年報，15，19-31．
岩田淳子・山崎めぐみ・矢部浩章　2007　学内連携が学生相談過程に果たす効果について．学生相談研究，28(2)，122-133．
實藤聡子　2005　学生相談に関する近年の研究動向―2003年度の文献レビュー―．学生相談研究，26(1)，62-71．
嘉部和夫　1995　学生相談プログラムと組織運営―カウンセラー生活21年間を振り返って―．日本学生相談学会第13回大会発表論文集，56-57．
鎌田穣　2002　学生相談における専門家相談員と非専門家相談員の意義．学生相談研究，23(1)，63-72．
亀口憲治　2002　コラボレーション―協働する臨床の知を求めて―．現代のエスプリ，419，5-19．
亀口憲治・堀田香織　1998　学校と家族の連携を促進するスクール・カウンセリングの開発Ⅰ―理論的枠組みを中心に―．東京大学大学院教育学研究科紀要，38，451-465．
亀口憲治・堀田香織・佐伯直子・高橋亜希子　1999　学校と家族の連携を促進するスクール・カウンセリングの開発Ⅱ―技法の選択とその実践―．東京大学大学院教育学研究科紀要，39，535-549．
神谷栄治　2001　学生相談の心理相談モデル―心理療法モデルから、ガイダンス、連携モデルへ―．椙山女学園大学学生相談室活動報告，1，5-18．
鴨澤あかね　2003　不登校児の母親面接―公立教育相談室における援助―．心理臨床学研究，21(2)，125-136．
菅野信夫　1992　学生相談をめぐる「はざま性」．現代のエスプリ，295，キャンパス・カウンセリング・シリーズⅢ，発達カウンセリング，111-123．(所収)
菅野信夫　1993　授業としてのエンカウンターグループ．京都大学学生懇話室紀要，23，47-52．
片山綾乃　2013　対人関係困難学生へのグループワーク併用の有効性についての検討．学生相談研究，34(2)，156-166．
加藤真由美　2005　度重なる対象喪失体験からの回復の過程で母との関係修復を試みた女子学生の面接．学生相談研究，26(2)，103-114．
加藤美智子　2000　「学生の立場に立った」大学教育と学生相談．東京都立大学学生相談室レポート，27，7-15．
加藤志ほ子・濱田庸子・鈴木典子　1998　学生相談における境界例とのかかわり．心理臨床学研究，16(1)，17-31．
葛文綺・中澤未美子・小川智美・田中佳織・島貫理絵　2014　ハラスメント相談の専門性に関する一考察―大学におけるハラスメント相談の特徴と対応を中心に―．心理臨床学研究，32(3)，359-368．
河合隼雄・藤原勝紀（編）　1998　学生相談と心理臨床．金子書房．
菊池悌一郎　2012　学生相談における多水準介入とクライエントの主体性の回復．心理臨床学研究，30(4)，444-454．

北添紀子・渋谷恵子・岡田和史　2005　学校臨床における守秘義務および他職種との連携に関する意識調査. 心理臨床学研究, 23(1), 118-123.

吉良安之（研究代表）　1998　大学教育における新しい学生相談像の形成に関する研究. 平成9年度文部省科学研究費補助金基盤研究研究成果報告書.

吉良安之・田中健夫・福留留美　2006　学生相談活動の知見を反映させた授業の展開―全学教育科目「心理学：学生期の心理的課題」の概要と学生による評価―. 学生相談（九州大学学生生活・修学相談室紀要), 8, 48-53.

桐山雅子　2001　心育ての場としてのキャンパス. 学生相談研究, 23(3), 250-259.

桐山雅子　2008　学生相談室が提供するキャンパスの練習機能. 学生相談研究, 28(3), 181-190.

小高恵　1998　青年期後期における青年の親への態度・行動についての因子分析的研究. 教育心理学研究, 46, 333-342.

小泉敬子　2002　アメリカの学生相談の動向―1998年～2001年の文献レビュー―. 学生相談研究, 23, 196-208.

小泉敬子　2007　友人との死別から新たなアイデンティティ獲得への面接過程―喪の作業を契機として―. 学生相談研究, 27(3), 204-215.

小泉敬子　2009　カウンセリングセンター・フォローアップアンケート―10年前調査との比較―. 国際基督教大学カウンセリングセンター活動報告, 19, 8-20.

近藤邦夫　1984　学校教育相談の位置づけと方向. 村瀬孝雄・野村東助・山本和夫（編）　1984　心理臨床の探求―ロジャーズからの出立―. 有斐閣, 148-169.（所収）

近藤邦夫　1994　教師と子どもの関係づくり―学校の臨床心理学―. 東京大学出版会.

近藤邦夫（著）・保坂亨・中釜洋子・齋藤憲司・堀田香織・高田治（編）　2010　学校臨床心理学への歩み　子どもたちとの出会い、教師たちとの出会い―近藤邦夫論考集―. 福村出版.

近藤邦夫・沢崎俊之・斎藤憲司・高田治　1988　教師－児童関係と児童の適応―教師の儀式化の観点から―. 東京大学教育学部紀要, 28, 103-142.

河野美江・早瀬眞知子・寺脇玲子　2013　「気になる学生」調査をきっかけとした学生支援―教員と連携した学生相談の取り組み―. 学生相談研究, 34(1), 23-35.

小谷英文　1981　学生相談における心理療法―システム論的アプローチへの緒言―. 広島大学総合科学部学生相談室報告書, 4, 15-28.

小谷英文　1994　精神分析的システムズ理論による学生相談論. 都留春夫（監修）　1994　小谷英文・平木典子・村山正治（編）学生相談―理念・実践・理論化―. 星和書店, 203-218.（所収）

小谷英文・平木典子・村山正治　1981　フォーラム―学生相談におけるカウンセリングと心理療法；展望と課題Ⅰ. 広島大学総合科学部学生相談室活動報告書, 6, 25-36.

窪田由紀　1997　友人たちとの疑似家族のなかで育ちなおしたA君への援助―学生相談室によるサポート・ネットワークの構築―. 心理臨床学研究, 15(1), 77-88.

窪田由紀　1999　暴力による心の傷とそこからの回復―Aさんとの事例を通して―. 女性ライフサイクル研究, 9, 39-44.

窪田由紀　2000　キャンパスにおけるセクシュアル・ハラスメント対策―有効なシステムの構築と運用に向けて―. 学生相談研究, 21(2), 192-201.

窪田由紀　2009　臨床実践としてのコミュニティ・アプローチ. 金剛出版.

窪田由紀・川北美輝子・松尾温夫・荒木史代　2001　キャンパス・トータル・サポート・プログラムの展開に向けて―大学コミュニティ全体への統合的アプローチの試み―. 学生相談研究, 22(3), 227-238.

窪内節子　1997　女子学生の母親からの分離をめぐるカウンセラーの役割. 学生相談研究, 18(1), 11-19.

窪内節子　2014　管理的立場の経験から中退予防・不登校に取り組んで. 平成25年度学生生活にかかるリスクの把握と対応に関するセミナー―中途退学、休学、不登校の学生に対する取組―報告書, 49-51.

窪内節子・吉武清實　2003　教育支援活動における逸話の活用―学生相談担当者を対象とした逸話作成ワーク―. 学生相談研究, 24(2), 138-147.

倉戸由紀子　1996　学生相談における兼任カウンセラーの役割について―引きこもりと acting out を繰り返した事例から―. 学生相談研究, 17(1), 14-26.

前川あさ美（編著）　2011　学校・地域で役立つ子どものこころの支援 連携・協働ワークブック. 金子書房.

Magdol, L., Moffitt, T. E., Caspi, A., Newman, D. L., Fagan, J., & Silva, P, A.　1997　Gender Differences in Partner Violence in a Birth Cohort of 21-Year-Olds: Bridging the Gap Between Clinical and Epidemiological Approaches. Journal of Consulting and Clinical Psychology, 65(1), 68-78.

牧原浩　2002　対人援助職における専門職の協働. 精神療法, 28(3), 310-317.

牧野純　1993　心理療法過程の評価―カウンセラーの言語応答様式と“理解された感じ”の関係―. 東京大学大学院教育学研究科修士論文.

丸山明　2013　学校臨床における保護者面接から心理療法への移行について―転移関係に着目して―. 心理臨床学研究, 31(1), 27-37.

松田康子　2010　大学教員が捉える学生の特別な教育ニーズと修学支援を考える―教員への聴きとり調査から―. 学生相談研究, 31(2), 133-145.

松村亜里　2008　ニューヨークのカレッジ・カウンセリングサービスでの経験と日本の大学における学生相談室の立ち上げについて. 学生相談研究, 28(3), 225-237.

松本剛　2004　「大学生の引きこもり」への人間性心理学的アプローチの有効性. 学生相談研究, 25(2), 137-147.

松下智子・峰松修・福盛英明　2007　学生相談における「ファミリーサポートグループ」活動の試み―援助資源開発的アプローチという視点から―. 学生相談研究, 27(3), 191-203.

道又紀子　2001a　学生相談に関する近年の研究動向―1998～2000年度の文献レビュー―. 学生相談研究, 22(3), 338-349.

道又紀子　2001b　大学院生の危機介入事例の量的、質的検討. 東京工業大学保健管理センター年報, 28, 77-84.
道又紀子　2014　難病とともに生きる学生と学生相談の役割. 東京工業大学保健管理センター年報, 40, 83-90.
峰松修・冷川昭子・山田裕章　1989　学生相談における分裂病圏の学生の援助. 心理臨床, 2(3), 221-230.
Mier, S., Boone, M. & Shropshire, S. 2009　Community Consultaion and Intervention: Supporting Students Who Do Not Access Counseling Services. Journal of College Student Psychotherapy, 23, 16-29.
宮村季浩　2005　大学生における恋愛関係の解消とストーカーによる被害の関係. 学生相談研究, 26(2), 115-124.
宮西照夫　2011　ひきこもりと大学生. 学苑社.
宮崎圭子・松原達哉　2000　学生相談室での情報開示に関する研究―過去開示状況と開示に関する意識調査―. 学生相談研究, 21(1), 59-66.
宮崎圭子　2013　サイコエデュケーションの理論と実際. 遠見書房.
水田一郎・石谷真一・安住伸子　2011　大学における不登校・ひきこもりに対する支援の実態と今後の課題―学生相談機関対象の実態調査から―. 学生相談研究, 32(1), 23-35.
水谷友吏子　2007　否定的母親像にとらわれていた女子学生が示した自立の意味―娘から成熟した女性への変容過程―. 学生相談研究, 27(3), 216-226.
最上澄江・金子糸子・佐藤哲康・布施晶子・市来真彦　2008　自ら助けを求めず潜在している学生に対する学内協働による取り組み―欠席過多学生対応プロジェクトを通して―. 学生相談研究, 28(3), 214-224.
文部省高等教育局　2000　大学における学生生活の充実方策について―学生の立場に立った大学づくりを目指して―（報告）.（通称：廣中レポート）
森さち子　2012　学生相談で起こりうる面接構造の揺らぎをめぐって―治療構造論的視点のあることの意義―. 学生相談研究, 33(2), 115-126.
森裕子　1990　アメリカにおける学生相談（コロラド州立大学の場合）―その1. 歴史・理論・組織・運営・スタッフ―. 学生相談研究, 10(1), 4-18.
森裕子　1991　アメリカにおける学生相談（コロラド州立大学の場合）―その2. 活動・内容・日本の学生相談への示唆―. 学生相談研究, 11(1), 18-31.
森野礼一　1993　アメリカ合衆国の大学における学生相談の実態に関する調査（2）. 神戸女学院大学学生相談室紀要, 3, 31-52.
森田美弥子　1994　学生相談におけるコンサルテーション機能―親面接に焦点を当てて―. 名古屋大学学生相談室紀要, 6, 17-26.
森田美弥子　1995　学生相談における連携事例の検討―複数の関係者とかかわった3事例を通して―. 学生相談研究, 16(2), 78-84.
森田美弥子　1997　学生相談のイメージと来談の関係. 心理臨床学研究, 15(4), 406-415.
森田美弥子　1999　大学生の進路相談事例の分類. 名古屋大学相談室紀要, 11, 25-40.

森田美弥子・鶴田和美・田畑治　1992　名古屋大学における学生相談ネットワーク形成のための基礎的研究―適応援助活動に関する学部教官への面接調査―. 名古屋大学学生相談室紀要, 4, 35-43.

森田裕司・岡本貞雄　2006　新入生対象の講義「キャンパスライフ実践論」の試み―学生生活全体のサポート―. 学生相談研究, 26(3), 185-197

Morril, W. H., Oetting, E. R. & Hurst, J. C.　1974　Dimensions of Counselor Functioning. Personnel and Guidance Journal, 52, 354-359.

毛利眞紀　2009　広汎性発達障害を持つ女子学生との心理面接過程―障害と自己の特性理解についての考察―. 学生相談研究, 30(1), 1-11.

村瀬嘉代子　2008a　コラボレーションとしての心理的援助. 臨床心理学, 8(2), 179-185.

村瀬嘉代子　2008b　心理療法と生活事象. 金剛出版.

村瀬孝雄　1981　退行しながらの自己確立―或るサークルのこと―. 笠原嘉・山田和夫（編）1981　キャンパスの症状群―現代学生の不安と葛藤―. 弘文堂, 209-232.（所収）

無藤清子　1989　談話室活動を支える土壌と考慮すべき諸問題―より良く機能する談話室をめざして―. 東京大学学生相談所紀要, 6, 11-21.

長坂正文　1998　学校内カウンセリングの諸問題. 心理臨床学研究, 15(6), 611-622.

長田道　2008　学生相談における面接継続と期間について. 学生相談研究, 28(3), 202-213.

長田法子　2001　スクールカウンセリングと病院臨床との接点. 心理臨床学研究, 19(1), 77-82.

内閣府男女共同参画局　2009　人と人とのよりよい関係をつくるために―交際相手とのすてきな関係をつくっていくには―

中釜洋子　2001　いま家族援助が求められるとき―家族への支援・家族との問題解決―. 垣内出版.

中釜洋子　2010　個人療法と家族療法をつなぐ―関係系志向の実践的統合―. 東京大学出版会.

中釜洋子・高田治・齋藤憲司　2008　心理援助のネットワークづくり―〈関係系〉の心理臨床―. 東京大学出版会.

中川純子　2011　学生相談における電子メール窓口の現状と課題2―10年間運用して―. 京都大学カウンセリングセンター紀要, 40, 17-29.

中川純子・杉原保史　2010　ハラスメント相談における心理援助の専門的視点の意義について―大学におけるハラスメント相談窓口の経験から―. 心理臨床学研究, 28(3), 313-323.

中村家子　2001　個別面接のみでは援助が困難な学生への関わり―学生相談室が持つ人的・物的資源の重要性―. 学生相談研究, 22(1), 23-34.

鳴澤實（編著）　1986　学生・生徒相談入門―学校カウンセリングの手引きとその実際―. 川島書店.

鳴澤實（編著）　1998　こころの発達援助―学生相談の事例から―. ほんの森出版.

根塚明子・伊東真理子　2010　学校臨床における多分野協働の実際―「子ども支援会議」の実践をとおして―. 心理臨床学研究, 28(4), 490-501.

日本学生相談学会　2013　学生相談機関ガイドライン.

日本学生相談学会　2014　学生の自殺防止のためのガイドライン.
西口夫巳枝・伊藤高廣　2004　高機能自閉症の学生への卒業までの援助の試み―学生相談室の立場から・指導教員の立場から―. 学生相談研究, 25(2), 107-115.
西河正行　1994　スクール・カウンセリングと学生相談―学校組織における心理臨床活動を考えるために―. 慶應義塾大学学生相談室紀要, 24, 39-57.
西河正行　2000　学生相談における心理療法―学生相談固有の治療構造の特徴―. 慶応義塾大学学生相談室紀要, 30, 11-20.
西村馨　1997　学生相談におけるセラピスト内機能の分化・統合―治療的態度の探究―. 東京大学学生相談所紀要, 10, 36-42.
西村優紀美　2002　学生相談におけるキャンパス・セクシュアル・ハラスメント対応. 学園の臨床研究（富山大学保健管理センター), 2, 97-110.
新田泰生　1996　学生のコミュニケーション能力開発を目指す授業. 第29回全国学生相談研究会議報告書, 115-122.
野口康彦　2009　父親の自殺を経験した統合失調症の女子学生の卒業期における心理過程の一考察. 学生相談研究, 29(3), 218-227.
Nolan, S. A., Pace, K. A., Iannelli, R. J., Palma, T. J., & Pakalns, G. P. 2006 A Simple and Effective Program to Increase Faculty Knowledge of and Referrals to Counseling Centers. Journal of College Counseling, 9, 167-170.
布柴達男・吉武清實　2011　教員による予防的学生支援の試み―理系大学院新入生初期適応のための交流ワークショップとその実施効果評価―. 学生相談研究, 32(2), 131-143.
布柴靖枝　2012　青年期女子の自傷行為の意味の理解と支援―行動化を繰り返しつつ、自分らしさを模索していった女子学生の危機介入面接過程を通して―. 学生相談研究, 33(1), 13-24.
小田真二　2012　ひきこもり青年の社会復帰を支えたCl-Th関係とSV関係―日常性・身体性の領域から深い精神性の領域まで―. 心理臨床学研究, 30(5), 668-678.
小田真二・飯塚真理子・池永恵美　2013　大学におけるセクシュアル・ハラスメントの意識調査. 学生相談研究, 34(1), 49-61.
小田切紀子　2011　母親の喪の作業を通してアイデンティティを確立していった女子学生の面接過程. 学生相談研究, 32(1), 12-22.
小川憲治・松尾陽太郎・齋藤憲司　2012　東京工業大学学生支援センター「電話相談デスク」の開設3周年をむかえて. 東工大クロニクル, 477, 14.
岡昌之　1998　学生の厚生補導としての学生相談. 河合準雄・藤原勝紀（編）　1998　学生相談と心理臨床. 金子書房, 47-55.（所収）
岡田珠江　2009　父の死を契機に家族関係の再構築とアイデンティティの確立を模索した女子学生との描画を用いた面接過程―外的対象喪失と内的対象喪失による喪の仕事の視点から―. 学生相談研究, 30(2), 99-111.
岡村裕美子　2012　スクールカウンセリングにおける母親への個人心理療法の有効性. 心理臨床学研究, 30(5), 621-632.

小俣和義　1997　同一治療者による母子並行面接の意味―分離不安を呈した小学校女児とその母親に対する面接の過程を通して―. 心理臨床学研究, 15(1), 46-57.

小俣和義　2002　同一セラピスト母子並行面接における「枠」の重要性―激しい解離症状を呈した女子中学生の事例を通して―. 心理臨床学研究, 20(4), 324-335.

鬼塚淳子　2013　基礎教育センターを軸とした全学的学生支援体制構築の試み―相談員兼務教員の動きから生まれた「包摂的リンケージ支援」―. 学生相談研究, 33(3), 286-297.

大野精一・小泉英二・根本節子・菊池まり・佐藤敏　1997　学校教育相談の全体像を考える(1). 学校教育相談, 11(4), 84-92.

大島啓利・嘉部和夫　2010　教職員に向けた活動. 日本学生相談学会50周年記念誌編集委員会（編）　2010　学生相談ハンドブック. 学苑社, 202-220.（所収）

太田裕一　2004　ニューヨークの学生相談―学生発達支援、危機介入などの視点から―. 学生相談研究, 25(2), 162-172.

太田裕一・桜井育子　2001　危機介入における連携（その２）―システム化のための考察―. 学生相談研究, 22(2), 9-15.

太田裕一・桜井育子　2003　コミュニティと危機介入―ふたつのキャンパスの学生相談における比較―. 学生相談研究, 24(2), 119-128.

大山泰宏　1998　高等教育からみた学生相談. 京都大学高等教育教授システム開発センター紀要・高等教育研究, 3.

大山泰宏（研究代表）　2000　高等教育の一機能としての学生サービスに関する研究―わが国での実現に向けて―. 平成10－平成11年度文部科学省研究費補助金（萌芽的研究）研究成果報告書.

小柳晴生　1991　国大協「会報」にみる学生相談小史. 現代のエスプリ, 293, キャンパス・カウンセリング, 87-97.

小柳晴生　1996　大学生の不登校―生き方の変更の場として大学を利用する学生たち―. こころの科学, 69, 33-38.

尾崎啓子　2002　休学・復学期における連携―２度の休学を経て卒業に至った学生の事例を通して―. 学生相談研究, 23(1), 43-51.

斎藤憲司　1989　大学コミュニティにおける相談活動の立脚点―学生相談モデルの再整理から―. 東京大学学生相談所紀要, 6, 76-89.

齋藤憲司　1991a　大規模総合大学における学生相談の実際と特質―平成元（1989）年度の活動状況を１つの事例として―. 東京大学学生相談所紀要, 7, 1-14.

斎藤憲司　1991b　学生相談におけるアセスメント. 東京大学学生相談所紀要, 7, 22-27.

斎藤憲司　1997　学生相談と調査研究. 第30回全国学生相談研究会議報告書, 71-77.

齋藤憲司　2000　大学生は何に悩んでいるか―青年期の延長・希薄化の中で―. こころの科学, 94, 2-10.

齋藤憲司　2001a　学生を見守る教職員集団の形成に向けて―教職員の一員として・専門家として―. 第22回全国大学メンタルヘルス研究会報告書, 92-95.

斎藤憲司　2001b　情報メディアの多様化と学生のコミュニケーション形態―学生・教職員との相互交流に向けて―. Campus Health, 38(2), 68-71.

齋藤憲司　2002　ひとと会うことの専門性―なぜ心理臨床をめざすのか―. 垣内出版.

齋藤憲司　2004a　学生相談の新しいモデル構築に向けて―多様性（教職員）と専門性（カウンセラー）の協働―. 大学と学生, 476, 6-12.

齋藤憲司　2004b　アカデミックハラスメント問題の今後―われわれはどう対応していくか―.「アカデミック・ハラスメント」防止等対策のための5大学合同研究協議会第1回報告書, 35-42.

齋藤憲司　2004c　キャンパスハラスメント問題の発生要因分析と対処方法の明確化―第1報―. 東京工業大学保健管理センター年報, 31, 95-103.

齋藤憲司　2005　キャンパスハラスメント問題の典型的事例からみる当事者の心理状態―発生要因分析と対処方法の明確化―第2報―. 東京工業大学保健管理センター年報, 32, 156-160

齋藤憲司　2006　親・家族が関与する相談事例への構えと対処―学生の自立をめぐる支援・連携・協働―. 学生相談研究, 27(1), 1-13.

齋藤憲司　2007a　学生相談における教職員研修の課題と留意点―1年間（2006年）の研修活動の分類・点検から―. 東京工業大学保健管理センター年報, 34, 53-60.

齋藤憲司　2007b　新入生への適応支援教育／導入教育について―学生相談の立場からの展望―. 東京工業大学保健管理センター年報, 34, 61-65.

齋藤憲司　2008　教育のコミュニティとネットワークづくり　中釜洋子・高田治・齋藤憲司（共著）　2008　心理援助のネットワークづくり―〈関係系〉の心理臨床―　東京大学出版会, 157-246.（所収）

齋藤憲司　2009　学生とのミスマッチを考える視点―ハラスメントを防ぐために・学年ごとの模擬事例集として―. 東京工業大学保健管理センター年報, 36, 65-76.

齋藤憲司　2010　学生相談の理念と歴史. 日本学生相談学会50周年記念誌編集委員会（編）2010　学生相談ハンドブック. 学苑社, 10-29.（所収）

齋藤憲司　2011a　いのちに関わる諸問題への心理援助―危機介入と事後対応が必要となった事例群の検討―. 日本学生相談学会第29回大会発表論文集, 103.

齋藤憲司　2011b　アカデミック・ハラスメント問題の本質を共有するために―ワンセンテンス事例集をめぐる所感から―. 東京工業大学保健管理センター年報, 37, 57-66.

齋藤憲司　2012a　学生が育つ／学生と育つ―学生支援GPが問いかけるもの―. 筑波大学学生支援GP：T-ACTで結ぶ学生と教職員の新たな絆：最終報告書, 87-101.

齋藤憲司（監修）　2012b　アカデミック・ハラスメント第1巻：教職員編（DVD）. 日本経済新聞出版社.

齋藤憲司（監修）　2012c　アカデミック・ハラスメント第2巻：相談員編（DVD）. 日本経済新聞出版社.

齋藤憲司　2014　学生相談に係る評価の枠組と視点―現代的な諸問題への対応と転機・回復プロセスから―. 日本学生相談学会第32回大会発表論文集, 105.

齋藤憲司・金子玲子　2013　日本学生相談学会の活動状況について―個別支援と大学教育を結ぶ実践および研究から―. 大学教育学会誌, 35(2), 156-158.

斎藤憲司・道又紀子　1998　分離キャンパスを視野に入れた学生相談活動. 学生相談研究, 19(2), 1-8.

齋藤憲司・道又紀子　2000　大学院生の適応状況と心理的課題―進学経路の多様性と研究室の諸機能に注目して―. 学生相談研究, 21(1), 16-25.

齋藤憲司・道又紀子　2003　教職員が関与する相談事例への構えと対処―教育目標と心理的成長をめぐる協働に向けて―. 学生相談研究, 24(1), 12-21.

斎藤憲司・道又紀子・影山任佐・石井利文　1998　遠隔カウンセリングシステムを用いた相談活動の可能性(1) ―クライエント学生の経験からの考察―. 東京工業大学保健管理センター年報, 25, 71-78.

齋藤憲司・道又紀子・影山任佐・安宅勝弘・石井利文・滝口由香里・小林彬　2003　ガイダンス・カウンセリング・メンタルヘルスの独自性と輻輳的支援―学生サポートシステムにおける機能分化と協働―. 東京工業大学保健管理センター年報, 30, 77-85.

斎藤憲司・中釜洋子・香川克・堀田香織　1996　学生相談の活動領域とその焦点―アメリカの大学におけるサポート・システムとの対比から―. 学生相談研究, 17(1), 46-60.

齋藤憲司・吉武清實・窪内節子・鬼塚淳子・青木紀久代　2014　休退学・不登校学生への理解と支援、そして防止策へ. 平成25年度学生生活にかかるリスクの把握と対応に関するセミナー―中途退学、休学、不登校の学生に対する取組―報告書, 49-51.

齋藤万比古（研究代表）　2010　ひきこもりの評価・支援に関するガイドライン. 厚生労働科学研究費補助金こころの健康科学研究事業「思春期のひきこもりをもたらす精神科疾患の実態把握と精神医学的治療・援助システムの構築に関する研究」.

齋藤環　2003　ひきこもり文化論. 紀伊国屋書店.

佐治守夫　1983　しごく常識的なコメント. フォーラム―学生相談におけるカウンセリングと心理療法―コメント編　広島大学総合科学部学生相談室活動報告書, 8, 11-13.

坂本憲治　2013　教職員と「問題を共有できない」困難の克服プロセス―学内連携の対処方略モデルの生成―. 学生相談研究, 34(2), 109-123.

坂本憲治　2014　非専任カウンセラーが学内の協働関係を構築するための‘構え’. 学生相談研究, 35(1), 44-55.

坂本真佐哉　1999　問題への認識の差異から生じた対立的構図への対応. 吉川悟（編）　1999　システム論からみた学校臨床. 金剛出版, 69-79.（所収）

坂田裕子・大仲重美・竹山佳江・倉石哲也・本多修　2006　継続面接学生に見られる問題の行動様式とコラボレーション―単一行動様式と複合行動様式に注目して―. 学生相談研究, 27(2), 126-137.

桜井育子・太田裕一　2001　危機介入における連携（その１）―サポートシステムとして家族が機能しない事例の場合―. 学生相談研究, 22(2), 1-8.

櫻井義秀・大畑昇（編著）　2012　大学のカルト対策. 北海道大学出版会.

櫻井由美子　2000　学生相談に従事する心理臨床の非専門家から見た学生相談活動―「学生相談室」に勤務する「学習相談員」を対象に―. 学生相談研究, 21(1), 50-60.
讃岐真佐子　1997　学生相談活動の諸特性に関する一考察―開設初年度の事例を通して―. 学生相談研究, 18(2), 1-6.
笹竹英穂　2009　女子大生が受けた犯罪・不良行為の被害の実態と事件を家族や友人に報告しない理由. 学生相談研究, 30(2), 124-135.
笹竹英穂　2014　大学生の心理的デートDVの被害経験の実態および被害の認識の性差. 学生相談研究, 35(1), 56-69.
佐藤枝里　2010　学生相談に関する近年の研究動向―2008～2009年度の文献レビュー―. 学生相談研究, 31(2), 154-174.
沢崎俊之・中釜洋子・齋藤憲司・高田治（編著）　2002　学校臨床そして生きる場への援助. 日本評論社.
関川紘司　2005　ある不登校学生の母親面接―学生の再登校・そして就職活動―学生相談研究, 25(3), 179-189.
Schein, E.　2009　HELPING: How to Offer, Give, and Receive Help. 金井真弓・金井壽宏（監訳）　2009　人を助けるとはどういうことか―本当の「協力関係」をつくる7つの原則―. 英治出版.
Sharkin, B. S.　2012　Being a College Counselor on Today's Campus: Roles, Contributions, and Special Challenges. Taylor & Francis Group.
下山晴彦　1994　「つなぎモデル」によるスチューデント・アパシーの援助―「悩めないこと」を巡って―. 心理臨床学研究, 12(1), 1-13.
下山晴彦　1997　臨床心理学研究の理論と実際―スチューデント・アパシー研究を例として―. 東京大学出版会.
下山晴彦・峰松修・保坂亨・松原達哉・林昭仁・斎藤憲司　1991　学生相談における心理療法モデルの研究―学生相談の活動分類を媒介として―. 心理臨床学研究, 9(1), 55-69.
園田雅代　2000　教師が行なう学生相談のメリットとデメリット―事例研究をもとにした考察―. 学生相談研究, 21(2), 1-11.
Stone, G. L. & Archer, J. Jr.　1990　College and university counseling centers in the 1990s: Challenges and limits. Counseling Psychologist, 18, 538-607.
須田康之　1989　大学教員の研究・教育観. 片岡徳雄・喜多村和之（編）　1989　大学授業の研究. 玉川大学出版部, 52-64.（所収）
杉江征・池田忠義　2010　連携と関係者支援. 日本学生相談学会50周年記念誌編集委員会（編）　2010　学生相談ハンドブック. 学苑社, 127-144.（所収）
住沢佳子　2010　家族に障害の兄弟姉妹を抱える学生への支援. 学生相談研究, 31(2), 110-120.
鈴木英一郎　2010　専任カウンセラーの配属が学生支援体制の充実に果たす効果―大学コミュニティへの貢献という観点から―. 学生相談研究, 30(3), 202-213.
鈴木英一郎・川島一晃・長屋祐一　2014　大学教員による学生対応に対する支援のあり方に関

する考察―教員を対象としたアンケート調査から―. 学生相談研究, 35(1), 28-43.
鈴木健一　2009　ニューヨークを中心としたアメリカの学生相談の現状について. 学生相談研究, 29(3), 273－284.
田嶌誠一　1991　青年期境界例との「つきあい方」. 心理臨床学研究, 9(1), 32-44.
田嶌誠一　1998　暴力を伴う重篤事例との「つきあい方」. 心理臨床学研究, 16(5), 417-428.
田嶌誠一　2009　現実に介入しつつ心に関わる―多面的援助アプローチと臨床の知恵―. 金剛出版.
高橋寛子　2012　身体的実感と自律性とを育む学生相談―自己臭を訴える女子学生の喪失への関わりから―. 学生相談研究, 33(1), 1-12.
髙橋国法　2006　教職員の紹介で来室する学生について. 山形大学保健管理センター紀要, 5, 49-54.
髙橋国法　2010　ひきこもり・不登校状態からの回復過程. 山形大学保健管理センター紀要, 9, 34-42.
髙橋国法　2012　アメリカの学生相談の発展―日本の学生相談との関連も交えて―. 学生相談研究, 32(3), 253-277.
髙橋国法・石本豪・新野由理子　2012　個人面談とグループを活用した自閉症スペクトラム障害学生の支援―「二次障害」(心的外傷) を想定した関与―. 学生相談研究, 33(2), 127-138.
高橋知音　2012　発達障害のある大学生のキャンパスサポートライフブック. 学研.
高橋靖子　2009　教職員連携による教育実習生への心理的援助―学部兼任スクールカウンセラーとしての活動より―. 学生相談研究, 29(3), 207-217.
高石浩一　1997　補遺:「学生相談論」. 母を支える娘たち. 日本評論社, 205－228. (所収)
高石恭子　2010a　大学教職員の学生支援・学生対応についての意識の現状―甲南大学における2004年と2009年のアンケート調査から―. 甲南大学学生相談室紀要, 17, 15-27.
高石恭子　2010b　学生期の親子関係と大学における親支援のあり方について―保護者対応から親と子の自立支援へ―. 甲南大学学生相談室紀要, 18, 49-58.
高石恭子・岩田淳子 (編著)　2012　学生相談と発達障害. 学苑社.
高野明・池田忠義・佐藤静香・長尾裕子　2010　講義「学生生活概論」の学生の援助要請に対する効果の検討. 東北大学学生相談所年報, 4, 3-9.
高野明・吉武清實・池田忠義・佐藤静香・関谷佳代　2008　学生相談に対する援助要請の態度と学生相談に関して求める情報の関係. 学生相談研究, 28(3), 191-201.
高嶋雄介・須藤春佳・高木綾・村林真夢・久保明子・畑中千紘・山口智・田中史子・西嶋雅樹・桑原知子　2008　学校現場における事例の見方や関わり方にあらわれる専門的特徴―教師と心理臨床家の協働に向けて. 心理臨床学研究, 26(2), 204-217.
武田信子　1999　学生相談のコーディネート. 武蔵大学学生相談室報告書, 7, 53-61.
竹中美香　2012　不登校学生の発見の手がかりと対応に関する考察―クラス担任として教学を支援した実践例からの検討―. 学生相談研究, 33(1), 49-59.
竹内恵美子　2013　実習期間中のメールカウンセリング活用について. 学生相談研究, 34(1),

13-22.
竹内健児（編）2011　事例でわかる子どもと思春期への協働心理臨床．遠見書房．
田村友一　2014　実存感覚を持てないひきこもり青年の発達に寄り添う支援．学生相談研究，35(1)，16-27.
田中健夫　1998　1年生前期における変化のプロセスを振り返ることの意味―講義「人間関係の科学」でのミニ・レポートの活用を考える―．九州大学六本松地区カウンセリング・リポート，10，29-41.
田中健夫　1999　英国エセックス大学における学生相談．九州大学学生生活・修学相談室紀要，創刊号，13-23.
田中健夫　2000「大学に行くということ―成長あるいは破滅的変化の時」（ウイテンバーグ著）の紹介．九州大学学生生活・修学相談室紀要，2，27-36.
田中健夫　2003　イギリスの学生相談の動向―1999-2002年の文献レビュー―．学生相談研究，24，181-194.
田中健夫　2005　英国学生相談学会による大学とカレッジのカウンセリング・サービスに対するガイドライン．学生相談研究，25(3)，237-258.
田中健夫・福盛英明　2004　欧米の学生相談の動向と我が国への示唆．大学と学生，479，22-31.
丹治光浩・渡部未沙・藤田美枝子・川瀬正裕・大場義貴・野田正人　2004　心理臨床実践における連携のコツ．星和書店．
徳田完二　1998　学生相談における電話面接の有用性―増井法の活用について―．心理臨床学研究，16(1)，82-87.
徳田完二　2009　収納イメージ法―心におさめる心理療法―．創元社
徳田智代　2006　常勤カウンセラー配置による教職員との連携・協働関係の形成．学生相談研究，27(1)，25-37.
徳田智代　2012「FIT（家族イメージ法）」を活用した学生相談室と教職員との協働関係の見立て．学生相談研究，33(2)，151-163.
東京工業大学学生支援GP実施チーム　2010　3相の〈ことつくり〉で社会へ架橋する―問題解決型支援から成長促進型支援へ―中間報告書．東京工業大学学生支援センター．
東京工業大学学生支援GP実施チーム　2011　3相の〈ことつくり〉で社会へ架橋する―問題解決型支援から成長促進型支援へ―最終報告書．東京工業大学学生支援センター．
苫米地憲昭　2003　カウンセリング活動の学内での連携・協力について．国際基督教大学カウンセリングセンター活動報告，14，5-11.
富田新　2013　父親の死をめぐって不安症状を呈した男子学生への支援過程．学生相談研究，34(2)，144-155.
友久茂子　1999　学生相談とストーカー．甲南大学学生相談室紀要，6，49-58.
戸谷祐二　2002　学生相談におけるマネジメント．学生相談研究，23(2)，166-175.
戸谷祐二　2004　連携の拡充と問題点、および今後の展望について．明治学院大学学生相談センター報告書，7，2-5.

戸谷祐二・松島雅子・加藤真由美　2004　架空事例から連携を考える．明治学院大学学生相談センター報告書，7，11-16.

土川隆史　1980　スチューデント・アパシー．同朋社.

都留春夫　1994　学生相談の理念．都留春夫（監修）　小谷英文・平木典子・村山正治（編）1994　学生相談―理念・実践・理論化―．星和書店．3-18.（所収）

鶴田和美　1994　大学生の個別的相談事例から見た卒業期の意味―比較的健康な自発来談学生についての検討―．心理臨床学研究，12(2)，97-108.

鶴田和美（編）　2001　学生のための心理相談―カウンセラーからのメッセージ―．培風館

鶴田和美・西村馨・窪内節子・山木允子・斎藤憲司・土川隆史　1998　シンポジウム・学生相談の面接構造の特徴．名古屋大学学生相談室紀要，10，33-45.

鶴田和美・小川豊昭・杉村和美・山口智子・赤堀薫子・船津静代・鈴木國文　2002　名古屋大学における不登校の現状と対応．名古屋大学学生相談総合センター紀要，2，2-15.

鶴田和美・齋藤憲司（共編）　2006　学生相談シンポジウム―大学カウンセラーが語る実践と研究―．培風館.

鶴田和美・杉村和美・津田均・古橋忠晃・田中伸明・李明憙・加藤大樹・船津静代・神村静恵・小川豊明・鈴木國文　2008　名古屋大学における学修支援の現状と課題．名古屋大学学生相談総合センター紀要，7，3-13.

内田千代子　2014　大学における休・退学、留年学生に関する調査―第34報．第35回大学メンタルヘルス研究会報告書，36-51.

内野悌司　2003　広島大学ピア・サポート・ルームの初年度の活動に関する考察．学生相談研究，23(3)，233-242.

内野悌司　2004　大学生の自殺予防．こころの科学，118，日本評論社，24-28.

鵜養美昭　2001　スクールカウンセラーと教員との連携をどう進めるか．臨床心理学，1(2)，147-152.

宇留田麗　2003　異業種間の協働による学生相談活動を成立させる方略の探索．学生相談研究，24(2)，158-171.

宇留田麗　2005　大学教員と臨床心理士のコラボレーションによる大学生の就学支援．心理臨床学研究，22(5)，616-627.

宇留田麗・高野明　2003　心理相談と大学教育のコラボレーションによる学生相談のシステム作り．教育心理学研究，51(2)，205-217.

若山隆　2002　2002年に振り返る私の学生相談活動．学生相談研究，23(2)，209-219.

若山隆・山森昭子　2002　学生相談室と保健室の連携と今後の展望．CAMPUS HEALTH，38(2)，471-474.

渡部美沙　2002　母親面接を中心に担任との連携により展開した事例．心理臨床学研究，19(6)，578-588.

渡邉素子・加藤久子・深見久美子・橋本容子・濱田祥子・諏訪真美　2011　ネットワーク型学生支援体制における学生相談室の役割について―中規模私立大学の学生支援体制における学

生相談室の実践活動より―. 学生相談研究, 32(2), 154-163.
Williams, W. N., & Edwardson, T. L.　2000　Managed care and counseling centers: Training issues for the new millennium. Journal of College Student Psychotherapy, 14, 51-65.
山口紀子・竹内厚子・細井八重子・岸良範　1990　治療的場としての大学. 明治学院大学学生相談室研究紀要, 1, 3-10.
山木允子　1990　大学学生相談室における精神療法. 岩崎徹也（編）　1990　治療構造論. 岩崎学術出版, 490-505.（所収）
山木允子　1997　重症例を抱えるためのネットワークの重要さ―その1―. 学生相談研究, 18(1), 20-24.
山本和郎　1986　コミュニティ心理学―地域臨床の理論と実践―. 東京大学出版会.
山中亮　2014　青年期の故人との関係性の変容過程に関する一考察―恋人との死別を体験した女子学生との面接過程―. 心理臨床学研究, 31(6), 999-1009.
山中淑江　2004　精神疾患の親を持つ学生の自己選択への援助. 学生相談研究, 24(3), 239-248.
山下英三郎・内田宏明・牧野晶哲（編著）　2012　新スクールソーシャルワーク論―子どもを中心にすえた理論と実践―. 学苑社.
柳原光（監修）　1976　Creative O. D.（全5巻）. プレスタイム.
安宅勝弘・齋藤憲司・粥川裕平・佐藤武・杉田義郎・苗村育郎　2013　大学院における休学・退学・留年学生に関する調査―平成22年度調査結果を中心に―. 第34回全国大学メンタルヘルス研究会報告書, 20-27.
横山孝行　2013「リーダーとしての自信」向上を目指した教育プログラムの試み―クラブ・サークルの部長を対象として―. 学生相談研究, 33(3), 272-285.
吉川悟（編）　1999　システム論からみた学校臨床. 金剛出版.
吉川悟（編）　2009　システム論からみた援助組織の協働―組織のメタ・アセスメント―. 金剛出版.
吉武清實　2005a　東北大学におけるキャリア・カウンセリングの実践―学内異職種協働実現へのひとつの試み―. 東北大学学生相談所紀要, 31, 19-22.
吉武清實　2005b　改革期の大学教育における学生相談―コミュニティ・アプローチ・モデル―. 教育心理学年報, 44, 138-146.
吉武清實・池田忠義　2004　大学コミュニティへの学生相談的アプローチ―面接室から踏み出す積極的支援の試み―. 大学と学生, 479, 54-57.
吉武清實・大島啓利・池田忠義・高野明・山中淑江・杉江征・岩田淳子・福盛英明・岡昌之　2010　2009年度学生相談機関に関する調査報告. 学生相談研究, 30(3), 226-271.
全国学生補導厚生研究会連合会40周年記念誌編集委員会　1993　学生部活動のあり方を求めて―SPSを振り返る―.

索　引

＊なお（　）内はほぼ同様の標記の場合の掲載ページである。

アルファベット

あ行

か行

さ行

た行

な行

は行

ま行

や行

ら行

わ行

著者紹介

齋藤 憲司（さいとう けんじ）

1959年徳島生まれ。主として大阪と埼玉で育つ。東京大学大学院教育学研究科博士課程在学時よりある私立大学の非常勤カウンセラーとして学生相談に携わり、東京大学学生相談所助手（専任カウンセラー）を経て、現在は東京工業大学保健管理センター教授（専任カウンセラー）／博士（心理学）。

主な著書に『ひととと会うことの専門性―なぜ心理臨床をめざすのか―』（垣内出版）、『学校臨床そして生きる場への援助』（共編、日本評論社）、『心理援助のネットワークづくり―〈関係系〉の心理臨床―』（共著、東京大学出版会）、『学生相談シンポジウム―大学カウンセラーが語る実践と研究―』（共編、培風館）、『教師をめざすひとのための青年心理学』（監修、学陽書房）等、主な翻訳書に『いじめの発見と対策―イギリスの実践に学ぶ―』（共訳、日本評論社）等、主なDVD教材に『学生相談の基本―高校・高等専門学校・大学向け―』『アカデミック・ハラスメント第1巻：教職員編』『　同　第2巻：相談員編』（いずれも監修、日本経済新聞出版社）等がある。

日本学生相談学会では常任理事（会計委員長、研修委員長）、事務局長2期、理事長代行2回を経て、現在は理事長を務め、『学生相談ハンドブック』（日本学生相談学会50周年記念誌編集委員会（編）、学苑社）出版においては編集幹事の一員としてとりまとめにあたる。

これらの研究と実践に対して、日本学生相談学会研究奨励賞（1999）、全国大学保健管理研究集会優秀演題（2008）、東工大教育賞（Best Teacher Award）優秀賞（2011）を受賞している。

学生相談と連携・協働
――教育コミュニティにおける「連働」

2015年5月20日　初版第1刷発行

著　者　齋藤憲司
発行者　杉本哲也
発行所　株式会社　学　苑　社
東京都千代田区富士見2-10-2
電話㈹　03（3263）3817
fax.　03（3263）2410
振替　00100-7-177379
印刷　藤原印刷株式会社
製本　株式会社難波製本

ISBN978-4-7614-0772-8　C3011